SCHRIFTEN ZUM DEUTSCHEN UND EUROPÄISCHEN
ZIVIL-, HANDELS- UND PROZESSRECHT

Herausgegeben von
Prof. Dr. Dr. h. c. F. W. Bosch, Bonn
Prof. Dr. H. F. Gaul, Bonn
Prof. Dr. O. Sandrock, Münster
Band 182

VERLAG ERNST UND WERNER GIESEKING, BIELEFELD

Die Pfändungsbeschränkung des § 852 ZPO

– Zwangsvollstreckung in den Pflichtteilsanspruch, den Anspruch des Schenkers auf Herausgabe des Geschenks wegen Notbedarfs und den Anspruch eines Ehegatten auf Ausgleich des Zugewinns –

von
Dr. Caroline Hannich

1998
VERLAG ERNST UND WERNER GIESEKING, BIELEFELD

Die Deutsche Bibliothek – CIP-Einheitsaufnahme

Hannich, Caroline:
Die Pfändungsbeschränkung des § 852 ZPO : Zwangsvoll-
streckung in den Pflichtteilsanspruch, den Anspruch des
Schenkers auf Herausgabe des Geschenks wegen Notbedarfs
und den Anspruch eines Ehegatten auf Ausgleich des Zuge-
winns / von Caroline Hannich. - Bielefeld : Gieseking, 1998
(Schriften zum deutschen und europäischen Zivil-,
Handels- und Prozessrecht ; Bd. 182)
Zugl.: Bonn, Univ., Diss., 1997
ISBN 3-7694-0282-0

1998
© Verlag Ernst und Werner Gieseking GmbH, Bielefeld
Gesamtherstellung: Decker Druck GmbH & Co. KG, Neuss

Meinen Eltern

Vorwort

Die Abhandlung beschäftigt sich mit der dogmatischen und rechts-
praktischen Problematik der Pfändbarkeit von Pflichtteilsanspruch,
Zugewinnausgleichsanspruch und Rückforderungsanspruch des verarmten Schenkers. Diese Forderungen, deren gesetzliche Grundlage
eine familiäre oder persönliche Bindung zwischen Berechtigtem und
Verpflichtetem ist, sind nach § 852 ZPO nur dann pfändbar, wenn der
Berechtigte sich für ihre Durchsetzung entschieden hat. Sie sind jedoch
von Forderungsentstehung an abtretbar und können dadurch dem
Gläubigerzugriff entzogen werden.

Damit ergibt sich einerseits die Frage, ob die entstehende Gläubigerbenachteiligung mit dem Sinn und Zweck der Pfändungsbeschränkung des § 852 ZPO vereinbar ist. Es wird also in dieser Arbeit eine
Abwägung zwischen dem Interesse des Gläubigers an wirkungsvoller
Zwangsvollstreckung und demjenigen des Schuldners an der Wahrung
seiner persönlichen Entscheidungsfreiheit vorgenommen.

Andererseits wird untersucht, wie einer solchen Gläubigerbenachteiligung durch ein Pfändungsverfahren abgeholfen werden kann, das
beide Interessen miteinander vereint und gleichzeitig mit den dogmatischen Vorgaben des Ablaufs von Pfändung und Verwertung von Forderungen nach der ZPO vereinbar ist.

Gleichzeitig wird der übergreifende Zusammenhang zwischen der
Pfändbarkeit und Abtretbarkeit von Forderungen sowie ihrer Zugehörigkeit zur Konkursmasse und ihrer Aufrechnungsfähigkeit ge-
klärt.

Die Arbeit lag im Sommersemester 1997 der rechts- und staats-
wissenschaftlichen Fakultät der Universität Bonn als Dissertation vor.

Bedanken möchte ich mich zunächst bei meinem Doktorvater Prof.
Dr. Hans Friedhelm Gaul, der meine Promotion durch seine ausge-

zeichnete fachliche und persönliche Betreuung und sein hilfreiches Interesse in besonderer Weise gefördert hat. Herrn Prof. Dr. Eberhardt Schilken danke ich für die Erstattung des Zweitgutachtens und die darin enthaltene wertvolle Kritik.

Ich danke meinen Eltern, Manfred und Clara Hannich, denen ich diese Arbeit widme, für ihre stetige Unterstützung und Zuwendung.

Meinen Freunden und Kommilitonen Andrea Beck, Stefanie Cruse, Carsten Hillgruber und Hildegard Schäfer danke ich für ihre Diskussionsbereitschaft und ihr geduldiges Korrekturlesen.

Mein Dank gilt auch der Graduiertenförderung des Landes Nordrhein-Westfalen, die meine Promotion durch ein Stipendium unterstützt hat.

Köln, im Juli 1997

Caroline Hannich

Inhaltsverzeichnis

Teil A: Einleitung

I. Inhalt des § 852 ZPO und Einführung in die Problematik anhand dreier Gerichtsentscheidungen

Die Pfändbarkeit des Pflichtteilsanspruchs, des Anspruchs auf Ausgleich des Zugewinns und des Anspruchs auf Rückforderung des Geschenks durch den verarmten Schenker ist in § 852 ZPO geregelt. Danach sind diese Ansprüche nur dann der Pfändung unterworfen, wenn sie durch Vertrag anerkannt oder rechtshängig geworden sind. Die Pfändbarkeit wird durch § 852 ZPO eingeschränkt, um dem Berechtigten einer der aufgrund persönlicher oder familiärer Bindung entstandenen Forderungen selbst die Entscheidung darüber zu belassen, ob er seinen Anspruch geltend macht oder nicht. Gläubiger sollen diese Entscheidung nicht durch Pfändung an sich ziehen können.

Da die von § 852 ZPO erfaßten Ansprüche jedoch schon von ihrer Entstehung an abtretbar sind, kann es dazu kommen, daß ein Pfändungszugriff für die Gläubiger des Anspruchsberechtigten gar nicht eröffnet wird. Mit einer derartigen Konstellation hatte sich der BGH in einer Entscheidung vom Juli 1993 auseinanderzusetzen. Als Einführung in die Problematik soll diese Entscheidung zusammen mit zwei weiteren - des Oberlandesgerichts Naumburg und des Kammergerichts - an den Anfang dieser Abhandlung gestellt werden.

1. BGH-Urteil vom 8. Juli 1993[1]

Der BGH hat in Abkehr vom Wortlaut des § 852 ZPO und in Widerspruch zu der bis dahin herrschenden Meinung[2] eine Pfändbarkeit

---

[1] BGHZ 123, 183.
[2] KG JW 1935, 2485; *MünchKomm/Frank*, § 2317 BGB, Rz. 16; *BGB/RGRK/Johannsen*, § 2317 BGB, Rz. 18; *Soergel/Dieckmann*, § 2317 BGB, Rz. 17; *Stein/Jonas/*

des Pflichtteilsanspruchs unabhängig vom Vorliegen eines Anerkenntnisvertrags oder der Rechtshängigkeit zugelassen, indem er das Pfändungsverbot in einem am Normzweck ausgerichteten eingeschränkten
Sinn versteht.[3])

a) Sachverhalt und Problemstellung

Folgender - leicht gekürzter - Sachverhalt lag der BGH-Entscheidung
zugrunde.

Eine Mutter hatte den einen ihrer beiden Söhne zum Erben eingesetzt, bevor sie verstarb. Der andere nunmehr pflichtteilsberechtigte
Sohn trat den Pflichtteilsanspruch an seine Ehefrau ab. Diese verstarb
ebenfalls und wurde von der späteren Beklagten beerbt. Aufgrund eines gerichtlichen Vergleichs wandte der Erbe dieser zum Ausgleich des
Pflichtteilsanspruchs einen Betrag von 294.996,30 DM zu. Klägerin ist
eine Gläubigerin des enterbten Sohnes. Auf ihren Antrag wurde über
dessen Vermögen Konkurs eröffnet. Nunmehr verlangt die Klägerin
von der Beklagten Zahlung des obigen Betrags und Duldung der
Zwangsvollstreckung in den Pflichtteil wegen eines weiteren Betrags
von 23.925,50 DM.

Da Inhaber des Pflichtteilsanspruchs inzwischen die Zessionarin bzw.
deren Rechtsnachfolgerin ist, kann nur im Wege der Gläubigeranfechtung nach dem Anfechtungsgesetz vorgegangen werden. Nach
§ 1 AnfG können Rechtshandlungen eines Schuldners außerhalb des
Konkursverfahrens zum Zwecke der Befriedigung eines Gläubigers als
diesem gegenüber unwirksam angefochten werden. Die Anfechtung ei-

---

Münzberg (20. Auflage), § 829 ZPO, Rz. 4, § 852 ZPO, Rz. 6 mit FN 15; *Baum-
bach/Lauterbach/Hartmann*, § 852 ZPO, Rz. 1; *Schuschke* (1. Auflage), § 852 ZPO,
Rz. 5; *MünchKomm/Smid*, § 852 ZPO, Rz. 5; *Wieczorek*, § 852 ZPO, Rz. C; *Stöber*,
Forderungspfändung (10. Auflage), Rz. 271; *Lange/Kuchinke*, ErbR (3. Auflage),
§ 39 VII 2 mit FN 266 m.w.N.; *Kipp/Coing*,ErbR, § 8 III 2; *Gernhuber/Coester-Walt-
jen*, FamR, § 36 VII 5; *Wüllenkemper*, JR 1988, 353; *Harder*, WuB VI E. § 852 ZPO
1.1994, 220; dem BGH im Ergebnis nunmehr weitgehend folgend: *Zöller/Stöber*,
§ 852 ZPO, Rz. 3; *Stein/Jonas/Brehm*, § 852 ZPO, Rz. 6; *Kilger/Huber*, § 1 AnfG
Anm. III 2; *Stöber*, Forderungspfändung, Rz. 271; *Schuschke/Walker*, § 852 ZPO, Rz.
5; *Brox/Walker*, Rz. 530; *Lange/Kuchinke*, ErbR, § 37 VII 2; *Rosenberg/Gaul/Schil-
ken*, ZwangsvollstrR, § 34 II 3, 35 II 2; *Schlüter*, ErbR, § 43 VI; *Stöber*, ZAP 1993,
923 (924); *Kuchinke*, NJW 1994, 1769 ff.; *Gerhardt*, EWiR § 852 ZPO 1/1993, 1141;
Behr, JurBüro 1996, 65; *Wax*, LM § 852 ZPO, Nr. 1.
3) BGHZ 123, 183 (186).

ner solchen Rechtshandlung soll Gegenstände, welche ein Schuldner aus seinem Vermögen weggegeben hat, dem Vollstreckungszugriff des Gläubigers wiedererschließen und die durch die Vermögensverschiebung verhinderte Zwangsvollstreckung durch "Rückgewähr" (§ 7 I AnfG) ermöglichen.[4] Geklagt wird dann auf Duldung der Zwangsvollstreckung beim Zessionar. Es soll die Zugriffslage wiederhergestellt werden, die ohne die anfechtbare Handlung bestanden hätte.[5] Eine Anfechtung ist insofern dann ausgeschlossen, wenn der veräußerte Gegenstand auch vorher beim Schuldner der Zwangsvollstreckung nicht unterlag.[6] Die Abtretung eines Pflichtteilsanspruchs ist also nach dem Wortlaut des § 852 ZPO in Verbindung mit dem Anfechtungsgesetz nur dann anfechtbar, wenn der Anspruch vor der Abtretung bereits durch Vertrag anerkannt oder rechtshängig geworden war. Der Gläubiger soll durch die Anfechtung nicht besser gestellt werden, sondern ihm sollen lediglich die Zugriffsmöglichkeiten eröffnet werden, die ihm auch vor der anfechtbaren Handlung zur Verfügung standen.

Der BGH hatte also zu entscheiden, inwieweit der Pflichtteilsanspruch des enterbten Sohnes bei diesem - vor der Abtretung an die Ehefrau - pfändbar war.

b) Entscheidungsinhalt

Legt man den Wortlaut des § 852 ZPO zu Grunde, so war der Anspruch vor der Abtretung nicht pfändbar, denn weder vertragliche Anerkennung noch Rechtshängigkeit lagen vor, als der enterbte Sohn seinen Pflichtteilsanspruch an die Ehefrau abtrat. Der Pflichtteilsanspruch unterlag damit nach § 852 ZPO nicht der Pfändung und wäre an sich auch nicht der Gläubigeranfechtung zugänglich.

Dieses Ergebnis entspricht der Auffassung, die bisher von Rechtsprechung und Literatur so gut wie einhellig vertreten wurde.[7]

[4] *Kilger/Huber*. Einf. vor § 1 AnfG. Anm. II 1.
[5] *Kilger/Huber*, Einf. vor § 1 AnfG, Anm. II 1 m.w.N.
[6] *Kilger/Huber*, § 1 AnfG, Anm. IV 2, 6.
[7] KG JW 1935, 2485; *MünchKomm/Frank*, § 2317 BGB, Rz. 16; *BGB/RGRK/Johannsen*, § 2317 BGB, Rz. 18; *Soergel/Dieckmann*, § 2317 BGB, Rz. 17; *Stein/Jonas/Münzberg* (20. Auflage), § 829 ZPO, Rz. 4, § 852 ZPO, Rz. 6 mit FN 15; *Baumbach/Lauterbach/Hartmann*, § 852 ZPO, Rz. 1; *Schuschke* (1. Auflage), § 852 ZPO, Rz. 5; *MünchKomm/Smid*, § 852 ZPO, Rz. 5; *Wieczorek*, § 852 ZPO, Rz. C; *Stöber*, Forderungspfändung (10. Auflage), Rz. 271; *Lange/Kuchinke*, ErbR (3.

Der BGH[8]) hat nun eine andere Rechtsauffassung vertreten und versteht das in § 852 ZPO angeordnete Pfändungsverbot in einem am Normzweck ausgerichteten eingeschränkten Sinn.

Die amtlichen Leitsätze lauten:

a) Ein Pflichtteilsanspruch kann vor vertraglicher Anerkennung oder Rechtshängigkeit als ein in seiner zwangsweisen Verwertbarkeit aufschiebend bedingter Anspruch gepfändet werden.

b) Bei einer derart eingeschränkten Pfändung erwirbt der Pfändungsgläubiger bei Eintritt der Verwertungsvoraussetzungen ein vollwertiges Pfandrecht, dessen Rang sich nach dem Zeitpunkt der Pfändung bestimmt.

c) Wird ein Pflichtteilsanspruch vor vertraglicher Anerkennung oder Rechtshängigkeit abgetreten, scheitert eine Anfechtbarkeit nicht an fehlender Gläubigerbenachteiligung. Diese wird auch nicht dadurch ausgeschlossen, daß der Pflichtteilsberechtigte ohne die Abtretung die Voraussetzungen für eine unbeschränkte Pfändbarkeit nicht herbeigeführt hätte.

Der BGH[9]) begründet seine Entscheidung im wesentlichen wie folgt.

Der Pflichtteilsanspruch wird als ein durch den Eintritt der Voraussetzungen des § 852 I ZPO bedingt durchsetzbarer Anspruch angesehen; auf einen solchen Anspruch sollen die Gläubiger des Berechtigten zugreifen und ihn in dieser Bedingtheit pfänden können.

Begründet wird dies zunächst damit, § 852 I ZPO solle zwar bewirken, daß allein dem Pflichtteilsberechtigten die Entscheidung überlassen wird, ob der Anspruch durchgesetzt werden soll, hingegen sei es nicht Ziel der Norm, den Anspruch den Gläubigern des Berechtigten durch Ausnutzung seiner Verfügungsbefugnisse vor Eintritt der Pfändbarkeit zu entziehen.[10]) Dies wird insbesondere aus den Gesetzesmaterialien zur Pfändbarkeit, Abtretbarkeit und Konkursmassezugehörigkeit des Anspruchs abgeleitet, wonach die mit der gewählten Regelung verbundenen Rechtsfolgen nicht im einzelnen durchdacht und in einem bestimmten Sinn angestrebt worden seien.[11])

Auflage), § 39 VII 2 mit FN 266 m.w.N.; *Kipp/Coing*, ErbR, § 8 III 2; *Gernhuber/Coester-Waltjen*, FamR, § 36 VII 5; *Wüllenkemper*, JR 1988, 353.

8) BGHZ 123, 183.
9) BGHZ 123, 183 ff.
10) BGHZ 123, 183 (185, 189).
11) BGHZ 123, 183 (188, 189).

Es ist nach dem BGH[12]) eine Pfändung gestattet, die die Entscheidungsfreiheit wahrt, indem sie ein umfassendes Pfandrecht nur für den Fall begründet, daß die in § 852 I ZPO vorgeschriebenen Voraussetzungen eintreten und der Anspruch dadurch von bedingter zu voller Verwertbarkeit gelangt. Aus der Vergleichbarkeit eines solchen aufschiebend bedingt verwertbaren Anspruchs mit aufschiebend bedingt (entstandenen) Ansprüchen wird die Zulässigkeit einer derartigen Pfändung mit zunächst "eingeschränktem" Pfandrecht abgeleitet. Die Pfändung soll dabei als Staatsakt bedingungslos erfolgen, bedingt sei allein "die getroffene Anordnung".[13]) Auch die Entscheidungsfreiheit des Berechtigten bleibe gewahrt, da er nach wie vor allein entscheiden könne, ob die Forderung gegen den Drittschuldner durchgesetzt wird.

Die Rangwahrung des ohne Vorliegen der Voraussetzungen des § 852 I ZPO pfändenden Gläubigers wird aus dem Prioritätsprinzip der §§ 161 I und 1209 BGB abgeleitet.

Eine Gläubigerbenachteiligung durch die Abtretung liegt nach dem BGH auch dann vor, wenn der Berechtigte ohne die Abtretung den Eintritt der Voraussetzungen für eine unbeschränkte Pfändbarkeit nicht herbeigeführt hätte, der Anspruch insofern unverwertbar geblieben wäre: mit einem solchen Vorbringen beriefe sich der Zessionar auf einen hypothetischen und deshalb im Anfechtungsrecht bedeutungslosen Kausalverlauf.[14])

Damit werden nach dem BGH eine Anfechtung der Abtretung und folglich ein Gläubigerzugriff beim Zessionar möglich.

2. OLG Naumburg vom 26. Februar 1920[15])

Schon im Jahre 1920 hat das Oberlandesgericht Naumburg entschieden, daß ein Pflichtteilsanspruch gepfändet werden kann "für den Fall, daß er durch Vertrag zwischen dem Schuldner und dem Drittschuldner anerkannt worden ist oder anerkannt werden wird und für den Fall, daß er zwischen dem Schuldner und dem Drittschuldner rechtshängig werden wird."[16])

---

[12]) BGHZ 123, 183 (186).
[13]) BGHZ 123, 183 (187).
[14]) BGHZ 123, 183 (190, 191).
[15]) OLG Naumburg, OLGE 40, 154.
[16]) OLG Naumburg, OLGE 40, 154 (155); so auch Sydow-Busch, § 852 ZPO, Anm. 2.

Der Drittschuldner hatte in dem zugrunde liegenden Sachverhalt das Vorliegen von Anerkenntnis und Rechtshängigkeit im Erinnerungsverfahren bestritten und dem Vollstreckungsgläubiger war der Beweis dieser Pfändungsvoraussetzungen nicht gelungen. Das Gericht hielt den Nachweis der Pfändbarkeit für unverzichtbar und hat aus diesem Grund den zunächst beantragten Pfändungsbeschluß nicht aufrechterhalten. Die oben zitierte - vom Gläubiger in zweiter Linie beantragte - "beschränkte" Form des Pfändungsbeschlusses wurde jedoch für zulässig gehalten.

Ein solcher Beschluß stellt geringere Anforderungen an die Beweislast, da er unabhängig vom Vorliegen der Pfändungsvoraussetzungen ergehen kann. Er scheitert deshalb nicht daran, daß der Vollstreckungsgläubiger Rechtshängigkeit oder Anerkenntnis - noch - nicht beweisen konnte.

Das OLG beschäftigte sich dann mit der Zulässigkeit einer solchen Pfändung "für den Fall" des Eintritts der Pfändungsvoraussetzungen.

Die Norm des § 852 ZPO wird derart interpretiert, daß sie die Pfändbarkeit des Pflichtteilsanspruchs durch Rechtshängigkeit und Anerkenntnis bedingt. Also soll es sich beim Pflichtteilsanspruch um einen bedingt pfändbaren Anspruch handeln,[17] während der BGH insoweit von einem in seiner Verwertbarkeit aufschiebend bedingten Anspruch spricht. Wie der BGH nimmt das OLG auf die Pfändbarkeit bedingter Ansprüche Bezug: Da die Pfändung bedingter Forderungen zulässig ist, ist nach dem OLG auch die Pfändung bedingt pfändbarer Forderungen für den Fall des Eintritts der Bedingung für zulässig zu erachten.[18]

Es folgt eine Auslegung nach dem Sinn und Zweck der Pfändungsvorschriften im allgemeinen und dem des § 852 ZPO im besonderen. Grundsatz sei, daß der Gläubiger Anspruch auf Verwendung des Schuldnervermögens zu seiner Befriedigung habe. Die Pfändungsvorschriften seien Ausnahmen von dieser Regel. Somit seien sie und auch der § 852 ZPO nur soweit auszudehnen, als es ihr Sinn erfordere. Im übrigen habe danach das Interesse des Gläubigers an der Rangwahrung Geltung.[19] Ähnlich hat der BGH nun mit dem Gesichtspunkt vom Normzweck nicht geforderter Gläubigerbenachteiligung argumentiert.

---

[17]) OLG Naumburg, OLGE 40, 154.
[18]) OLG Naumburg, OLGE 40, 154.
[19]) OLG Naumburg, OLGE 40, 154.

Der Pfändungsbeschluß des OLG unterwirft den Pflichtteil dem Gläubigerzugriff erst dann, wenn die Pfändungsvoraussetzungen vorliegen, denn vor diesem Zeitpunkt wird eine Einziehung - wie bei gepfändeten bedingten Forderungen - nicht zugelassen.

3. Kammergericht Berlin vom 28. Juni 1935[20])

Gegen diese Entscheidung des OLG Naumburg wendet sich ausdrücklich das Kammergericht im Jahre 1935: "Die Pfändung des Pflichtteilsanspruchs für den künftig möglichen Fall der Anerkennung oder Rechtshängigkeit ist nicht möglich."[21])
Das Kammergericht führt zunächst an, daß es sich beim Pflichtteilsanspruch nicht um eine künftige oder auch nur bedingte Forderung handelt. Vielmehr stelle eine Pfändung für den "künftigen Fall" eine bedingte Pfändung dar. Nicht die Forderung, sondern die Pfändung sei als Staatsakt - unzulässigerweise - bedingt. Die Wirkungen des Staatsaktes Pfändung würden nämlich erst und nur dann eintreten, wenn Rechtshängigkeit oder Anerkenntnis vorliegen.[22])
Die weitere Argumentation des Kammergerichts wird dann für zwei Fallkonstellationen unterteilt: Da bei einer Pfändung "für den Fall" unabhängig vom Vorliegen der Voraussetzungen des § 852 ZPO gepfändet wird, können Rechtshängigkeit oder Anerkenntnis im Zeitpunkt des Pfändungsbeschlusses bereits vorliegen; beides kann aber auch erst künftig eintreten. Der Pfandbeschlag wird unabhängig davon wirksam.
Im ersten Fall steht nach dem Kammergericht der Pfändung entgegen, daß das Vorliegen der Pfändungsvoraussetzungen durch das Vollstreckungsgericht bzw. im Erinnerungsverfahren gerade geprüft werden soll. Je nach dem Ergebnis dieser Prüfung soll die Pfändung ausgesprochen oder abgelehnt bzw. aufrechterhalten oder aufgehoben werden. Die Prüfung darf nicht auf den Drittschuldner abgewälzt werden oder im Einziehungsprozeß erfolgen.[23])

---

[20]) KG JW 1935, 3486.
[21]) KG JW 1935, 3486.
[22]) KG JW 1935, 3486.
[23]) KG JW 1935, 3486 (3487).

Im zweiten Fall wird die Bedingung für die Zukunft, das heißt Pfändung, bevor die Pfändungsvoraussetzungen vorliegen, wegen des genannten Verstoßes gegen das Verbot bedingter Pfändungen als unzulässig angesehen.[24])

Verglichen wird eine solche Pfändung mit der Pfändung eines wegen Vorhandenseins eines Unterhaltsberechtigten nach § 850 III ZPO a.F. (850 c) ZPO oder anderen Vorschriften unpfändbaren Gehaltsteils unter der Bedingung, daß die Unterhaltsberechtigung später wegfällt. Ebensowenig wie dies ist nach dem Kammergericht eine Pfändung des Pflichtteilsanspruchs unter der Bedingung, daß Rechtshängigkeit oder Anerkenntnis später eintreten, zulässig.[25])

Das Kammergericht übersieht das vom OLG und nun auch vom BGH betonte Interesse des Vollstreckungsgläubigers an der Rangwahrung nicht. Es hält dieses Interesse jedoch für nachrangig gegenüber dem öffentlichen Interesse, aus dem heraus die Unpfändbarkeit angeordnet sei, und gegenüber dem Interesse des Drittschuldners, dem nicht eine Prüfung auferlegt werden dürfe, deren Vornahme Sache des Gerichts sei.[26])

II. Ziel dieser Abhandlung

Die Entscheidung des Kammergerichts mit der Annahme, die von § 852 ZPO erfaßten Forderungen seien nicht vor Eintritt der normierten Voraussetzungen pfändbar, war nahezu unumstrittener Maßstab für den Meinungsstand zur Auslegung des § 852 ZPO in Literatur und Rechtsprechung bis zum BGH-Urteil vom 3. Juli 1993. Dieser beruft sich nun wiederum auf die Entscheidung des OLG Naumburg und verneint einen Verstoß gegen das Verbot der bedingten Pfändung.

Die Erweiterung der Pfändbarkeit war dabei nur mittelbar Ziel der BGH-Entscheidung. Ausgangspunkt war die vom BGH beanstandete Benachteiligung der Gläubiger des Pflichtteilsberechtigten durch die auf der Unpfändbarkeit beruhende Unanfechtbarkeit manipulatorischer Verschiebungen des Pflichtteilsanspruchs. So waren in dem vom BGH entschiedenen Fall an die Rechtsnachfolgerin der Zessionarin 294.996,30 DM gezahlt worden und 23.925,30 DM standen noch aus.

---

[24]) KG JW 1935, 3486 (3487).
[25]) KG JW 1935, 3486 (3487).
[26]) KG JW 1935, 3486 (3487).

Der Anspruch ist also durchaus durchgesetzt worden und blieb dennoch dem Gläubigerzugriff entzogen. Hier hat der BGH ersichtlich eine Interessenabwägung zugunsten der Gläubiger des Berechtigten vorgenommen und für die Verwirklichung des Interessenausgleichs als Ansatzpunkt eine Erweiterung der Pfändbarkeit gewählt. Somit wurde nicht lediglich die Anfechtbarkeit ermöglicht[27]), sondern für die Eröffnung der Anfechtbarkeit gleichzeitig die Pfändbarkeit der von § 852 ZPO erfaßten Forderungen erweitert. Wenn insoweit im folgenden diese Interessenwertung überprüft werden muß, sind auch der vom BGH gewählte Ansatzpunkt und die neuartige Konstruktion von Pfändung und Verwertung auf ihre Tragbarkeit zu untersuchen.

Diese Abhandlung will deshalb eine Auslegung des § 852 ZPO finden, die sowohl dem Sinn und Zweck der Norm als auch ihrer Einordnung in das System der Forderungspfändung gerecht wird. Ebenso ist auf die Zusammenhänge zum materiellen Recht, insbesondere zum Zessionsrecht, einzugehen. Anhand dessen kann auch das Urteil des BGH von 1993 auf seine Richtigkeit überprüft werden.

---

[27]) So Vorschlag *Harder,* WuB VI E. § 852 ZPO 1.1994, 220; vgl. u. S. 159-161.

Teil B: Regelungsgehalt des § 852 ZPO

I. Voraussetzungen des § 852 ZPO und dadurch geschützte Freiheit des Anspruchsberechtigten, selbst über die Geltendmachung seiner Forderung zu entscheiden

Eine Pfändung des Pflichtteils-, Zugewinnausgleichs- und Rückforderungsanspruchs soll nach § 852 ZPO erst bei Rechtshängigkeit und Anerkenntnis möglich sein. Zu klären ist, warum die Norm diese Voraussetzungen für die Pfändbarkeit der Ansprüche vorschreibt und welches Ziel die Pfändungsbeschränkung im Hinblick auf den Charakter der von ihr erfaßten Forderungen verfolgt.

1. Voraussetzungen des § 852 ZPO

Pfändung von Ansprüchen bedeutet immer eine Inanspruchnahme der Forderung von dritter Seite. § 852 ZPO will jedoch die Entscheidung über die Geltendmachung des Anspruchs allein dem Berechtigten überlassen. Dies soll dadurch erreicht werden, daß die Pfändbarkeit auf die Fälle der Rechtshängigkeit und des Anerkenntnisses beschränkt wird. Deshalb schreibt § 852 ZPO nach seinem Wortlaut diese Voraussetzungen für eine Pfändung vor.

a) Rechtshängigkeit und Anerkenntnis

Dadurch, daß der Berechtigte einen Anerkenntnisvertrag schließt oder seine Forderung rechtshängig macht, zeigt er in eindeutiger Weise, daß er sich entschieden hat, den Anspruch geltend zu machen.[28]

---

[28] *Kipp/Coing*, ErbR, § 8 III 2; *Bohn/Berner*, Pfändbare und unpfändbare Forderungen..., 3. Teil II, 8/11.

Damit wollten die Motive "außergerichtliche Geltendmachung" seitens des Berechtigten mit der gerichtlichen Geltendmachung gleichstellen, weil der Berechtigte durch beides zu erkennen gibt, daß er von seinem Recht Gebrauch machen will.[29]) Den Anspruch anerkennen muß nicht der verpflichtete Erbe, Beschenkte, Ehegatte, sondern der vermeintlich Berechtigte[30]), denn auf dessen Willen zur Geltendmachung kommt es an. Die Anerkennung hat nach dem Wortlaut aber durch vertragliche Abmachung zwischen Berechtigtem und Verpflichtetem zur Absicherung des Anspruchs zu geschehen.[31])

Dafür bedarf es weder der Schriftform noch eines abstrakten Schuldanerkenntnisses nach § 781 BGB.[32]) Ein ausdrückliches vertragliches Anerkenntnis ist nicht notwendig, so daß auch auf ein derartiges Anerkenntnis hindeutende schlüssige Handlungen genügen können.[33]) Es reicht also auch ein deklaratorisches Anerkenntnis oder eine formlose konkludente Einigung zwischen Schuldner und Gläubiger aus.[34]) Als vertragliches Anerkenntnis gilt deshalb jedes Rechtsgeschäft, das auf Feststellung des Anspruchs, auf Einverständnis über das Bestehen zielt.[35]) Der berechtigte Vollstreckungsschuldner muß aber jedenfalls erkennen lassen, daß er den Anspruch geltend machen will.[36]) Wird erst nach der Pfändung anerkannt, wird der bisherige Mangel geheilt, die Pfändung war also nicht nichtig, sondern lediglich anfechtbar.[37])

Alternative Voraussetzung ist die Rechtshängigkeit des Anspruchs. Zum Zeitpunkt der Pfändung muß die Rechtshängigkeit entweder noch fortdauern oder der Anspruch muß bereits tituliert sein.[38]) Bei Klagerücknahme vor Wirksamkeit der Pfändung ist also eine Pfändung nicht mehr möglich. Ist allerdings eine wirksame Pfändung vollzogen,

---

[29]) Materialien zur ZPO Novelle *Hahn/Mugdan* VIII, Seite 159.
[30]) *MünchKomm/Smid*, § 852 ZPO, Rz. 3.
[31]) Vgl. *MünchKomm/Smid*, § 852 ZPO, Rz. 3.
[32]) OLG HRR 1930, Nr. 1164; *Baumbach/Lauterbach/Hartmann*, § 852 ZPO, Rz. 1; MünchKomm/Smid, § 852 ZPO, Rz. 3; *Stein/Jonas/Brehm*, § 852 ZPO, Rz. 5 mit FN 12; *Stöber*, Forderungspfändung, Rz. 270; *Schuschke*, § 852 ZPO, Rz. 2; a.A. *Wieczorek*, § 852 ZPO, Rz. A II m.w.N.
[33]) *Bohn/Berner*, Pfändbare und unpfändbare Forderungen..., 3. Teil II 8/11 e.
[34]) *Schuschke*, § 852 ZPO, Rz. 2; vgl. für § 847 a.F. BGB: BGH NJW 1973, 620.
[35]) Vgl. BGH NJW 1973, 620.
[36]) *MünchKomm/Smid*, § 852 ZPO, Rz. 3.
[37]) OLG HRR 1930, Nr. 1164; vgl. *Stein/Jonas/Brehm*, § 852 ZPO, Rz. 6 m.w.N.; s. u. S. 115-118.
[38]) *Stein/Jonas/Brehm*, § 852 ZPO, Rz. 5 m.w.N.

kann eine spätere Klagerücknahme diese nicht mehr beseitigen.[39]) Für die Rechtshängigkeit ist auch die Erhebung einer Feststellungsklage ausreichend.[40]) Ebenso ist der Rechtshängigkeit eine nicht bestrittene Eintragung in die Konkurstabelle gleichzustellen.[41]) Wird nur eine Teilklage eingereicht, so kann dies die Pfändbarkeit des gesamten Anspruchs nicht hindern: Die Frage, ob eine Teilklage im Rahmen der Rechtshängigkeitsprüfung bei § 852 ZPO eine Pfändbarkeit des Gesamtanspruchs herbeiführt, ist allerdings zu unterscheiden von der Frage, ob der Umfang einer Forderungspfändung grundsätzlich die ganze Forderung erfaßt oder sich auf die Höhe der Vollstreckungsforderung des Gläubigers beschränkt.[42]) Letzteres bezieht sich nämlich auf eine Divergenz zwischen dem vollstreckbaren Anspruch und dem Vollstreckungsobjekt, ersteres ist zunächst allein eine Frage der Pfändbarkeit des Vollstreckungsobjekts unabhängig vom vollstreckbaren Anspruch. Wichtiges Argument ist jedoch bei beiden Fragestellungen, daß das Pfändungspfandrecht die gesamte gepfändete Forderung erfaßt und zwar sowohl unabhängig vom vollstreckbaren Anspruch als auch unabhängig von der lediglich teilweisen Rechtshängigkeit des Vollstreckungsobjekts. Das Gesetz geht insofern von einer Vollpfändung aus.[43]) Beim Anspruch nach § 852 ZPO kommt entscheidend hinzu, daß der Berechtigte auch mit einer Teilklage zeigt, daß er seine Entscheidungsfreiheit ausgeübt hat.[44]) Dies spricht insgesamt dagegen, bei einer Teilklage lediglich die Pfändbarkeit des eingeklagten Teils anzunehmen.[45])

Anerkenntnis und Rechtshängigmachen sind also die beiden rechtlichen Vorgänge, durch die der Berechtigte eindeutig zeigt, er wolle seinen bestehenden Anspruch durchsetzen und nicht auf ihn verzichten. Die gerichtliche Geltendmachung stellt sich dabei als gleichsam intensivste Form der Reklamation des zu pfändenden Anspruchs dar.[46]) An-

---

[39]) *Stöber*, Forderungspfändung, Rz. 270.
[40]) *Stöber*, Forderungspfändung, Rz. 270.
[41]) *Stöber*, Forderungspfändung, Rz. 270.
[42]) Dazu eingehend mit einer Zusammenfassung der wesentlichen Argumente: *Schilken*, Zum Umfang der Pfändung..., FS Lüke 1997, S. 701 ff.
[43]) *Schilken*, Zum Umfang der Pfändung..., FS Lüke 1997, S. 701 (714) m.w.N.; vgl. *Zunft*, NJW 1955, 441 ff.
[44]) *Wax*, LM § 852 ZPO, Nr. 1.
[45]) So jedoch *Stöber*, Forderungspfändung Rz. 270.
[46]) *MünchKomm/Smid*, § 852 ZPO, Rz. 4 m.w.N.

erkenntnis und Rechtshängigmachen sind also Ausübung der von § 852 ZPO garantierten Entscheidungsfreiheit. So wird auch argumentiert, durch vertragliche Anerkennung oder Rechtshängigkeit sei der Anspruch aus der "Entschließungssphäre" des Berechtigten herausgetreten.[47]) Der Eingriff in die persönliche Beziehung solle dem Gläubiger des Anspruchsberechtigten solange verwehrt sein, wie dieser nicht selbst "verrechtlichend" in die persönliche Beziehung eingegriffen und den Anspruch gesichert habe.[48]) Erst dann sei eine Pfändung gestattet.

b) Andere die Pfändbarkeit eröffnende Bedingungen

Weiterhin tritt die Pfändbarkeit des Anspruchs dann ein, wenn er vom Berechtigten - zur Sicherheit - abgetreten wird.[49]) Der Anspruch ist deshalb nach der Abtretung für die Gläubiger des Zessionars pfändbar.

Der Berechtigte hat im Fall der Abtretung die Entscheidung über die Geltendmachung des Anspruchs bewußt in die Hand eines Dritten gelegt und damit seine eigene Freiheit ausgeübt. § 852 ZPO will entgegen dem engen Wortlaut nur die persönliche Entscheidung des ursprünglich Berechtigten und nicht die eines Zessionars schützen.[50]) Zwischen diesem und dem Drittschuldner besteht nicht mehr jenes höchstpersönliche Verhältnis, das § 852 ZPO schützen will.[51])

Auch bei der Sicherungszession ist insoweit der Fortbestand der haftungsrechtlichen Zuordnung[52]) gegenüber dem Vollrecht des Erwerbers kein Grund, die Entscheidungsfreiheit weiterhin zu schützen, denn auch durch eine Sicherungszession entscheidet sich der Berechtigte für die Verwertung des Pflichtteils.[53]) Für eine Pfändungsbeschränkung besteht kein Grund mehr.

---

[47]) *Lange/Kuchinke*, ErbR, § 37 VII 2.
[48]) *Schuschke*, § 852 ZPO, Rz. 1.
[49]) OLG HRR 30, NR. 1164; *Soergel/Dieckmann*, § 2317 BGB, Rz. 15; *Stein/Jonas/Brehm*, § 852 ZPO, Rz. 7 m.w.N.; *MünchKomm/Smid*, § 852 ZPO, Rz. 3; *Stöber*, Forderungspfändung, Rz. 272; zustimmend *Gerhard*, EWiR § 852 ZPO 1/1993, 1141 (1142).
[50]) *Stein/Jonas/Brehm*, § 852 ZPO, Rz. 7 m.w.N..
[51]) *Schuschke*, § 852 ZPO, Rz. 2.
[52]) *Rosenberg/Gaul/Schilken*, ZwangsvollstrR, § 41 V 2; VI 4.
[53]) *Kuchinke*, NJW 1994, 1769 (1770).

Bei Rückabtretung lebt die Pfändungsbeschränkung nicht wieder auf, da die Berufung auf das Pfändungsverbot ein unzulässiges *venire contra factum proprium* von Seiten des Anspruchsberechtigten bedeuten würde.[54])

Fraglich ist, ob der Übertragung der von § 852 ZPO erfaßten Rechte deren Verpfändung gleichzustellen ist. Dagegen wird vorgebracht, die Verpfändung gebe einem Pfandgläubiger noch nicht die Befugnis, den Anspruch geltend zu machen.[55]) In der Tat muß vor Pfandreife der verpfändete Anspruch vom Schuldner und Pfandgläubiger gemeinsam geltend gemacht werden (§ 1281 S. 2 BGB). Dies bedeutet jedoch nicht, daß der anspruchsberechtigte Schuldner durch eine Verpfändung seine Entscheidungsfreiheit noch nicht ausgeübt habe. Nach richtiger Ansicht sind die zivilrechtlichen Sicherungsrechte auch Instrumente materiellrechtlicher Güterzuordnung.[56]) Die Verpfändung ordnet mit Willen des Berechtigten den Anspruch im gesetzlich beschriebenen Umfang (§§ 1279 ff. BGB) dem Vermögen des Pfandgläubigers zu und eröffnet die Möglichkeit der Verwertung durch diesen.[57]) Auch durch die Einräumung eines Verwertungsrechts macht demnach der Berechtigte von seinem Recht Gebrauch im Sinne des § 852 ZPO. Gläubiger des Pflichtteilsberechtigten können folglich im Anschluß an die Verpfändung den Anspruch ohne die in § 852 ZPO genannten Voraussetzungen pfänden und erwerben ein gegenüber dem des Pfandgläubigers nachrangiges Pfändungspfandrecht.[58])

c) Zusammenfassung

Durch die angeführten Rechtshandlungen des Anerkenntnisses, der Rechtshängigkeit, der Abtretung und Verpfändung wird deutlich, daß der Berechtigte einen Zugriff auf seinen Anspruch befürwortet. Erst dann soll ein Dritter den Anspruch durchsetzen können. Vorher sind weder Anspruchsgegner noch Gläubiger des Anspruchsberechtigten dazu ermächtigt, an dessen Stelle die Entscheidung darüber zu fällen, ob der Anspruch geltend gemacht wird oder nicht.

---

[54]) *Kuchinke*, NJW 1994, 1769 (1770).
[55]) *Stöber*, Forderungspfändung, Rz. 273 d.
[56]) *Rosenberg/Gaul/Schilken*, ZwangsvollstrR, § 50 III 3 a.
[57]) *Kuchinke*, NJW 1994, 1769.
[58]) *Kuchinke*, NJW 1994, 1769 (1770).

2. Entstehungsgeschichte des § 852 ZPO, Regelungsmotive des Gesetzgebers

Genauer zu klären ist, warum der Gesetzgeber dem Berechtigten die durch die Voraussetzungen des § 852 ZPO geschützte Entscheidungsfreiheit gewährt hat.

Im Rahmen der Beratungen zum BGB war zunächst vorgesehen, daß der Pflichtteilsanspruch vererblich, übertragbar, pfändbar und der Konkursmasse zugehörig sein soll.[59]) Später wurden Anerkenntnis oder Rechtshängigkeit im Entwurf des BGB als Voraussetzungen für die Pfändbarkeit und Massezugehörigkeit vorgesehen.[60]) Schließlich wurde die heutige Regelung des § 852 ZPO durch die Novelle zur ZPO vom 20. Mai 1898 in das Zwangsvollstreckungsrecht eingeführt. Als § 749 b II ging die Norm in das "Gesetz betreffend die Änderungen der Civilprozeßordnung" vom 17. Mai 1898 ein und trat anschließend zeitgleich mit dem BGB als § 852 ZPO in Kraft.[61])

Die Materialien zur ZPO und zum BGB besagen, durch die Beschränkung der Pfändbarkeit auf die Fälle der Rechtshängigkeit und des Anerkenntnisses werde verhindert, daß die Ansprüche gegen den Willen des Berechtigten geltend gemacht würden.[62]) Warum ein Interesse an einer unbeeinflußten Entscheidung über die Geltendmachung des Anspruchs besteht, wird nach den Materialien zunächst damit begründet, daß anders als die vorgesehene Vererblichkeit und Übertragbarkeit des Anspruchs eine unbeschränkte Pfändbarkeit dazu führen würde, daß der Berechtigte unter Umständen mittelbar gezwungen würde, seinen Anspruch geltend zu machen.[63]) Dies könne sich als unbillige Härte erweisen, denn es seien sehr wohl Fälle denkbar, in denen es anerkennenswerte Beweggründe seien, die den Berechtigten von einer Geltendmachung abhielten.[64]) Dem Wesen des Pflichtteilsanspruchs und dem Verhältnis der Erben zum Berechtigten widerstreite es insofern, wenn der Pflichtteilsanspruch gegen den Willen des

---

[59]) *Schubert*, Vorentwurf Erbrecht 1, Seite 55, 807.
[60]) *Schubert*, Anlagen: Entwürfe, Seite 1238; *Achilles/Gebhard/Spahn*, Prot. V, Seite 525, 527.
[61]) RGBl. 1898, Seite 332.
[62]) Mot. *Mugdan* V, Seite 222; Materialien zur ZPO Novelle *Hahn/Mugdan* VIII, Seite 159.
[63]) Mot. *Mugdan* V, Seite 222.
[64]) Mot. *Mugdan* V, Seite 222.

Letzteren geltend gemacht werde.[65]) Auch bei dem Anspruch des Schenkers auf Rückgabe des Geschenks entspreche es der persönlichen Beziehung zwischen dem Schenker und dem Beschenkten, daß die Entscheidung darüber, ob der Anspruch geltend gemacht werden solle, dem Schenker überlassen bleibe.[66]) Entsprechendes gilt auch für den Anspruch auf Ausgleich des Zugewinns.[67]) Als Grund der Entscheidungsfreiheit wird insofern das Verhältnis von Verpflichtetem und Berechtigtem, die persönliche Beziehung zwischen beiden angeführt.[68]) Auch von einer "individuellen Natur" des Anspruchs ist die Rede.[69])

Ferner wird auf die Gründe der Enterbung und damit der Entstehung des Pflichtteilsanspruchs Bezug genommen. Diese werden häufig auf persönlichen, familieninternen Erwägungen beruhen. Insoweit könne der Anspruch aus Gründen hinfällig sein, deren Erörterung den Berechtigten und dessen Familie schwer benachteiligen würde.[70]) Ein derartiger Rücksichtnahmegrund entfällt jedoch, wenn der Berechtigte im Wege des Anerkenntnisses oder indem er den Anspruch rechtshängig macht, zu erkennen gegeben hat, daß er von seinem Recht Gebrauch machen will.[71]) Erst dann soll eine Pfändung gestattet sein.

Vor der Geltendmachung des Anspruchs durch den Berechtigten wird auch kein überwiegendes Interesse eines pfändenden Gläubigers an dem Anspruch angenommen: Der Erwerb des Anspruchs kraft Gesetzes mit Eintritt des Erbfalls sei nämlich nicht im Interesse der Gläubiger des Berechtigten vorgeschrieben, sondern nur im Interesse des Berechtigten; es verdiene nicht begünstigt zu werden, daß einem Schuldner mit Rücksicht auf sein eventuelles Pflichtteilsrecht Kredit gewährt werde, ein solcher Kredit sei erfahrungsgemäß nicht selten ein für den Schuldner verderblicher.[72]) Selbst eine Schmälerung der Kreditfähigkeit des Pflichtteilsberechtigten wird damit in Kauf genommen.

Insgesamt leiten also die Gesetzesmaterialien aus dem Charakter und Wesen der Ansprüche die Notwendigkeit ab, daß der Berechtigte frei über ihre Geltendmachung entscheiden kann.

---

[65]) Prot. *Mugdan* V, Seite 784.
[66]) Materialien zur ZPO Novelle *Hahn/Mugdan* VIII, Seite 159.
[67]) S.u. S. 25/26.
[68]) Materialien zur ZPO Novelle *Hahn/Mugdan* VIII, Seite 159.
[69]) Prot. *Mugdan* V, Seite 784.
[70]) Mot. *Mugdan* V, Seite 222.
[71]) Materialien zur ZPO Novelle *Hahn/Mugdan* VIII, Seite 159.
[72]) Mot. *Mugdan* V, Seite 222.

3. Heutige Auffassung vom Normzweck des § 852 ZPO

Heute entsprechen die oben aufgeführten Erwägungen großenteils noch dem Meinungsstand zum Sinn und Zweck des § 852 ZPO und dem Charakter der von dieser Norm erfaßten Forderungen.

Die erläuterte BGH-Entscheidung von 1993 führt mit Hinweis auf die Gesetzesmaterialien an, das Anliegen der Norm gehe dahin, mit Rücksicht auf die familiäre Verbundenheit von Erblasser und Pflichtteilsberechtigtem allein diesem die Entscheidung zu überlassen, ob der Anspruch gegen den Erben durchgesetzt werden soll; Gläubiger sollten diese Entscheidung nicht an sich ziehen können.[73] Andere Stellungnahmen sprechen den von § 852 ZPO erfaßten Ansprüchen eine höchstpersönliche Natur zu[74], oder es ist zumindest von persönlichen Forderungen[75] die Rede. So ergänze § 852 ZPO für bestimmte ihrer Natur nach höchstpersönliche Ansprüche den § 851 I ZPO.[76] Angenommen wird ein familienbetonter Anspruch.[77] Durch die Geltendmachung werde störend in sehr persönliche Beziehungen eingegriffen.[78] Jedweder Eingriff in die persönliche Entscheidungsfreiheit solle angesichts der familiär sensiblen Erbsituation vermieden werden.[79] Deshalb soll die Pfändung nur zulässig sein, wenn bestimmte Voraussetzungen vorliegen, damit die Forderung dem Zugriff dritter Personen nur dann offensteht, wenn der Anspruchsberechtigte selbst seinen Willen erkennbar gemacht hat, den Anspruch geltend zu machen.[80] Ein weiterer Aspekt findet sich in folgenden Stellungnahmen: Das Gesetz sei bestrebt, die Durchsetzung des Pflichtteilsanspruchs nicht zu beschleunigen und wolle abwarten, ob sich der Berechtigte dem Willen des Erblassers fügen will; darum lege es die Entschließung über die Geltendmachung des Anspruchs allein in die Hand des Pflichtteilsberechtigten.[81] Entsprechendes gilt für den Anspruch auf Ausgleich des

---

[73] BGHZ 123, 183 (186) m.w.N.
[74] *Schuschke*, § 852 ZPO, Rz. 1; *Jauernig/Vollkommer*, §§ 528, 529 BGB, Anm. 2 a; *Bohn/Berner*, Pfändbare und unpfändbare Forderungen..., 3. Teil II 8/11.
[75] *Jaeger/Henckel*, § 9 KO, Rz. 15.
[76] *Schuschke*, § 852 ZPO, Rz. 1; s.u. S. 137 ff.
[77] *Soergel/Dieckmann*, § 2317 BGB, Rz. 14.
[78] *Schuschke*, § 852 ZPO, Rz. 1.
[79] *Behr*, JurBüro 1996, 65 mit FN 4 mit Hinweis auf Art. 6 GG.
[80] *Bohn/Berner*, Pfändbare und unpfändbare Forderungen..., 3. Teil II 8/11 c-e.
[81] *Lange/Kuchinke*, ErbR, § 37 VII 2 a.

Zugewinns und auf Rückforderung des Geschenks.[82]) Außerdem wird neben dem sicher vorrangigen Schutz des Willens des Anspruchsinhabers auch angeführt, es solle das Auftreten von Ungewißheiten über die Rechtslage ausgeschlossen werden, die bei einer Pfändung der Forderungen vor Anerkennung oder Rechtshängigkeit auftreten können.[83])

II. Die von § 852 ZPO erfaßten Ansprüche

Die Stellungnahmen zum Normzweck des § 852 ZPO unterscheiden sich teilweise in der Begründung, welches spezifische Charakteristikum der Ansprüche eine Entscheidungsfreiheit des Berechtigten zwingend erfordert und insofern Grund der Einräumung der Entscheidungsfreiheit ist. Es muß deshalb näher auf die von § 852 ZPO erfaßten Forderungen eingegangen werden, um klarzustellen, um welche Art von Ansprüchen es sich handelt und welche Gemeinsamkeiten Grund für die Einschränkung der Pfändbarkeit sind. Anhand dessen ist auch Bedeutung und Ausmaß des Schutzes der Entscheidungsfreiheit zu konkretisieren.

1. Der Pflichtteilsanspruch

a) Entstehungsgeschichte

1869 entschied sich der Gesetzgeber nach kontroversen Erörterungen dafür, das Pflichtteilsrecht in Form eines Geldanspruchs, bemessen am Wert des Nachlasses, und nicht als Noterbrecht auszugestalten. Das Pflichtteilsrecht in seiner heutigen Form war insoweit eine Entscheidung zugunsten der preußischen, österreichischen und zum Teil gemeinrechtlichen Regelung.[84]) Demgegenüber stand insbesondere das französische Recht, wonach die eigentliche Erbfolge ausschließlich auf dem Familienverband beruht. Die Befugnis, zu Lasten der nächsten Familienangehörigen (Pflichterben) durch Schenkungen unter Lebenden oder durch Zuwendungen von Todes wegen zu verfügen, wird im Code Civil beschränkt durch die Möglichkeit des Pflichterben, die *ac-*

---

[82]) S.u. S.25/26, 30, 32.
[83]) *MünchKomm/Smid*, § 852 ZPO, Rz. 2, vgl. u. S. 133 ff.
[84]) Vgl. *Kipp/Coing*, ErbR, § 8 I m.w.N.; *Lange/Kuchinke*, ErbR, § 37 I, II.

tion en réduction (Klage bei Nichtwahrung des Vorbehalts, der *réserve,* Art. 913, 915 CC) vorzunehmen (Art. 920-930 CC). Dadurch kann eine Herabsetzung der Zuwendungen herbeigeführt werden - vergleichbar einer Testamentsanfechtung. Die Pflichterben sind wirkliche Erben, das heißt Eigentümer und Besitzer des Nachlasses.[85])

Vorgebracht wurde bei der Diskussion um beide Systeme in den Materialien, daß die Ehre der Erbeinsetzung neben der äußeren auch eine innere Bedeutung habe. Der Pflichtteilsberechtigte, der nur einen Wertanspruch habe, entbehre der Sicherheit, welche ihm die Erbengemeinschaft gewähre. Ihm werde das Miteigentum am Nachlaß entzogen. Durch die Verweisung auf eine Schätzung des Nachlasses fielen Gegenstände, welche keinen Gebrauch haben, ohne weiteres den Erben zu.[86]) Außerdem sei die gesetzliche Erbfolge die natürliche. Es widerspreche insoweit der Volksanschauung, Kinder zu Gläubigern zu machen.[87])

In der Diskussion wurde also gesehen, daß gute Gründe dafür sprechen, dem Berechtigten ein echtes Erbrecht und eine echte Nachlaßbeteiligung zu geben. Indessen wurde die Einräumung lediglich eines Anspruchs auf einen Anteil am Wert des Nachlasses für folgerichtiger gehalten: Wenn es dem Erblasser nicht versagt werden dürfe, den Pflichtteilsberechtigten (testamentarisch) mit einem Wertquantum abzufinden, dann müsse sich auch der Anspruch des Berechtigten in der Forderung auf ein Wertquantum erschöpfen. Der Erblasser, welcher pflichtwidrig über seinen Stammnachlaß verfügt, greife insofern nicht in eine fremde Rechtssphäre ein. Zudem stehe zwar den Pflichtteilsberechtigten ein moralisches Recht zu, vom Vermögen des Erblassers einen Teil zu erhalten. Keineswegs aber fordere es die Billigkeit oder die Idee des Pflichtteilsrechts, daß sie verlangen könnten, formell zu Erben ernannt zu werden.[88]) Das entspreche auch der Volksauffassung, wonach es dem Berechtigten vor allem darauf ankäme, am Wert der Erbschaft zu partizipieren.[89]) Auch werde die Testierfreiheit keineswegs immer mißbräuchlich ausgeübt, die Enterbung könne durchaus eine achtenswerte Entscheidung des Erblassers sein.[90])

---

[85]) Zu alledem: *Ferid,* Das französische Zivilrecht, 5 C 159 ff.
[86]) Zu alledem: Mot. *Mugdan* V, Seite 205.
[87]) Prot. *Mugdan* V, Seite 763.
[88]) Zu alledem: Prot. *Mugdan* V, Seite 763 f.
[89]) Prot. *Mugdan* V, Seite 764; *Kipp/Coing,* ErbR, § 8 II 3.
[90]) Prot. *Mugdan* V, Seite 764.

Letztlich waren es jedoch nicht inhaltliche Gründe, sondern die Praktikabilität des heutigen Pflichtteilsrechts, die zu einer Entscheidung für diese Konstruktion geführt haben.[91]) Für die Zuweisung lediglich eines Geldäquivalents sprach die Zweckmäßigkeit. Außerdem bleibt der Berechtigte dabei von vorherigen Erblasserhandlungen unberührt. Eine Vermögenszersplitterung wird ebenso vermieden wie das Eintreten unsicherer Schwebezustände und Rechtsverhältnisse.[92])

Insofern liegt dem Pflichtteilsrecht kein anderer Rechtsgedanke, sondern lediglich eine andere praktische Erwägung zugrunde. Das Noterbrecht sieht also im Gegensatz zum heutigen Pflichtteilsrecht keine stärkere Gewichtung zugunsten familienrechtlicher Aspekte vor. Deshalb ist es auch unrichtig anzunehmen, das Pflichtteilsrecht gehe von unbeschränkter Testierfreiheit aus, die korrigiert werde, das Noterbrecht kenne hingegen gar keine unbeschränkte Testierfreiheit[93]), sehe insofern die familiäre Verbundenheit zwischen Erblasser und Pflichterben von Anfang an als das herausragende Kriterium an.

Hinzu kommt, daß in beiden Systemen ein Handeln des Pflichtteilsberechtigten erforderlich ist, damit er in den Genuß der gesetzlich vorgesehenen Nachlaßbeteiligung kommt. Nach § 2303 BGB "kann" der Berechtigte den Pflichtteil verlangen, er kann sich aber dem Willen des Erblassers auch fügen und den Anspruch nicht geltend machen, wobei Mahnfälligkeit jedoch schon mit Entstehung des Anspruchs eintritt.[94]) Im französischen Recht ist die *action en réduction* notwendig, mit der auf Streichung testamentarischer Verfügungen oder Herabsetzung der Höhe des Vererbten geklagt wird. Solange nicht die Herabsetzungsklage durchgeführt ist, ist das Testament noch wirksam.[95]) Auch der Pflichterbe muß sein Recht also erst einmal geltend machen. Im Noterbrecht wird demnach ebenfalls der Erbanteil nicht gegen den Willen des Berechtigten aufgedrängt, sondern es ist dessen selbstverantwortlicher Entschließung überlassen, ob er das Testament anficht oder sich mit ihm beruhigen will.[96]) Jedes der beiden Systeme erfordert also eine Initiative des Berechtigten zur Geltendmachung seines Rechts.

---

[91]) Vgl. *Kipp/Coing*, ErbR, § 8 II, 3.
[92]) Denkschrift *Mugdan* V, Seite 875.
[93]) Vgl. *Braga*, AcP 153, 144 (145).
[94]) *Lange/Kuchinke*, ErbR, § 37 VII 2 a; *Kretzschmar*, ErbR, § 90 IV 2 mit FN 7 m.w.N.; a.A. *Levis*, ZBlFG.11 (1911), 685; *Braga*, AcP 153, 144 (146).
[95]) *Ferid*, Das Französische Zivilrecht, 5 C 159.
[96]) *Boehmer*, AcP 144, 32 (78/79).

Eine Entscheidung, sich dem Willen des Erblassers nicht zu beugen, ist somit bei beiden Konstellationen notwendig. In der ZPO soll diese Freiheit durch § 852 ZPO geschützt werden. Das bedeutet, die Entscheidung zugunsten der Anspruchskonstruktion ist nicht auf die Absicht zurückzuführen, die Position des pflichtteilsberechtigten nächsten Angehörigen zu schwächen. Daß eine Rücksichtnahme auf familiäre Verbundenheit gewollt war, wird schon dadurch deutlich, daß eine Erweiterung der Testierfreiheit im neu zu fassenden BGB dergestalt, daß das Pflichtteilsrecht völlig beseitigt wird, von der Gesetzgebungskommission von Anfang an abgelehnt wurde.

Wenn im Für und Wider beider Systeme häufig auch ideelle Argumente vorgebracht wurden, muß man insoweit dennoch davon ausgehen, daß das heutige Pflichtteilsrecht und das Noterbrecht lediglich unterschiedliche Ausgestaltungen desselben Rechtsgedankens sind. Erst die Lösung, die dem Berechtigten kein echtes Erbrecht und keine echte Nachlaßbeteiligung gewährt, sondern ihn auf einen Geld- und Wertanspruch gegen die Erben verweist, begründet jedoch die Einordnung in den Bereich der Forderungspfändung. Der Entschluß des Gesetzgebers, das Pflichtteilsrecht als Anspruch auf ein Wertquantum und nicht als Noterbrecht auszugestalten, bedeutet also nicht, daß eine schwächere Gewichtung familiärer Belange beabsichtigt war. Insbesondere ist deshalb bei der Auslegung des § 852 ZPO kein Relativieren der durch diese Norm geschützten persönlichen Entscheidungsfreiheit vorzunehmen.

b) Regelungsinhalt

Der Pflichtteilsanspruch entsteht bei den Abkömmlingen, Eltern und dem Ehegatten eines Erblassers mit dem Erbfall[97] und richtet sich gegen die testamentarisch eingesetzten Erben. Wer also auch ohne Verfügung von Todes wegen nicht als gesetzlicher Erbe berufen wäre, hat auch kein Pflichtteilsrecht.[98] Der Anspruch ist insofern Ausfluß und Ersatz des gesetzlichen Erbrechts und stellt sich als Teil des subjektiven Erbrechts dar[99], obwohl der Kreis der Anspruchsberechtigten sogar kleiner ist als der der gesetzlichen Erben. So wurde bei der Diskussion

---

[97] Allg. Meinung: Mot. *Mugdan* V, Seite 222; *Kipp/Coing*, ErbR, § 8 III; *Lange/Kuchin-ke*, ErbR, § 37 VII 2 a; *Kretzschmar*, ErbR, § 90 IV 2; vgl. auch *Strohal*, ErbR I, § 53 I ; a.A. *Levis*, ZBlFG. 11 (1911), 685.

[98] *Lange/Kuchinke*, ErbR, § 37 IV 1 b.

[99] Mot. *Mugdan* V, Seite 206; *Palandt/Edenhofer*, vor § 2303 BGB, Rz. 1; *Braga*, AcP 153, 144 (146).

um die Frage, welcher Personenkreis pflichtteilsberechtigt sein solle, festgestellt, daß nur bei Eltern und Abkömmlingen Pietät und familienrechtliche Erwägungen stärker ins Gewicht fallen als Testierfreiheit und bisherige Übung. Deshalb wurden auch Geschwister und Großeltern ausgeschlossen.[100])

Der Anspruch auf den Pflichtteil ist von Entstehung an abtretbar, also auch verpfändbar, §§ 2317 II, 1274 II BGB.[101]) Der entstandene Anspruch kann nicht ausgeschlagen werden, jedoch ist ein Erlaßvertrag nach § 379 BGB zur endgültigen Aufhebung möglich.[102])

Das Gesetz will mit der Normierung des Pflichtteilsrechts die gewillkürte Erbfolge zugunsten der im Familienrecht begründeten Bindungen einschränken, indem es durch Beschränkung der Testierfreiheit den übergangenen nächsten Angehörigen Ansprüche aus dem Erbe zubilligt.[103]) Zu Grunde liegt die Idee, daß die nächsten Familienangehörigen des Erblassers vor übereilten pflichtvergessenen Verfügungen, also vor der mißbrauchten Testierfreiheit, geschützt werden sollen und ihnen auch in allen anderen Fällen ein bestimmter Anteil an dem Nachlaßvermögen gesichert werden soll.[104]) Den nächsten Angehörigen wird dadurch ein Mindestanteil am Erbgut gegeben, den der Erblasser ihnen nur unter erschwerten Umständen entziehen kann. Gleichzeitig wird das Recht des Erblassers anerkannt, sein übriges Vermögen anderen zuzuwenden.[105])

Als Grund für die gesetzliche Anerkennung des Pflichtteilsrechts wird einerseits die Fürsorgepflicht eines Erblassers gegenüber nahen Angehörigen genannt, andererseits wird das Pflichtteilsrecht aus der familienrechtlichen Unterhaltspflicht abgeleitet, die sich mit dem Tode in eine Hinterlassungspflicht umwandelt.[106]) So beruhe das Pflichtteilsrecht auf dem Gedanken, daß den Erblasser eine über seinen Tod hinausgehende Sorgepflicht für seine nahen Angehörigen trifft.[107]) Angeführt wird weiterhin der Gedanke, das Interesse der Angehörigen am Nachlaß zu schützen.[108])

---

[100]) Mot. *Mugdan* V, Seite 203.
[101]) *Lange/Kuchinke*, ErbR, § 37 VII 2 a.
[102]) *Lange/Kuchinke*, ErbR, § 37 VII 2 c; s.u. S. 82 ff.
[103]) *Lange/Kuchinke*, ErbR, § 37 I; vgl. *Brox*, ErbR, Rz. 517.
[104]) *Braga*, AcP 153, 144 (145).
[105]) *Kipp/Coing*, ErbR, § 8 I; *Schlüter*, ErbR, § 46 I; *Leiphold*, ErbR, § 24 I 1.
[106]) *Endemann*, BGB III 2, § 158 IV d; vgl. *Braga*, AcP 153, 144 (145).
[107]) *Brox*, ErbR, Rz. 517.
[108]) *Endemann*, BGB III 2, § 158 IV d.

Wie grundsätzlich das Erbrecht jeder Rechtsordnung wurzelt insofern auch das Pflichtteilsrecht in dem anzuwendenden Familienrecht.[109]) Das Pflichtteilsrecht begründet dabei ein auf der Verwandtschaft beruhendes Rechtsverhältnis, das schon zu Lebzeiten des Erblassers besteht.[110]) Dies findet seine gesetzliche Ausprägung in den Vorschriften zum Erbverzichtsvertrag mit dem Erblasser nach §§ 2346, 2352 BGB und in § 312 II BGB, wonach bei Verträgen unter künftigen gesetzlichen Erben die sonst eingreifende Regel, daß Verträge über den Pflichtteil aus dem Nachlaß eines noch lebenden Dritten nichtig sind (§ 312 I S. 2 BGB), keine Anwendung findet. Die schon vor dem Erbfall bestehende rechtliche Bindung zeigt sich auch an der vormundschaftsgerichtlichen Genehmigungsbedürftigkeit eines Pflichtteilsverzichts für ein Kind (vgl. 1822 Nr. 1 a.F. für das Mündel) und der Anfechtbarkeit von Testamenten und Erbverträgen, die den Pflichtteilsberechtigten übergehen, nach §§ 2079, 2281 BGB. Das Rechtsverhältnis überdauert den Tod des Erblassers und setzt sich mit den Erben fort. Der Pflichtteilsanspruch entspringt insoweit dem Pflichtteilsrecht, entsteht aber erst mit dem Erbfall.

§ 852 ZPO gilt für den Pflichtteilsanspruch aus § 2303 BGB, den modifizierten Pflichtteilsanspruch des § 1511 II BGB[111]) (vgl. 1511 II S.2 BGB), den Zusatzpflichtteil des § 2305 BGB, den Pflichtteilsergänzungsanspruch des § 2325 BGB und den Ergänzungsanspruch gegen einen Dritten nach § 2329 BGB, nicht jedoch für ein dem Pflichtteilsberechtigten hinterlassenes Vermächtnis, 2307 BGB.[112]) § 852 ZPO findet keine Geltung bei dem Anspruch aus § 1934 a BGB, da § 852 ZPO auf der persönlichen Lage Enterbter beruht, während der Erbersatzanspruch als dem Testierwillen unterworfener "Erbanteil in Geld" wie andere Erbteile vom Erbfall an frei pfändbar ist.[113]) Aus diesem Grund ist § 1934 b II BGB, der nur eine "sinngemäße" Anwendung der für den Pflichtteil geltenden Normen vorschreibt, im Fall des § 852 ZPO nicht anwendbar.

---

[109]) *Lange/Kuchinke*, ErbR, § 37 III 1; *Braga*, AcP 153, 144 (145).

[110]) RGZ 169, 98 (99); BGHZ 28, 177 (178); *Palandt/Edenhofer*, vor § 2303 BGB, Rz. 1 m.w.N.; *Lange/Kuchinke*, ErbR, § 37 III 1 m.w.N.

[111]) *Soergel/Gaul*, § 1511 BGB, Rz. 5.

[112]) *Stein/Jonas/Brehm*, § 852 ZPO, Rz. 1; *Staudinger/Ferid/Cieslar*, § 2317 BGB, Rz. 21 m.w.N.; *Stöber*, Forderungspfändung, Rz. 269; *Lange/Kuchinke*, ErbR, § 37 VII 2 b mit FN 365; *Behr*, JurBüro 1996, 65 jedoch a.A. bzgl. § 2307 BGB.

[113]) *Stein/Jonas/Brehm*, § 852 ZPO, Rz. 3; a.A. *Kilger/Huber*, § 1 AnfG, Anm. III 1.

Die einzelnen Regelungen zum entstandenen Anspruch stellen sodann ein komplexes Zusammenspiel dar, wodurch garantiert wird, daß der Berechtigte den Pflichtteil in der vorgesehenen Höhe erhält, ohne daß durch Beschränkungen und Beschwerungen der Anspruch gemindert wird; gleichzeitig soll aber auch nicht mehr als der Pflichtteil zugebilligt werden.[114] § 2306 BGB sieht dabei eine Abwehr von Beschränkungen vor, die §§ 2316 und 2325 ff. BGB füllen einen durch Zuwendungen geschmälerten Nachlaß mit der Ausgleichungspflicht und dem Ergänzungsanspruch wieder auf. Der Pflichtteilsanspruch ist eine gewöhnliche Nachlaßverbindlichkeit im Sinne des § 1967 II BGB, auf die jedoch die Aufgebotsvorschriften der §§ 1970 ff. BGB nach §§ 1972, 1974 II BGB nur beschränkt Anwendung finden. § 1991 IV BGB schreibt die Nachrangigkeit des Pflichtteilsanspruchs vor. Der Gläubiger ist auch im Nachlaßkonkurs minderberechtigt, § 226 II Nr. 4 KO. Die dementsprechende künftige Vorschrift ist § 327 I Nr. 1 InsO. Nach § 2404 BGB ist ein auf den Pflichtteil Gesetzter im Zweifel enterbt. Besonders prekär kann das Verhältnis zwischen dem Träger der Pflichtteilslast und dem Pflichtteilsberechtigten in den Fällen der §§ 2318, 2319, 2320 BGB sein.

Entstehungsgrund des Pflichtteilsanspruchs ist also eine familienrechtliche Bindung zwischen Erblasser und Pflichtteilsberechtigtem, die sich im Verhältnis zwischen dem Erben und dem Pflichtteilsberechtigten fortsetzt und ausdrückt. Dieses Verhältnis zwischen Anspruchsberechtigtem und Anspruchsverpflichtetem ist insofern persönlichkeitsrechtlich geprägt, als ein enterbter übergangener Angehöriger Ansprüche gegen den in gewisser Weise an seine Stelle getretenen testamentarischen Erben richtet. Auf diese materiellrechtlichen Aspekte nimmt § 852 ZPO Rücksicht, indem er das Zwangsvollstreckungsrecht eindeutig am materiellen Familien- und Erbrecht orientiert und die Freiheit des Pflichtteilsberechtigten, selbst über die Geltendmachung seines Anspruchs zu entscheiden, gewährleistet.

2. Der Anspruch auf Ausgleich des Zugewinns

a) *Entstehungsgeschichte*

Bis zum 31.3.1953 galt als gesetzlicher Güterstand der Güterstand der ehemännlichen Verwaltung und Nutznießung. Wegen Verstoßes gegen

---

[114]) Vgl. *Lange/Kuchinke*, ErbR, § 37 V A 1 b.

den Gleichheitsgrundsatz wurde dieser am 1.4.53 durch die Gütertrennung abgelöst (Art. 3 II, 117 I GG). Am 1.7.58 wurde dann in Folge des Gleichberechtigungsgesetzes die Zugewinngemeinschaft als gesetzlicher Güterstand eingeführt.

Gesetzlicher Güterstand bedeutet, daß die Eheleute kraft Gesetzes im Güterstand der Zugewinngemeinschaft leben, wenn sie keine anderweitige ehevertragliche Vereinbarung getroffen haben.[115]) Bei der Zugewinngemeinschaft behält jeder Ehegatte sein Vermögen in eigener Zuständigkeit und in eigener Verwaltung und zieht auch selbst die Nutzungen. Erst mit Beendigung der Zugewinngemeinschaft findet der Zugewinnausgleich statt, § 1363 II S. 2 BGB.

b) Regelungsinhalt

Die Ausgleichsforderung entsteht mit Beendigung des Güterstands gemäß § 1378 III S. 1 BGB und ist nach §§ 1378 III S. 1, 1274 II BGB von diesem Zeitpunkt an abtretbar und verpfändbar. Der Abtretungsausschluß vor Entstehung soll verhindern, daß die Ehegatten während des Bestehens der Ehe mit Dritten Rechtsgeschäfte über die zukünftige Ausgleichsforderung schließen, damit nicht Außenstehende unberufen auf das Schicksal der internen ehegüterrechtlichen Beziehung Einfluß nehmen können.[116]) Die Ausgleichsforderung soll also nicht Gegenstand des Rechtsverkehrs werden, bevor feststeht ob und in welcher Höhe sie einmal entstehen wird.[117])

Der Güterstand kann mit dem Tode eines der Ehegatten enden, wodurch eine pauschale Abgeltung den eigentlichen Zugewinnausgleich ersetzt, §§ 1931, 1371 I BGB. Beendet wird der Güterstand ansonsten mit der Nichtigerklärung, Aufhebung oder Scheidung der Ehe (§§ 23, 31 EheG, 1364 BGB). Er endet auch im Falle vorzeitigen Zugewinnausgleichs (§ 1388 BGB - Beendigung des Güterstands mit Rechtskraft des Zugewinnausgleichsurteils)[118]) oder wenn die Ehegatten einen anderen Güterstand vereinbaren (§§ 1408 I, 1414 BGB).

---

[115]) *Palandt/Diederichsen*, § 1363 BGB, Rz. 1.

[116]) BGHZ 54, 38 (40).

[117]) Reg. Entw. zum GleichberG BT-Drucks. 2/224, S. 46.; *Gaul*, Zur Abgrenzung des Ehevertrags, FS Lange 1992, S. 829 (838 ff.).

[118]) Nicht jedoch mit Rechtshängigkeit der Klage auf vorzeitigen Zugewinnausgleich (§ 1378 BGB), so jedoch *Wieczorek*, § 852 ZPO, Rz. B II, wonach § 852 ZPO an § 1378 BGB anknüpfe, indem er als Voraussetzung der Pfändbarkeit die Rechts-

Es wird allerdings vertreten, im Falle der Scheidung entstehe der Ausgleichsanspruch bereits mit Rechtshängigkeit des Scheidungsantrags und nicht erst mit Scheidung der Ehe, was sich darin ausdrücke, daß § 1384 BGB diesen Zeitpunkt für die Berechnung des Endvermögens (und damit auch des Anspruchs) vorsehe.[119] Dagegen sprich jedoch der Wortlaut des § 1378 III S. 1 BGB und die Tatsache, daß zum Zeitpunkt des Scheidungsantrags die Ehescheidung noch gar nicht gewiß und eine Entstehung des Anspruchs deshalb nicht sachgerecht ist. Zwar wird vorgeschlagen, das Entstehen des Anspruchs unter die aufschiebende Bedingung rechtskräftiger Entscheidung zu setzen.[120] Diese Vorstellung einer Rechtsbedingung wird jedoch weder vom Entscheidungsverbund gefordert noch fördert sie die Sachproblematik.[121] § 1384 BGB, der für den Fall der Scheidung auf die Rechtshängigkeit des Scheidungsantrags abstellt, gilt ausdrücklich nur für die Berechnung des Zugewinns. Ein Einfluß auf den Zeitpunkt der Entstehung des Zugewinnausgleichsanspruchs kommt der Vorschrift hingegen nicht zu.[122] Der Anspruch entsteht also mit Beendigung des Güterstands unabhängig vom Grund der Beendigung.[123] Fällig wird der Anspruch am Tage nach dem Eintritt der Rechtskraft des Scheidungsverbundurteils[124], bei vorzeitigem Zugewinnausgleich gemäß § 1388 BGB mit der Rechtskraft des Zugewinnausgleichsurteils.[125]

Der Ehegatte mit dem geringeren Zugewinn erhält eine Ausgleichsforderung gegen den anderen Ehegatten in Höhe des dessen Zugewinn übersteigenden Betrags (§§ 1373-1375, 1378 I BGB). Das geschieht nicht durch eine dingliche Beteiligung, sondern es besteht ein schuldrechtlicher Zahlungsanspruch gegen den ausgleichspflichtigen Ehegatten, § 1378 BGB. Dies begründet die Einordnung in den Bereich der Forderungspfändung.

---

hängigkeit fordert. Auch dann muß die Forderung jedoch ersteinmal entstehen, vgl. u. für § 1384 BGB.

[119] *Schwab*, Handbuch des ScheidungsR, VII, Rz. 148, 182 m.w.N.; Wieczorek, § 852 ZPO, Rz. B II.

[120] *Schwab*, Handbuch des ScheidungsR, VII, Rz. 148, 182 m.w.N.

[121] *Stein/Jonas/Brehm*, § 852 ZPO, Rz. 2; *Gernhuber/Coester/Waltjen*, FamR, § 36 VII 5 mit FN 16.

[122] BGHZ 44, 163 (166); BGH FamRZ 1995, 597 m.w.N.; OLG Hamburg, FamRZ 1963, 648 (649); *Soergel/Lange*, § 1378 BGB, Rz. 9.

[123] *Gernhuber/Coester/Waltjen*, FamR, § 36 VII 5.

[124] OLG Frankfurt, FamRZ 1982, 806.

[125] OLG Celle, FamRZ 1983, 171.

Das Gesetz geht davon aus, daß der höhere Zugewinn eines Ehegatten auf gemeinsames Erarbeiten während der Ehe zurückgeht, sei es, weil eine arbeitsteilige Zusammenarbeit, z.b. wenn ein Ehegatte im Geschäft oder Beruf des anderen mitgearbeitet hat, vorlag, sei es aufgrund eine Aufgabenteilung in der Ehe, weil der eine Ehegatte die Haushaltsführung und Kindererziehung übernommen hat. Deshalb soll jeder Ehegatte an dem teilhaben, was die Eheleute insgesamt während des Güterstandes erarbeitet haben.[126]) So wird durch die Regelung, daß erb- und schenkungsweise hinzugekommenes Vermögen dem Anfangsvermögen zugerechnet wird, erreicht, daß nur innerhalb der Ehe und ehehalber erworbenes Vermögen zum Ausgleich gelangt.

Der Zugewinnausgleich stellt insoweit eher auf einen wirtschaftlichen Ausgleich tatsächlich erbrachter Arbeits- oder sonstiger Leistungen ab als der Pflichtteilsanspruch, bei dem die Stellung als Pflichtteilsberechtigter kraft Verwandtschaft ohne weitere Leistung eintritt. Zudem ist beim Pflichtteilsanspruch das Bestreben erkennbar, den Nachlaß in der Hand des Erben unzerschlagen zu erhalten, wohingegen dieses Anliegen beim Zugewinnausgleich zurücktritt.[127])

Beachtet man jedoch den Gedanken, daß als Grundlage für das Pflichtteilsrecht auch die Fortsetzung familiärer Unterhaltsverpflichtung und geldwertes Interesse am Nachlaß eine Rolle spielen, so bedeutet dies, daß es auch im Pflichtteilsrecht nicht allein um ideellen, moralisch motivierten Ausgleich geht, sondern um Fortsetzung familienrechtlicher Bindungen. Zudem ist die Situation des geschiedenen Ehegatten, der von seinem ehemaligen Partner einen Ausgleich für die jeweils innerhalb und aufgrund der persönlichen Beziehung Ehe übernommenen Leistungen fordert, ähnlich prekär und persönlichkeitsrechtlich geprägt wie die des enterbten nächsten Angehörigen gegenüber den begünstigten Erben. Beide Ansprüche sind Folge einer engen persönlichen Beziehung zwischen den Beteiligten. Der Zugewinnausgleichsanspruch ist insoweit innere Folge aus der engen ehelichen Lebensgemeinschaft ebenso wie der Pflichtteil Folge enger verwandtschaftlicher Beziehungen ist. Auch beim Zugewinnausgleichsanspruch ist es deshalb geboten, daß das Gesetz einen Zugriff Dritter erst dann zuläßt, wenn der anspruchsberechtigte Ehegatte von sich aus den anderen in Anspruch zu nehmen beabsichtigt. Insbesondere sollen auch hier die Gründe der

---

[126]) Vgl. ausführlich *Gernhuber/Coester-Waltjen*, FamR, § 34 I; *Schwab*, Handbuch des ScheidungsR, VII, Rz. 111.
[127]) *Lange/Kuchinke*, ErbR, § 37 VII 4.

Anspruchsentstehung nicht auf Veranlassung Dritter offengelegt werden. Es gibt eine ähnliche Abwehr von Beschränkungen, Stundung, Anrechnung wie beim Pflichtteilsanspruch (vgl. §§ 1380 ff. BGB). Zu beachten ist schließlich, daß die die Regelungen der §§ 2317, 312 BGB zum Pflichtteilsrecht als Vorbild für den Gesetzgeber des Gleichberechtigungsgesetzes dienten. Sowohl die in den §§ 2317, 312 BGB in Parallele zu § 1378 III BGB angeordnete Einschränkung der Abtretbarkeit vor Entstehung als auch § 852 II ZPO, der insoweit die Gleichstellung des Zugewinnausgleichsanspruchs mit dem Pflichtteilsanspruch anordnet und die Forderungen als Haftungsobjekt ausschließt, entsprechen dem Bestreben, Fremde soweit und solange wie möglich aus den ehelichen Beziehungen herauszuhalten.[128] Mögen insoweit auch Unterschiede im Entstehungsgrund der Forderungen bestehen, beruht gleichwohl auch der Zugewinnausgleichsanspruch auf persönlicher, familiärer und empfindlicher Verbundenheit zwischen Berechtigtem und Verpflichtetem. Der Pflichtteilsanspruch und der Anspruch auf Ausgleich des Zugewinns sind also in ihrem rechtlichen Charakter gleich: Beide finden eine familienrechtliche Beteiligung an einem Vermögen mit einem Geldanspruch ab; beide sind Geldwertansprüche, sind sofort fällig und übertragbar.[129] So ist es beim Zugewinnausgleichsanspruch ebenfalls geboten, allein dem Berechtigten die Entscheidung darüber zu belassen, ob der Anspruch geltend gemacht wird oder nicht.

3. Der Rückforderungsanspruch des verarmten Schenkers

a) Entstehungsgeschichte

§ 528 BGB ist von der Idee her auf das römische Recht zurückzuführen. Dort gab es für den verarmten Schenker eine Verteidigungsmöglichkeit gegenüber der zwangsweise geltend gemachten Schenkungsforderung, indem er sich darauf berief, daß ihm der Beschenkte lassen müsse, was ihm zum Leben nötig sei. An Stelle des Grundsatzes der Gesamtzwangsvollstreckung wurde ausnahmsweise lediglich in den Geldwert des zur Zeit des Urteilsspruchs vorhandenen Vermögens, *in id quod facere potest*, vollstreckt. Der Schenker konnte sich

---

[128] Eingehend *Gaul*, Zur Abgrenzung des Ehevertrags..., 1992, S. 829 (838 f.).
[129] *Lange/Kuchinke*, ErbR, § 37 VII 4.

dadurch der Gesamtzwangsvollstreckung entziehen und lediglich die im Urteil festgesetzte Geldsumme zahlen. Im gemeinen Recht erhielt diese Vergünstigung die Bezeichnung *beneficium competentiae*. An jene Regelung knüpften die §§ 1123 I 11, 1125-1127 des preußischen ALR an, wodurch dem in Bedürftigkeit geratenen Schenker ein Anspruch auf eine jährliche Rente von 6 % der geschenkten Summe oder des Wertes der geschenkten Sache gewährt wurde. Aus der ursprünglichen Verteidigungsmöglichkeit wurde also ein Forderungsrecht. Das BGB stellt sich mit § 528 BGB in die Tradition des preußischen Rechts, gewährt aber gleichzeitig auch noch die Einrede im Vorfeld durch § 519 I BGB.[130])

b) Regelungsinhalt

Der Anspruch aus § 528 S. 1 BGB entsteht mit Eintritt des Notbedarfs und ist von diesem Zeitpunkt an im Rahmen des § 399 1. Alt. BGB abtretbar und verpfändbar.[131])

§ 528 BGB verpflichtet den Beschenkten, das Geschenk bei vom Schuldner nicht vorwerfbar herbeigeführter Bedürftigkeit an diesen zurückzugewähren. Der Rückforderungsanspruch beruht auf dem Gedanken, daß es unbillig wäre, wenn der Beschenkte das Geschenk in diesem Falle behalten könnte, ohne es zur Erhaltung seines eigenen angemessenen Unterhalts zu benötigen.[132]) Maßgebend war die Erwägung, daß die Rechtsordnung kein Interesse daran haben kann, den einen (den Schenker) in die Notlage zu stürzen, um den anderen (den Beschenkten) ihr zu entreißen.[133]) Bei einer Güterabwägung zwischen zwei vergleichbaren Notlagen soll derjenige begünstigt werden, bei dem es dem moralischen Empfinden entspricht, daß er sein Geschenk zurückerhält.[134]) Der Verpflichtete hingegen wird durch die Rückforderung nicht zusätzlich belastet, sondern muß eine zuvor schenkungsweise erhaltene Vermögensmehrung wieder rückgängig machen.[135])

---

[130]) Zu alledem: RGZ 35, 243 ff.; *Jakobs/Schubert*, Schuldverhältnisse II, §§ 528, 529 E; *Wüllenkemper*, JR 88, 353 m.w.N.

[131]) BGH NJW 1995, 323; *Wüllenkemper*, JR 1988, 353; *MünchKomm/Smid*, § 852 ZPO, Rz. 7; a.A. *BGB/RGRK/Mezger*, § 528 BGB, Rz. 6; s. auch u. S. 149.

[132]) *Wüllenkemper*, JR 1988, 353 (357); vgl. § 529 II BGB; KomBerichte *Mugdan* II, Seite 1279, Seite LV.

[133]) OLG Düsseldorf, FamRZ 1984, 887 (888) m.w.N.

[134]) OLG Düsseldorf, FamRZ 1984, 887 (888).

[135]) OLG Düsseldorf, FamRZ 1984, 887 (888).

Der Rückforderungsanspruch wird dem Schenker nur zugebilligt, um entweder seinen eigenen angemessenen Unterhalt bestreiten zu können oder die Erfüllung einer ihm gesetzlich obliegenden Unterhaltspflicht sicherzustellen.[136]) Ebenso muß der Beschenkte ihn nur erfüllen, wenn sein eigener Unterhalt oder der der ihm gegenüber Unterhaltsberechtigten gesichert ist (§ 829 II BGB). Die Rückforderungsmöglichkeit wurde also mit Rücksicht auf familiäre Unterhaltsverpflichtung normiert. Aus dieser Zwecksetzung wird abgeleitet, daß der Anspruch mit dem Tode des Schenkers - anders als beim Tode des Beschenkten - erlischt, weil damit auch seine Bedürftigkeit entfällt[137]), was sich im Falle, daß der Anspruch durch Zahlung des für den Unterhalt erforderlichen Betrags erfüllt wird, ausdrücklich aus §§ 528 I S. 3 i.V.m. 1615 I BGB ergibt.

§ 528 BGB ist lange ohne besondere praktische Bedeutung geblieben. Erst mit der verstärkten Unterbringung pflegebedürftiger Personen in Alten- und Krankenheimen hat sich dieses Bild geändert, denn der Anspruch kann nach § 90 I S. 1 BSHG auf den Träger der Sozialhilfe übergeleitet werden, der ansonsten für die Pflegekosten aufkommt.[138])

Der Rückforderungsanspruch ist jedoch nicht allein als Unterhaltsgarantie für den Schenker und dessen Unterhaltsgläubiger zu verstehen. Im preußischen ALR hatte er insoweit nicht die rechtliche Natur von Unterhaltsgeldern, als die Rente nicht durch das Unterhaltsbedürfnis begrenzt wurde. Die 6 % Rente p.a. wurden nicht an ein höheres oder niedrigeres Bedürfnis angepaßt. So fand auch auf die entsprechende Regelung des § 1223 I 11 ALR das einen Unterhaltsberechtigten schützende Aufrechnungsverbot des § 399 ALR keine Anwendung.[139]) Diese Aufrechnungsmöglichkeit zeigt, daß schon im preußischen Recht der Rückforderungsanspruch nicht der Existenzsicherung bzw. Unterhaltsgarantie des Berechtigten dienen sollte. Das feste Maß von 6 % sollte nicht die Bedürftigkeit beseitigen. Das ALR hat sich insoweit vom römischen Recht entfernt.[140]) Auch wenn das BGB nunmehr die Höhe

---

136) *Wüllenkemper*, JR 1988, 353 (357).

137) OLG Düsseldorf, FamRZ 1984, 887 (890) m.w.N.; zum umgekehrten Fall des Todes des Beschenkten s. BGH, NJW 1991, 2558 f.

138) BGHZ 94, 141 (142 f.); OLG Düsseldorf, FamRZ 1984, 887 (889); *Scholz*, FamRZ 1994, 1 (2); *Wüllenkemper*, JR 1988, 353.

139) RGZ 35, 243 (244 f.).

140) RGZ 35, 243 (244 f.).

des Anspruchs aus § 528 S. 1 BGB nach der Bedarfsdeckung bestimmt, sind diese Aspekte - da § 528 BGB in der Tradition des ALR steht[141]) - zu berücksichtigen. Hinzu kommt, daß § 528 BGB eine an sich nur sittliche Verpflichtung des Beschenkten, das Geschenk bei vom Schuldner nicht vorwerfbar herbeigeführter Bedürftigkeit an diesen zurückzugewähren, zur Rechtspflicht erhebt. Ebenso wie § 519 BGB ist § 528 BGB deshalb eine Billigkeitsregelung, die als Sonderregelung des Wegfalls der Geschäftsgrundlage die allgemeine Regelung des § 242 BGB verdrängt.[142]) Daß der Anspruch bei nicht bestehendem Unterhaltsbedarf des Schenkers eingeschränkt wird, bedeutet nichts anderes, als daß die Billigkeitserwägungen in diesem Falle nicht mehr zutreffen. Insgesamt ist § 528 BGB jedoch keine Vorschrift, die sozialpolitischem Interesse an der Unterhaltsgewährung dient. So ist auch festzuhalten, daß gegen den Rückforderungsanspruch eine Einrede besteht, wenn der Schenker seine Bedürftigkeit selbstverschuldet herbeigeführt hat (§ 529 I BGB). Auch im Falle des § 528 BGB ist also ein persönliches, unter Rücksicht auf Treu und Glauben sowie Billigkeitserwägungen zu interpretierendes Verhältnis betroffen. Deshalb ist es auch beim Rückforderungsanspruch sachgerecht, der persönlichen Beziehung zwischen Schenker und Beschenktem entsprechend, die Entscheidung darüber, ob der Anspruch geltend gemacht werden soll, dem Schenker zu überlassen.[143]) Der Rückforderungsanspruch weist zudem Parallelen zu den pflichtteilsrechtlichen Ansprüchen wegen Schenkungen (§§ 2325, 2329 BGB) auf[144]), so daß auch aus diesem Grund eine dem Pflichtteilsanspruch entsprechende Pfändungsbeschränkung angemessen ist.

III. Gemeinsamkeiten der von § 852 ZPO erfaßten Forderungen und Abgrenzung zu höchstpersönlichen Rechten

Insgesamt ist festzustellen, daß Pflichtteils-, Zugewinnausgleichs- und Rückforderungsanspruch sämtlich in engen persönlichen oder familiären Beziehungen zwischen Anspruchsberechtigtem und Anspruchsverpflichtetem wurzeln. Beim Pflichtteilsanspruch gilt dies sogar in

---

[141]) OLG Düsseldorf, FamRZ 1984, 887 (888) m.w.N..
[142]) *Palandt/Putzo*, § 528 BGB, Rz. 1, § 519 BGB, Rz. 1.
[143]) Materialien zur ZPO Novelle *Hahn/Mugdan* VIII, Seite 159.
[144]) *Wüllenkemper*, JR 1988, 353 (356) m.w.N..

zweierlei Richtungen. Entstehungsgrund ist die familienrechtliche Bindung zwischen Erblasser und Pflichtteilsberechtigtem. Diese setzt sich fort im Verhältnis zwischen dem Erben und dem Pflichtteilsberechtigten. Es wird zwar vertreten, beim Pflichtteilsanspruch sei insoweit (allein) auf die Beziehungen des Berechtigten zum Erblasser abzustellen.[145]) Da jedoch das Rechtsverhältnis zum Erblasser dessen Tod überdauert und sich mit dem Erben fortsetzt, besteht auch zwischen diesem und dem Berechtigten eine persönliche Beziehung[146]), denn ein enterbter nächster Angehöriger richtet Ansprüche gegen den in gewisser Weise an seine Stelle getretenen Erben. Mit Rücksicht auf diese Beziehung muß dem Berechtigten eine autonome Entscheidung über die Geltendmachung seines Anspruches verbleiben.

Diesem Anspruchscharakter wird § 852 ZPO gerecht, indem er die Entscheidung über die Geltendmachung der Ansprüche in die Hand des Berechtigten legt. Die Eigentümlichkeit aller Ansprüche, auf Grundlage persönlicher oder familiärer Beziehungen zu beruhen, bestätigt sich also bei einer näheren Untersuchung. Eine einheitliche vollstreckungsrechtliche Lösung ist deshalb sachdienlich.[147])

Jedoch darf nicht unbeachtet bleiben, daß schon die Idee des Zugewinns, einen Ausgleich für Arbeitsteilung zu schaffen, zeigt, daß es um gerechten Ausgleich auch in wirtschaftlicher Hinsicht geht. Ähnliches läßt sich auf oben genannte Grundlagen des § 528 BGB übertragen. Auch beim Pflichtteilsanspruch sind wirtschaftliche Interessen des Berechtigten aufgrund seiner Beteiligung am das Vermögen innehabenden Familienverband betroffen. Da die Ansprüche einen erheblichen Vermögenswert darstellen können, ist auch das Gläubigerinteresse an einer Pfändung bedeutend. Allerdings hat die Anerkennung der wirtschaftlichen Interessen des Berechtigten durch das Gesetz ihre Grundlage eben in den genannten persönlichen Beziehungen. Weil eine über die alltägliche Bindung z.B. zwischen Vertragsparteien hinausgehende persönliche Beziehung besteht, werden wirtschaftliche Interessen berücksichtigt.

Das bedeutet jedoch nicht, daß es sich bei den Ansprüchen um höchstpersönliche handelt. Dies wurde teilweise bei den Stellungnah-

---

[145]) *Wüllenkemper*, JR 1988, 353 (356) mit FN 36.
[146]) Vgl. Materialien zur ZPO Novelle *Hahn/Mugdan* VIII, Seite 159: "Verhältnis der Erben zum Berechtigten".
[147]) Vgl. *Stöber*, ZAP 1993, 923 (924).

men des Schrifttums zum Sinn und Zweck des § 852 ZPO vertreten.[148]) Teils werden auch die ehemals unübertragbaren höchstpersönlichen Ansprüche auf Zahlung eines Schmerzensgelds nach § 847 BGB und der unbescholtenen Verlobten nach § 1300 BGB in ihrer alten Fassung als den in § 852 ZPO genannten Ansprüchen gleichwertige Fälle angesehen[149]), was ebenfalls eine Vergleichbarkeit im höchstpersönlichen Charakter nahelegt.

Zum Vergleich mit §§ 847, 1300 BGB ist zu sagen, daß der frühere § 847 I S.2 BGB ebenso wie § 1300 II BGB die Höchstpersönlichkeit der Ansprüche und ihre durch Rechtshängigkeit und Anerkenntnis eingeschränkte Vererblichkeit und Übertragbarkeit und damit nach § 851 I ZPO eingeschränkte Pfändbarkeit anordnete.[150]) Beide Normen ersetzen als Ausnahmefälle im Sinne des § 253 BGB den immateriellen Schaden.[151]) Wegen der höchstpersönlichen Natur des Schmerzensgeldanspruchs mußte der Wille des Verletzten, das Schmerzensgeld zu beanspruchen, nach außen in Erscheinung treten. Tatsächlich entspricht dies der Entscheidungsfreiheit des Berechtigten bei Pflichtteils-, Zugewinnausgleichs- und Rückforderungsanspruch. In beiden Fällen soll die freie Entscheidung des Berechtigten zur Geltendmachung der Ansprüche geschützt werden.[152]) Gemeinsam ist insofern diesen Fällen, daß Aspekte des Persönlichkeitsschutzes den Gesetzgeber zu materiellrechtlichen oder prozessualen Regelungen über die Geltendmachung einer an sich dem Vollstreckungszugriff unterfallenden Forderung veranlassen.[153])

Dennoch findet die Pfändungsbeschränkung bei beiden Forderungsgruppen einen unterschiedlichen Grund. Bei §§ 1300 II, 847 I S. 2 a.F. BGB folgte eine Unpfändbarkeit aus der Unübertragbarkeit (§ 851 I

---

[148]) OLG Düsseldorf, FamRZ 1984, 887 (890); *Jauernig/Vollkommer,* § 528 BGB, Rz. 1; *Schuschke,* § 852 ZPO, Rz. 1; *Bohn/Berner,* Pfändbare und Unpfändbare Forderungen...., 3. Teil II 8/11.

[149]) *Baumbach/Lauterbach/Hartmann,* § 852 ZPO, Rz. 2; vgl. *Stein/Jonas/Brehm,* § 852 ZPO, Rz. 2 a.E.; *Grund,* Vollstreckung in den Geldkredit, Diss. Bonn 1988, S. 99; s. auch Materialien zur ZPO Novelle *Hahn/Mugdan* VIII, Seite 159.

[150]) Zur Pfändung des Schmerzensgeldanspruchs für den künftigen Fall der Rechtshängigkeit: LG Kassel, Rpfleger 1990, 83 m.w.N.

[151]) *Palandt/Thomas,* § 847 BGB, Rz.1; *Fikentscher,* SchuldR, Rz. 456.

[152]) *Lippross,* System Vollstreckungsschutz, S. 170.

[153]) *Grund,* Vollstreckung in den Geldkredit, Diss. Bonn 1988, S. 99.

ZPO)[154]) und wurde nicht entgegen der Übertragbarkeit gesetzlich angeordnet wie im Falle der Forderungen des § 852 ZPO. Bei höchstpersönlichen Forderungen ist Grund sowohl für die Unübertragbarkeit als auch für die Unpfändbarkeit die enge Bindung der Forderung an die Person des Gläubigers.[155]) Der Anspruch beruht auf der Verletzung höchstpersönlicher Rechtsgüter im Fall des § 847 BGB bzw. des enttäuschten Vertrauens der Braut auf die Heirat im Fall des § 1300 BGB.[156]) So wurde die eingeschränkte Vererblichkeit des Schmerzensgeldanspruchs vornehmlich damit begründet, daß mit dem Verletzten auch der erlittene Schmerz sterbe und es anstößig sei, wenn die Erben des Verletzten einen Anspruch verfolgen könnten, an dessen Geltendmachung dieser vielleicht gar nicht gedacht habe.[157]) Der Zweck des Anspruchs ist so bestimmt, daß er nur durch Leistung an den Berechtigten erreicht werden kann.[158]) Dieser Zweck spricht sowohl gegen eine Übertragbarkeit als auch gegen eine Pfändbarkeit der höchstpersönlichen Ansprüche.

Der Zweck von Pflichtteils-, Zugewinnausgleichs- und Rückforderungsanspruch entspricht dem jedoch nicht.[159]) So beabsichtigt das Gesetz nicht, die Ansprüche des § 852 ZPO unter allen Umständen beim Berechtigten zu erhalten, damit der Zweck des Anspruchs als Leistung an den Anspruchsinhaber erreicht wird, und deshalb auch die Abtretung auszuschließen. Es wurde im Gesetzgebungsverfahren diskutiert, ob es die Rücksicht auf die Pietät, welche der Pflichtteilsberechtigte dem Erblasser schulde, rechtfertigt, den Anspruch als einen höchstpersönlichen und damit auch als unübertragbar zu behandeln: dieselben Gründe, die gegen eine Unpfändbarkeit sprächen, sprächen auch gegen die Abtretbarkeit.[160]) Dann läge in der Tat eine Vergleichbarkeit mit den früheren Regelungen zu Schmerzensgeld und Kranz-

---

[154]) *MünchKomm/Smid*, § 852 ZPO, Rz. 1; zur Vererblichkeit und Übertragbarkeit des Schmerzensgeldanspruchs sowie zur gesetzlichen Neuregelung: *Voß*, VersR 1990, 821 ff. (824), nach der Neuregelung durch Gesetz vom 14. 3. 1990 ist der Schmerzensgeldanspruch unbeschränkt pfändbar.

[155]) *Fikentscher*, SchuldR, Rz. 586; *Larenz*, SchuldR I, § 34 II 3.

[156]) OLG Nürnberg, FamRZ 1972, 206; *BGB/RGRK/Kreft*, § 847 BGB, Rz. 69, -/*Stielow*, § 1300 BGB, Rz. 11; *MünchKomm/Mertens*, § 847 BGB, Rz. 54, -/*Wacke*, § 1300 BGB, Rz. 1.

[157]) Motive II, Seite 802.

[158]) *Larenz*, SchuldR I, § 34 II 3.

[159]) S. auch u. S. 137 ff.

[160]) Prot. *Mugdan* V, Seite 784.

geld nahe. Abgelehnt wurde dies aber damit, daß das persönliche Verhältnis des Berechtigten zum Erblasser (entsprechendes gilt für den Zugewinnausgleichs- und Rückforderungsanspruch) nur den Entstehungsgrund des Pflichtteilsrechts abgebe. Nach dessen Entstehung sei die individuelle Natur nur nach der Richtung von Bedeutung, daß sich der Berechtigte aus persönlichen Gründen veranlaßt sehen könnte, sein Recht nicht geltend zu machen.[161])

Es geht also um den Willen des Berechtigten, über die Ableitung von - gesetzlich vorgesehenen - Rechten aus seiner persönlichen Beziehung zu entscheiden und nicht darum, die Forderungen aufgrund ihrer engen Verbindung mit der Person des Schuldners bei diesem zu erhalten. Der Zweck der Ansprüche kann auch erfüllt werden, wenn sie von jemand anderem geltend gemacht werden, so vom Zessionar. § 852 ZPO erfaßt deshalb keine höchstpersönlichen Forderungen und ist mit dem Pfändungsverbot aus §§ 847 I 2 a.F., 1300 II BGB, 851 I ZPO nicht vergleichbar.[162])

Ebenso zeigt sich, daß nicht das Verhältnis zwischen Anspruchsberechtigtem und Verpflichtetem als solches durch § 852 ZPO geschützt werden soll.[163]) Das Gesetz will lediglich die Freiheit garantieren, auf aus diesem Verhältnis ableitbare Ansprüche im Interesse der persönlichen Verbundenheit mit dem Verpflichteten zu verzichten. Die Norm selbst aber will keine persönlichen Beziehungen schützen, sondern diese Möglichkeit dem Gläubiger einräumen, indem er seine Forderungen entweder geltend macht oder nicht. Dies bedeutet, daß die Beziehung als solche nicht gesetzlich geschützt werden soll. Sie ist allein Grund, nicht aber Inhalt der von § 852 ZPO geschützten Entscheidungsfreiheit. Nach Entstehung der Forderung ist das persönliche Verhältnis zwischen Berechtigtem und Verpflichtetem nur in der Hinsicht bedeutsam, daß der Berechtigte wegen der persönlichen Bindung die Forderung geltend macht oder nicht. Lediglich die Entscheidungsfreiheit, dieses Verhältnis seitens des Berechtigten zu schützen, darf nicht begrenzt werden.

Unterstützt und ausgeführt wird diese Sichtweise des Charakters der von § 852 ZPO erfaßten Forderungen einerseits durch die Möglichkeit, auf die Rechte zu verzichten und über sie zu verfügen (dazu IV), andererseits durch Einschränkungen im Gläubigerinteresse (dazu V).

---

[161]) Prot. *Mugdan* V, Seite 784.
[162]) *Wüllenkemper*, JR 1988, 353 (357).
[163]) So jedoch anscheinend *Schuschke*, § 852 ZPO, Rz. 2, 5.

IV. Verfügbarkeit über die Ansprüche und Möglichkeit zum Verzicht auf die Geltendmachung

Dem Berechtigten ist eine Abtretung und Verpfändung der Ansprüche möglich. Dies ergibt sich für den Pflichtteilsanspruch aus § 2317 II BGB und für den Anspruch auf Ausgleich des Zugewinns aus § 1378 III S. 1 BGB. Eine Abtretbarkeit - allerdings unter Einschränkung durch § 399 1. Alt. BGB - wird auch beim Anspruch aus § 528 BGB angenommen, obwohl eine ausdrückliche gesetzliche Normierung fehlt und nach dem Wortlaut der §§ 852 ZPO, 400 BGB an sich eine Übertragung vor Rechtshängigkeit und Anerkenntnis ausgeschlossen ist.[164]

Die Übertragbarkeit ist Ausfluß des allgemeinen Grundsatzes, daß die Ansprüche Gegenstand von Verfügungs- wie von Verpflichtungsgeschäften sein können.[165] Der Berechtigte übt durch die Abtretung Verfügungsbefugnis über den Anspruch aus. Er zeigt, daß er sich dem Willen des Erblassers zur Enterbung nicht beugen will bzw. seine Stellung als Mitglied der Zugewinngemeinschaft oder als Schenkender wahrnehmen will. Beides ist insoweit eine mittelbare Art, den Anspruch geltend zu machen, da die Entscheidung, gegen den Verpflichteten vorzugehen, nun in dritter Hand liegt. Deshalb wurde die Abtretung oben auch dem Rechtshängigmachen und dem Anerkenntnis gleichgestellt mit der Folge, daß die Ansprüche durch Gläubiger des Zessionars pfändbar sind.

Im Gegensatz zum beschränkten Zugriff Dritter ist also von Seiten des Berechtigten eine freie Verfügung über die von § 852 ZPO erfaßten Ansprüche von ihrer Entstehung an möglich. Sobald der Berechtigte diese Verfügungsgewalt ausübt, nimmt er die Forderung für sich in Anspruch und begründet gleichzeitig die Zugriffsmöglichkeit durch Dritte. In der Beschränkung dieses Zugriffs erschöpft sich daher der persönlichkeitsrechtliche Gehalt der Forderungen. Für den Berechtigten selbst bedeutet der persönlichkeitsrechtliche Gehalt seines Anspruchs keine Einschränkung. Derart ist auch das Zitat, das Gesetz wolle die Durchsetzung des Anspruchs nicht beschleunigen[166], zu

---

[164] BGH NJW 1995, 323; *MünchKomm/Smid*, § 852 ZPO, Rz. 7; *Wüllenkemper*, JR 1988, 353 ff. m.w.N.; § 400 BGB paßt von seinem Normzweck her nicht auf den Rückforderungsanspruch. Außerdem ergäbe sich der Regelungsgehalt des § 852 ZPO - falls der Anspruch unabtretbar wäre - schon aus § 851 I ZPO; s. u. S. 147 ff.

[165] *Staudinger-Ferid/Cieslar*, § 2317 BGB, Rz. 12.

[166] *Lange/Kuchinke*, ErbR, § 37 VII 2 b; s.o. S. 18.

verstehen: Nur von Gläubigerseite aus darf die Durchsetzung des Anspruchs nicht beschleunigt werden. Ob sich jedoch der Berechtigte selbst sofort oder erst nach gewisser Zeit für die Geltendmachung entscheidet, ist gleichgültig. Der Berechtigte ist durch den persönlichkeitsrechtlichen Gehalt der Forderungen geschützt, aber nicht in der Verfügungsmöglichkeit beschränkt. Er kann sich des Vollstreckungsschutzes selber durch Geltendmachung der Forderungen entledigen.

Diese Perspektive des persönlichkeitsrechtlichen Gehalts der von § 852 ZPO erfaßten Forderungen zeigt sich auch daran, daß zwar der Berechtigte zur Geltendmachung jederzeit berechtigt ist, andererseits jedoch der Erbe, der geschiedene Ehegatte und der Beschenkte die Ansprüche dem Berechtigten nicht aufdrängen können. So besteht keine Möglichkeit, durch Zahlung, Aufrechnung oder Hinterlegung zu erfüllen oder den Berechtigten in Gläubigerverzug zu setzen.[167] Im Fall des Pflichtteilsanspruchs zeigt das "kann" in der Vorschrift des § 2303 BGB schon vom Wortlaut her deutlicher als eine Formulierung wie "hat Anspruch auf", daß eine bewußte Entscheidung des Enterbten zur Geltendmachung den Vorstellungen des Gesetzgebers entspricht, ein Pflichtteil insofern niemals aufgedrängt wird.[168] Der Berechtigte kann den Pflichtteil verlangen, er kann sich dem Willen des Erblassers aber auch fügen. In letzterem Fall steht dem testamentarischen Erben keine rechtliche Befugnis zu, entgegen dem Testament den Pflichtteil etwa durch Hinterlegung dem den Willen des Erblassers achtenden Berechtigten aufzuzwingen. Der Pflichtteilsberechtigte kann also schon dadurch, daß er den Anspruch nicht geltend macht, den Willen des Erblassers respektieren. Der Verzicht auf den entstandenen Anspruch kann allerdings nicht durch einseitige Ausschlagung stattfinden, sondern es ist ein Vertrag nach § 397 BGB erforderlich.[169] Ein testamentarischer Erbe hingegen kann entweder nur die Erbschaft ausschlagen oder er hat den Willen des Erblassers zu respektieren.[170]

Es können durchaus anerkennenswerte Motive des Pflichtteilsberechtigten sein, wenn er den Anspruch nicht geltend macht. Damit in Zusammenhang steht es, daß auf Seiten des Erblassers eine Enterbung

---

[167] *Lange/Kuchinke*, ErbR, § 37 VII 2 c.
[168] Vgl. *Levis*, ZBlFG 11 (1911), 685 f., der jedoch daraus fälschlich folgert, daß der Anspruch nicht mit dem Erbfall entsteht, sondern dem Berechtigten zunächst nur ein Gestaltungsrecht zubilligt.
[169] *Gernhuber*, SchuldR III, § 12 VI 4; *Lange/Kuchinke*, ErbR, § 37 VII 2 c.
[170] *Braga*, AcP 153, 145 (146 mit FN 4).

keineswegs immer auf einer mißbräuchlichen Ausnutzung der Testierfreiheit beruhen muß. Unter Umständen will also der Berechtigte den testamentarischen Anordnungen genügen. Als Beispiel sei der Fall eines Berliner Testaments genannt, wo der Erblasser im Interesse des Vermögenszusammenhalts seine Abkömmlinge enterbt und den Ehegatten zum Alleinerben einsetzt. Die Abkömmlinge sollen Schlußerben sein und es ist noch eine sogenannte Verfallklausel bzw. Pflichtteilsstrafklausel eingefügt, wonach in dem Falle, daß ein Abkömmling vor dem Tod des Letztversterbenden den Pflichtteil verlangt, er auch nach dessen Tod auf den Pflichtteil gesetzt, die Enterbung also endgültig sein soll, oder daß die Abkömmlinge, die den Pflichtteilsanspruch nicht geltend machen, ein zusätzliches Geldvermächtnis nach dem Tod des Letztversterbenden erhalten.[171]) Hier wäre ein Aufdrängen der Forderung gegen den Willen des Berechtigten für diesen sowie den Familien- und Vermögensverband unerträglich.

Zum gesetzlich vorgesehenen Ausgleich zwischen gewillkürter und gesetzlicher Erbfolge, zwischen dem verarmten Schenker und dem Beschenkten oder von gemeinsamer ehelicher Arbeitsleistung muß also der Wille des Berechtigten hinzutreten, diesen Ausgleich wahrzunehmen. Ein Verzicht auf die Ansprüche in Form der Nichtgeltendmachung ist möglich, was weder der Verpflichtete noch die Gläubiger des Berechtigten verhindern können sollen.

Die Ansprüche sind jedoch aktuelle, keine verhaltenen Ansprüche, die erst durch ein Verlangen des Gläubigers aktualisiert werden müßten.[172]) Vielmehr ist Grund für die Einschränkungen der Erfüllungsmöglichkeit durch den Verpflichteten beim Pflichtteils-, Zugewinnausgleichs- und Rückforderungsanspruch die Entscheidungsfreiheit des Berechtigten.

Diesem Charakter wird § 852 ZPO gerecht, indem er eine Pfändung der Ansprüche für unzulässig erklärt, bevor sie rechtshängig gemacht oder anerkannt wurden. Es würde die Entscheidungsfreiheit maßgeblich beeinträchtigen, wenn im Fall des Berliner Testaments mit Verfallklausel ein Gläubiger den Anspruch durchsetzen könnte, denn sowohl dem Anliegen des Erblassers als auch den Interessen des Erben und denen des Pflichtteilsberechtigten würde zuwidergehandelt.

---

[171]) Vgl. zur Interessenlage *Wegmann*, Ehegattentestament, S. 13.
[172]) *Gernhuber/Coester-Waltjen*, FamR, § 36 VI 5.

Gleichzeitig belegt die Verzichts- und Verfügungsmöglichkeit, daß Normzweck des § 852 ZPO nicht ist, die dort genannten Ansprüche unter allen Umständen beim Berechtigten zu erhalten, etwa um dessen wirtschaftliche Existenz zu gewährleisten oder aufgrund eines höchstpersönlichen Charakters der Ansprüche. Auch geht es nicht darum, grundsätzlich im Interesse der Beziehung zwischen Berechtigtem und Verpflichtetem zu garantieren, daß allein der Berechtigte den Verpflichteten in Anspruch nimmt und den Erlös aus dem Anspruch erhält. Der Schutz des Verpflichteten in dieser Hinsicht kann lediglich mittelbare Folge sein.

Der Schutzzweck des § 852 ZPO erledigt sich, sobald der Berechtigte die Forderungen geltend macht oder über sie zugunsten Dritter verfügt.[173]

V. Interesse des Gläubigers des Anspruchsberechtigten

Aus dem Vorangegangenen sowie aus den folgenden Aspekten ergibt sich weiterhin, daß ein gerechter Interessenausgleich nur dann erfolgen kann, wenn die persönliche Entscheidungsfreiheit des Berechtigten zwar gewahrt bleibt, jedoch nicht mit dem Ziel, einen grundsätzlichen Haftungsentzug entgegen dem Interesse der Gläubiger des Berechtigten zu bewirken. Die freie Möglichkeit, die Ansprüche nicht geltend zu machen, ist also mit anderen Interessen, insbesondere denen des Gläubigers des Berechtigten, in Übereinstimmung zu bringen.

1. Einschränkungen der Entscheidungsfreiheit des Anspruchsberechtigten

Untersucht wird zunächst, inwieweit die Gesetzesauslegung in der Gewährung der Entscheidungsfreiheit des Anspruchsberechtigten Einschränkungen vornimmt.

Es wurde soeben erwähnt, daß keine Möglichkeit für den Schuldner der Ansprüche besteht, durch Zahlung, Aufrechnung oder Hinterlegung zu erfüllen oder den Berechtigten in Gläubigerverzug zu setzen. Hier geht die Entscheidungsfreiheit des Berechtigten also einem eventuellen Erfüllungsinteresse des Schuldners vor.

---

[173] Vgl. u. S. 48 ff.

a) Relevanz der Ansprüche im Unterhaltsrecht

Zu der hierdurch gewährleisteten autonomen Entscheidungsmöglichkeit wird jedoch angemerkt, sei ein Anspruchsberechtigter unterhaltsberechtigt oder anderen unterhaltsverpflichtet, könnten die Forderungen nicht unberücksichtigt bleiben, wenn die Frage nach Bedürftigkeit und Leistungsfähigkeit aufgeworfen werde.[174] Selbst wenn der Anspruch unentgeltlich erlassen, also in Form eines Rechtsaktes freigegeben werde, sei ein Verweis auf § 528 BGB möglich. Ein Schenkungsrückforderungsanspruch würde dann an die Stelle des Pflichtteils-, des Zugewinnausgleichs-, des Rückforderungsanspruchs - in der umgekehrten Richtung - treten. Die vom Gesetz in § 852 ZPO intendierte Freiheit des Berechtigten zum faktischen Verzicht auf sein Recht wird nach dieser Ansicht deshalb nicht erreicht.[175]

Im Unterhaltsrecht besteht die Verpflichtung, zur Begleichung einer Unterhaltsforderung den Vermögensstamm anzugreifen, unter Umständen Kredit in Anspruch zu nehmen und auch eigene bestehende Forderungen gegen Dritte geltend zu machen.[176] Inwieweit dabei die Forderungen des Pflichtteils-, Zugewinnausgleichs- und Rückforderungsanspruchsgläubigers zu berücksichtigen sind, soll anhand von Entscheidungen exemplarisch dargelegt werden.

Das Reichsgericht[177] hatte 1915 zu entscheiden, inwieweit der Anspruch auf Herausgabe von Geschenken Berücksichtigung bei der Leistungsfähigkeit des Unterhaltspflichtigen findet. Bei der Beurteilung der Leistungsfähigkeit des Verpflichteten kommt es auf sein Vermögen an.[178] Das Reichsgericht hat sich dabei insbesondere mit § 852 ZPO und der Frage auseinandergesetzt, ob aufgrund dieser Vorschrift bei der Berechnung des Vermögens der Rückforderungsanspruch nur dann als Aktivum eingestellt werden kann, wenn der Unterhaltsverpflichtete ihn durchführen will. Entschieden wurde schließlich, daß der Herausgabeanspruch als Vermögensbestandteil zu behandeln ist. Der Unterhaltsanspruch wurde vom Reichsgericht so berechnet, als sei der Rückforderungsanspruch geltend gemacht worden. Dies entspricht allgemeiner Ansicht, wonach zum Vermögen im Sinne des Unterhalts-

---

[174] *Gernhuber/Coester-Waltjen*, FamR, § 36 VII.
[175] *Gernhuber/Coester-Waltjen*, FamR, § 36 VII.
[176] *Palandt/Diederichsen*, § 1603 BGB, Rz. 3 m.w.N.
[177] RG LZ 1915, 1096 f.
[178] *Palandt/Diederichsen*, § 1603 BGB, Rz. 2 m.w.N.

rechts auch der Anspruch nach § 528 BGB zählt.[179]) Aus § 852 ZPO kann also nicht die Schlußfolgerung gezogen werden, die von der Norm erfaßten Ansprüche seien bis zur Geltendmachung kein Vermögensbestandteil des Anspruchsinhabers.

Jedoch stellt das Reichsgericht klar, daß, falls der Unterhaltsverpflichtete kein anderweitiges greifbares Vermögen besäße, die Durchführung des Unterhaltsanspruchs an § 852 ZPO scheitern würde.[180]) Andererseits wird der Berechtigte wirtschaftlich so behandelt, als habe er den Anspruch geltend gemacht. Der Anspruch wird insofern zum relevanten Vermögen gerechnet. Erst wenn es um zwangsweise Verwendung des Anspruchs durch Dritte geht, wird also § 852 ZPO Bedeutung zugemessen.

Eine Entscheidung des BGH[181]) beschäftigt sich mit der unterhaltsrechtlichen Relevanz des Pflichtteilsanspruchs. Ein unterhaltsverpflichteter Ehemann war Abkömmling eines Ehepaars, das die Erbfolge folgendermaßen geregelt hatte: In einem Berliner Testament wurde jeweils der überlebende Ehegatte zum Erben eingesetzt und verfügt, daß der Nachlaß nach dem Tod des Letztversterbenden den Kindern zufallen soll. Außerdem wurde eine Verfallklausel eingefügt, wonach das Kind, das nach dem Tod des Erstversterbenden Pflichtteilsansprüche geltend macht, auch nach dem Tod des Überlebenden nur den Pflichtteil aus dessen Nachlaß erhalten soll.

Der BGH[182]) entschied hier, der Pflichtteilsanspruch sei für den nachehelichen Unterhaltsanspruch der Ehefrau eines der Kinder nicht erheblich, denn es sei dem Ehemann angesichts der testamentarischen Verfallklausel nicht zuzumuten, den Anspruch geltend zu machen. Der Pflichtteil sei nicht als Vermögenswert des Ehemanns heranzuziehen, so daß die ehelichen Lebensverhältnisse auch nicht durch ihn geprägt werden könnten.

Diese Entscheidung wird nicht mit § 852 ZPO begründet. Zwar erkennt das Gericht an, daß es grundsätzlich der freien Entscheidung des Pflichtteilsberechtigten unterliegt, ob er einen ihm zustehenden Pflichtteil verlangen will oder nicht. Dem trage für das Vollstreckungsrecht § 852 ZPO Rechnung, der sicherstellen wolle, daß der Pflichtteilsan-

---

[179]) *Palandt/Diederichsen*, § 1603 BGB, Rz. 2 m.w.N.
[180]) RG LZ 1915, 1096.
[181]) BGH NJW 1982, 2771 ff.
[182]) BGH NJW 1982, 2771.

spruch - wegen seiner familienrechtlichen Grundlage - nicht gegen den Willen des Pflichtteilsberechtigten geltend gemacht werden könne. Der Pflichtteilsberechtigte könne sich im allgemeinen Rechtsverkehr deshalb frei für oder gegen die Realisierung seines Anspruchs entscheiden. Dies bedeute jedoch nicht, daß für den Bereich des Unterhaltsrechts dieselben Grundsätze zu gelten hätten. Maßgeblich sei es hier, ob ein Vermögenswert auch bei fortbestehender Ehe zum Unterhalt der Familie zur Verfügung stehen würde. Dies wird angesichts der Verfallklausel verneint. Ihretwegen sei es weder ersichtlich, daß der Ehemann den Pflichtteil geltend machen werde, noch sei ihm dies zumutbar. Der Pflichtteilsanspruch sei deshalb nicht als Vermögenswert heranzuziehen.[183]

Der BGH[184] zieht bei dieser Entscheidung einen vom Reichsgericht 1918 [185] entschiedenen Fall zum Vergleich heran. Dort stand einem unterhaltsverpflichteten Vater als einziger in Betracht kommender Vermögenswert ein Pflichtteilsanspruch zu. Das Reichsgericht zählte diesen Pflichtteilsanspruch zu den verfügbaren Mitteln im Sinne von § 1603 II 1 BGB und erklärte den Vater für verpflichtet, den Anspruch zu verwirklichen, um sich auf diese Weise die zur Befriedigung des Unterhaltsbedarfs der Kinder erforderlichen Mittel zu verschaffen.[186]

Der BGH[187] stellt nun besonders darauf ab, daß es in diesem Fall des Reichsgerichts um die Beurteilung der Leistungsfähigkeit eines Elternteils gegenüber den minderjährigen Kindern ging, während es sich im Gegensatz dazu in dem vom BGH selbst zu entscheidenden Fall darum handelt, ob die ehelichen Lebensverhältnisse durch den Pflichtteilsanspruch geprägt werden. Den wesentlichen Unterschied sieht der BGH darin, daß der Vater in dem vom Reichsgericht entschiedenen Fall nur die Möglichkeit hatte, entweder den Pflichtteil geltend zu machen oder überhaupt nichts aus dem Nachlaß zu erhalten, wohingegen der Ehemann im vorliegenden Fall bei Nichtgeltendmachen des Pflichtteils Miterbe des gesamten elterlichen Nachlasses werden wird. Im Gegensatz zu dem vom Reichsgericht behandelten Fall sei die Geltendmachung des Pflichtteilsanspruchs mit einer Strafsanktion verbunden.[188]

---

[183] Zu alledem: BGH NJW 1982, 2771 ff.
[184] BGH NJW 1982, 2771 ff..
[185] RG WarnR 1919, Nr. 98, S. 151.
[186] RG WarnR 1919, Nr. 98, S. 151.
[187] BGH NJW 1982, 2771.
[188] BGH NJW 1982, 2771.

b) *Überleitfähigkeit der Ansprüche nach § 90 BSHG*

Eine weitere Einschränkung der Entscheidungsfreiheit bedeutet die Überleitfähigkeit der Ansprüche nach § 90 BSHG, wonach selbst bei Nichtgeltendmachen der Forderungen diese vom Sozialhilfeträger wahrgenommen werden können.[189]

Die von § 852 ZPO erfaßten Ansprüche sind vom Sozialhilfeträger nach § 90 I S. 1 BSHG wegen ihrer Übertragbarkeit überleitfähig und können von diesem auch gegen den Willen des Berechtigten geltend gemacht werden. Dies bedeutet, daß der Anspruch so behandelt wird, als wäre er erbracht worden und die Bewilligung der Sozialhilfe dadurch entbehrlich geworden.[190] Er wird damit zum Vermögen des Hilfempfängers auch ohne dessen Geltendmachen gezählt.

c) *Die von § 852 ZPO erfaßten Forderungen gehören zum Vermögen des Berechtigten*

Aus den zum Unterhaltsrecht genannten Entscheidungen und der Überleitfähigkeit ergibt sich, daß der Entscheidungsfreiheit des Berechtigten der von § 852 ZPO erfaßten Ansprüche eine Grenze durch Interessen der Gläubiger des Berechtigten gezogen wird.

So rechnet die erstgenannte Reichsgerichtsentscheidung[191] den Rückforderungsanspruch zum Vermögen eines unterhaltsverpflichteten Schenkers selbst dann, wenn dieser den Anspruch nicht geltend macht. Die andere erwähnte Reichsgerichtsentscheidung[192] geht auf § 852 ZPO und die dort geschützte Freiheit des Berechtigten, den Anspruch nicht geltend zu machen, gar nicht ein. Der BGH[193] hat zwar den Pflichtteilsanspruch nicht als Vermögenswert herangezogen. Dies begründete sich jedoch allein damit, daß seine Durchsetzung zusätzlich mit einer Strafsanktion verbunden gewesen wäre und der Anspruch für die ehelichen Lebensverhältnisse nicht maßgeblich war. Deshalb ist auch in diesem Fall keine Frage der Entscheidungsfreiheit des § 852 ZPO betroffen, wenn der BGH den Pflichtteilsanspruch für den

---

[189] Vgl. OLG Düsseldorf, FamRZ 1984, 887 (889) m.w.N.
[190] Vgl. OLG Düsseldorf, FamRZ 1984, 887 (889).
[191] RG LZ 1915, 1096.
[192] RG WarnR 1919, Nr. 98, S. 151.
[193] BGH NJW 1982, 2771.

Unterhalt nicht berücksichtigt.[194]) Ebenfalls wird dasjenige, was nach § 852 ZPO für das Zwangsvollstreckungsrecht gilt, im Unterhaltsrecht, also in einem Bereich, wo Interessen der Gläubiger des Berechtigten besonders stark betroffen sind, relativiert. Entsprechendes muß gelten, wenn der Berechtigte eines der von § 852 ZPO erfaßten Ansprüche selbst unterhaltsbedürftig ist. Auch hier kann § 852 ZPO nicht verhindern, daß seine Ansprüche für die Bestimmung der Bedürftigkeit maßgeblich sind und auch gegen den Willen des Berechtigten als Vermögensbestandteil berechnet werden.

Die dargelegten Entscheidungen und die Möglichkeit der Überleitung an den Sozialhilfeträger zeigen deshalb in erster Linie, daß die von § 852 ZPO erfaßten Ansprüche von ihrer Entstehung an zum Vermögen des jeweiligen Berechtigten zu zählen sind und zwar unabhängig davon, ob sie geltend gemacht wurden oder nicht. Macht der Berechtigte sie nicht geltend, muß er die Konsequenzen dafür tragen. Wenn ihn Rücksicht auf familiäre Verbundenheit zum Verzicht bewegt, bedeutet dies nicht, daß der Verzicht nicht wie jedes Nichtgeltendmachen einer Forderung nachteilige Folgen haben soll. Es gibt keinen Grund, aus dem nach § 852 ZPO beschränkten Zugriff Dritter abzuleiten, daß deshalb der Anspruch nicht in der Hand des Berechtigten vorhanden ist. Die Freiheit zum Verzicht im Wege der Nichtgeltendmachung des Anspruchs wird somit zwar erreicht, jedoch muß der Berechtigte für die Folgen des Verzichts einstehen. Ihm soll durch den Verzicht keine eigenmächtige Minderung der Haftungsmasse ermöglicht werden. Entscheidungsfreiheit bedeutet Abwägung des Für und Wider, nicht aber, daß die Entscheidung, den Anspruch nicht geltend zu machen, ein Einstehen für eigene Schuld ausschließen soll.

2. Abwägung des Gäubigerinteresses mit dem Interesse des Berechtigten

Dies bedeutet, daß in die Entscheidungsfreiheit des Berechtigten andere berechtigte Interessen einzubeziehen sind. Weiterhin wird die Auffassung bestätigt, daß kein Schutz der persönlichen Beziehung von Anspruchsberechtigtem und Verpflichtetem als solcher von Gesetzes wegen bezweckt ist, denn es ist allein in die Hand des Berechtigten gelegt, ob er die Beziehung schützen will, indem er seine Schulden mit

---

[194]) BGH NJW 1982, 2771 ff.

anderen Mitteln als den von § 852 ZPO erfaßten Forderungen begleicht. Auch ist festzustellen, daß die von § 852 ZPO erfaßten Ansprüche von Entstehung an zum Vermögen des Berechtigten zu zählen sind.

Aus alledem ergibt sich somit, daß ein gerechter Ausgleich nur dann stattfinden kann, wenn man die persönliche Verbundenheit zwischen Berechtigtem und Verpflichtetem als Grund für die Einräumung der Entscheidungsfreiheit zwar anerkennt, jedoch nicht mit dem Ziel, das Interesse des dritten Beteiligten, nämlich des Gläubigers des Berechtigten, zu beeinträchtigen.

Bisher wurde eine Gläubigerbenachteiligung entweder als vom Sinn und Zweck des § 852 ZPO mitumfaßt oder zumindest als dessen unvermeidbare Folge angesehen. Mit der Gesetzeslage ist dies an sich auch vereinbar: Der Erwerb der Ansprüche kraft Gesetzes mit dem Erbfall (entsprechend der Erwerb des Zugewinnausgleichsanspruchs mit Ende des Güterstands, des Rückforderungsanspruchs mit Eintritt des Notbedarfs) ist nicht im Interesse der Gläubiger des Berechtigten vorgeschrieben, sondern allein im Interesse des Berechtigten.[195] Der Gesetzgeber ging zudem davon aus, es verdiene nicht berücksichtigt zu werden, daß einem Schuldner mit Rücksicht auf sein eventuelles Pflichtteilsrecht Kredit gewährt werde, denn ein solcher Kredit sei erfahrungsgemäß nicht selten ein für den Schuldner verderblicher.[196] § 852 ZPO will also die Freiheit zum Verzicht auf die Ansprüche selbst dann schützen, wenn dadurch die Kreditfähigkeit des Berechtigten geschmälert wird.

Aus diesen durchaus richtigen Aspekten läßt sich jedoch lediglich ableiten, daß der Erwerb der Ansprüche nicht primär den Gläubigern des Anspruchsberechtigten dienen soll. Daß jedoch der Anspruchsberechtigte mit ihnen am Wirtschaftsverkehr teilnehmen kann und soll, ergibt sich schon aus der Abtretbarkeit und Verpfändbarkeit der Ansprüche. Die idealisierte Vorstellung vom verderblichen Kredit auf den Erbteil ist dadurch zu relativieren. Dem entspricht auch, daß die Pfändungsbeschränkung des § 852 ZPO nicht zur Existenzsicherung des Berechtigten angeordnet wurde in dem Sinne, daß Gläubiger nicht auf etwas zurückgreifen sollen, was der Schuldner zum Lebensunterhalt dringend benötigt.

---

[195] Mot. *Mugdan* V, Seite 222.
[196] Mot. *Mugdan* V, Seite 222.

Daß ein Anspruchserwerb zunächst dem Interesse des Anspruchsinhabers dient, ist natürlich. Daraus folgt jedoch nicht, daß dem Anspruchsinhaber in guter oder böser Absicht ein endgültiger Entzug eines von § 852 ZPO erfaßten Anspruchs aus seiner Haftungsmasse möglich sein soll und zwar auch dann, wenn er sich entschlossen hat, den Anspruch durchzusetzen. Ob aufgrund einer zu erwartenden Forderung Kredit gewährt werden soll, ist zu unterscheiden von der Frage, ob diese Forderung - wenn der Forderungsinhaber bereits Verbindlichkeiten eingegangen ist - für diese Schulden haften soll. Insofern folgt aus der Tatsache, daß der Zweck des § 852 ZPO nach den Motiven des Gesetzgebers auch eine Schmälerung der Kreditfähigkeit des Berechtigten in Kauf nimmt, nicht, daß die Interessen des Gläubigers des Anspruchsberechtigten generell als nicht schutzbedürftig anzusehen sind.[197] Im übrigen führt auch die gesetzlich vorgesehene Möglichkeit der Abtretung und Verpfändung - zur Sicherheit - dazu, daß auf die von § 852 ZPO erfaßten Ansprüche Kredit gewährt werden kann. Dies mag zwar in erster Linie im Interesse der Position des Berechtigten vorgesehen sein, hat jedoch - im Gegensatz zu den höchstpersönlichen Forderungen der §§ 847 I S. 2 a.F., 1300 BGB - die Folge, daß ein kredittaugliches Vermögensobjekt auch im Interesse der Gläubiger des Berechtigten geschaffen wird.[198]

§ 852 ZPO schützt also die Persönlichkeitssphäre des Vollstreckungsschuldners durchaus, aber nicht wegen eines sich aus einer Sinnverknüpfung der Forderung mit der Person des Berechtigten ergebenden persönlichkeitsrechtlichen Gehalts der Forderungen oder weil die Forderungen der Existenzsicherung des Berechtigten dienen sollen, sondern allein, weil eine persönliche Entscheidung des Schuldners gewahrt werden soll. Nur in diesem Sinne können die anfangs zitierten Stellungnahmen von der individuellen Natur der Ansprüche, ihrem persönlichkeitsrechtlichen Gehalt verstanden werden. Über die Freiheit seiner Entscheidung hinaus kann der Berechtigte aus dem persönlichkeitsrechtlichen Gehalt der Forderungen nicht für sich ableiten, er könne die Forderungen "nach Belieben" dem Gläubigerzugriff entziehen.

---

[197] So jedoch *Schubert*, JR 1994, 416 (419,420); ähnlich *Harder*, WuB VI E § 852 ZPO 1.1994, 220 (221, 222).

[198] Teils a.A. *Schubert*, JR 1994, 416 (419,420).

Insofern ist eine Einschränkung der persönlichkeitsrechtlichen Belange in der Hinsicht vorzunehmen, daß solche Beeinträchtigungen der persönlichen Beziehung zwischen Vollstreckungsschuldner und Drittschuldner zuzulassen sind, die nicht gleichzeitig die Entscheidungsfreiheit des Berechtigten ausräumen. Weniger einschränkende Belastungen sind im Interesse der Gläubiger zuzulassen.

Normzweck des § 852 ZPO ist also, daß der Berechtigte darüber entscheiden soll, ob er die gesetzlich eingeräumten Möglichkeiten wahrnimmt oder nicht. Macht er seine Rechte im Interesse der persönlichen Verbundenheit mit dem Verpflichteten nicht geltend, so muß er, nicht aber allein seine Gläubiger, die Folgen dafür tragen. Auch die Möglichkeit, die Rechte einerseits im eigenen Interesse geltend zu machen, andererseits jedoch dem Gläubigerzugriff zu entziehen, muß ausgeschlossen sein. Allein die Entscheidung zur Geltendmachung sollen die Gläubiger des Berechtigten nicht an sich ziehen dürfen, indem sie den Anspruch für sich verwerten, bevor der Berechtigte selbst deutlich gemacht hat, daß er den Anspruch geltend machen will.

Vor Erlangen dieser vollen Verkehrsfähigkeit sind demnach die von § 852 ZPO erfaßten Ansprüche nicht zur Benachteiligung der Gläubiger des Berechtigten dem Pfändungszugriff entzogen. Vielmehr ist in diesem Zeitpunkt, also bereits vor Rechtshängigkeit und Anerkenntnis, eine Abwägung dahingehend vorzunehmen, daß nur derjenige Zugriff von dritter Seite ausgeschlossen ist, der die Entscheidungsfreiheit des Berechtigten ausschaltet. Das bedeutet, ein Gläubigerzugriff, der die Entscheidungsfreiheit nicht ausschaltet, ist zulässig. Dadurch wird das Interesse an der Entscheidungsfreiheit mit dem Interesse des Gläubigers des Berechtigten in Übereinstimmung gebracht.

Nach der Geltendmachung durch den Berechtigten hat sich dann der persönlichkeitsrechtliche Gehalt der Forderungen vollständig erledigt, so daß für eine Entscheidungsfreiheit kein Raum mehr ist.

VI. Inhaltliche Modifikation der Ansprüche von unverwertbaren zu verwertbaren Forderungen durch Eintritt der Voraussetzungen des § 852 ZPO

Die Interessenlage ändert sich also durch Eintritt von Rechtshängigkeit und Anerkenntnis. Die Ansprüche werden von persönlichkeitsrechtlich geprägten Forderungen, auf die von dritter Seite nur unter Beachtung der Entscheidungsfreiheit des Berechtigten zugegriffen werden kann, zu solchen, vollständig am Rechtsverkehr beteiligten Forderungen, die zugunsten Dritter durchgesetzt werden können. Durch Rechtshängigkeit oder Anerkenntnis erfahren die Ansprüche also eine inhaltliche Modifikation. Ihr persönlichkeitsrechtlicher Anspruchscharakter ändert sich. Macht der Berechtigte seinen Anspruch geltend, darf dieser von Gläubigerseite aus durchgesetzt werden.

§ 852 ZPO hat nun als die maßgebliche Form des Gläubigerzugriffs die Pfändung normiert. Entsprechend war es die Pfändung, die erst bei dieser inhaltlichen "Anspruchswandlung" möglich sein sollte. Gläubigerzugriff in Form der Pfändung sollte erst geschehen, wenn die in § 852 ZPO normierten Voraussetzungen vorliegen. Dementsprechend sollten die Ansprüche erst dann Teil der Konkursmasse (§ 1 KO, §§ 35, 36 InsO) und aufrechenbar (§ 394 BGB) sein.[199])

Durch die Erläuterungen zum Normzweck des § 852 ZPO wurde jedoch deutlich, daß schon vor Eintritt von Rechtshängigkeit und Anerkenntnis nicht jeder Gläubigerzugriff unzulässig ist. Vielmehr ist nur derjenige Gläubigerzugriff, der zur Geltendmachung und Durchsetzung der Forderung, also zu ihrer Verwertung gegen den Willen des Berechtigten und damit zur Ausschaltung der Entscheidungsfreiheit führt, nach dem Zweck des § 852 ZPO unzulässig.

Der Schutzzweck verbietet damit lediglich eine Pfändung, die zur umfassenden, die Entscheidungsfreiheit ausschaltenden Geltendmachung und Durchsetzung des Anspruchs führt. Umfassende Durchsetzung eines Anspruchs bedeutet Verwertung zu eigenen Gunsten.

Der BGH macht aus diesem Grund nicht die Pfändung, sondern die Verwertbarkeit des gepfändeten Anspruchs vom inhaltlichen Wandel des Anspruchs abhängig[200]) und ermöglicht dadurch die Sicherung des Anspruchs von Gläubigerseite für den Fall der Geltendmachung durch den Anspruchsberechtigten. Die von § 852 ZPO erfaßten Ansprüche werden als in der Verwertbarkeit aufschiebend bedingte Ansprüche angesehen.

Eine Verwertung der Forderung findet noch nicht statt, wenn dem Gläubiger lediglich gewährt wird, sich - für den Fall, daß der Berechtigte den Anspruch in Zukunft anerkennt oder rechtshängig macht - sein Recht zu sichern, ohne daß es ihm durch Manipulationen des Be-

---

[199]) *Gernhuber*, SchuldR III, § 12 VI 4; *Larenz*, SchuldR I, § 18 2 b; s.u. S. 159 ff.
[200]) BGHZ 123, 183.

rechtigten entzogen werden kann. Es geht also um die Sicherung einer derzeit unverwertbaren Forderung mit den Mitteln der Zwangsvollstreckung. Dabei kann schon hier auf eine Parallele im Arrestverfahren hingewiesen werden, wo die Durchsetzung des Gläubigerrechtes nach § 930 ZPO auf bloße Pfändung ohne vollständige Gläubigerbefriedigung beschränkt wird.[201]

Wenn der Berechtigte als Vollstreckungsschuldner bis zur Verwertung der Forderung zugunsten des Gläubigers Forderungsinhaber und allein befugt zur Geltendmachung bleibt, besteht kein Grund mehr, eine Pfändung auszuschließen, wenn auch diese nur zur Sicherung und nicht zur vollständigen Befriedigung des Gläubigerrechtes dient.

Diese Sichtweise setzt jedoch voraus, daß die Pfändung eines in seiner Verwertbarkeit von bestimmten Voraussetzungen abhängigen Anspruchs in die systematischen Grundlagen von Forderungspfändung und Verwertung nach der ZPO eingeordnet werden kann, was im folgenden Teil dieser Abhandlung untersucht wird.

Falls eine solche systematische Einordnung möglich ist, wird einerseits der Schutzweck des § 852 ZPO garantiert, die Entscheidungsfreiheit des Berechtigten nicht frühzeitig auszuschalten.[202] Gleichzeitig ist die Ansicht unterlegt, wonach eine schutzzweckgerechte Auslegung der Pfändbarkeitseinschränkung des § 852 ZPO auch ohne Gläubigerbenachteiligung möglich ist. Die von § 852 ZPO erfaßten Forderungen sind dann nicht in ihrer Pfändbarkeit, sondern in ihrer Verwertbarkeit vom Eintritt von Rechtshängigkeit und Anerkenntnis abhängig. Eine Pfändung ist von Anspruchsentstehung an möglich.

---

[201] S. dazu näher u. S. 99 f.
[202] S.u. S. 123 ff.

Teil C: Pfändung eines in seiner Verwertbarkeit aufschiebend bedingten Anspruchs im System der Pfändung und Verwertung von Forderungen nach der ZPO

Nach dem Wortlaut des § 852 ZPO soll erst bei Vorliegen von Rechtshängigkeit oder Anerkenntnis ein Vollstreckungszugriff auf die in der Hand des Schuldners bereits vorhandenen Forderungen möglich sein.

Es stellt sich deshalb die Frage nach der Vereinbarkeit einer Pfändung der von § 852 ZPO erfaßten Ansprüche "vor vertraglicher Anerkennung oder Rechtshängigkeit als in ihrer zwangsweisen Verwertbarkeit aufschiebend bedingte Ansprüche"[203]) mit den systematischen Grundlagen von Forderungspfändung und -verwertung nach der ZPO.

---

203) BGHZ 123, 183.

Abschnitt A. Unzulässigkeit bedingter Pfändungen

Die Vollstreckungsorgane handeln in Ausübung staatlicher Vollstreckungsgewalt; sie leiten ihre Zwangsbefugnisse nicht vom privaten Gläubigerrecht ab, denn nur das Gesetz, nicht der Gläubiger kann sie zur Vornahme von Zwangsmaßnahmen ermächtigen.[204] So stellt sich der Vollstreckungsauftrag, § 753 ZPO, als ein Antrag auf hoheitliches Handeln dar[205] ebenso wie der Antrag an das Vollstreckungsgericht bei der Forderungspfändung. Die Normen, die das Handeln der Vollstreckungsorgane bestimmen, gehören demnach ausschließlich dem öffentlichen Recht an.[206] Der Erlaß des Pfändungsbeschlusses ist also Staatsakt (hoheitlicher Gerichtsakt).[207] Jedoch unterscheidet sich die Zwangsvollstreckung als "Rechtspflege" von der Verwaltung insofern, als sie für den Staat nicht Selbstzweck ist, sondern der Staat seine Machtmittel nur zum Zwecke der Privatrechtsgewährung zur Verfügung stellt.[208] Deshalb unterliegen gesetzwidrig zustande gekommene Vollstreckungsakte den Grundsätzen vom "fehlerhaften Staatsakt" nach Maßgabe der Zwangsvollstreckung.[209] Bedingte Pfändungen sind infolgedessen wie grundsätzlich jeder bedingte Staatsakt unzulässig.[210]

---

[204] *Rosenberg/Gaul/Schilken*, ZwangsvollstrR, § 31 II 1; *Gaul*, Rpfleger 1971, 1 f.

[205] RGZ 82, 85.

[206] *Rosenberg/Gaul/Schilken*, ZwangsvollstrR, § 31 II 1.

[207] *Stöber*, Forderungspfändung, Rz. 489.

[208] *Gaul*, AcP 173, 323 (327).

[209] Rosenberg/Gaul/Schilken, ZwangsvollstrR, § 31 II 1, Abgrenzung vom Verwaltungsakt s. auch: § 31 II 2; *Gaul*, Rpfleger 1971, 41 ff..

[210] KG JW 1935, 3486 (3487) m.w.N.; *Wieczorek*, § 852 ZPO, Rz. C; *MünchKomm/Smid*, § 852 ZPO, Rz. 6; *Stein/Jonas/Münzberg* (20. Auflage), § 829 ZPO, Rz. 18, (14. Auflage), Anm. I 1 c; *Stöber*, Forderungspfändung, Rz. 271; *Behr*, JurBüro 1996, 65; *Harder*, WuB VI E. § 852 ZPO 1.1994, 220 (221).

Falls insofern aus der Konstruktion eines durch Rechtshängigkeit oder Anerkenntnis bedingt verwertbaren Anspruchs das Vorliegen einer bedingten Pfändung folgt, ist eine solche Pfändung abzulehnen.

I. Rechtsprechungsentwicklung

Von der in der Einleitung zitierten Entscheidung des OLG Naumburg von 1920 wurde folgender Pfändungsbeschluß zugelassen:

"Gepfändet wird der Anspruch für den Fall, daß er durch Vertrag zwischen dem Schuldner und dem Drittschuldner anerkannt worden ist oder anerkannt werden wird, und für den Fall, daß er zwischen dem Schuldner und dem Drittschuldner rechtshängig werden wird."[211]

Der Pflichtteilsanspruch soll nach dieser Entscheidung ein bedingt pfändbarer Anspruch sein. Da die Pfändung bedingter Forderungen zulässig ist, ist nach dem OLG entsprechend auch die Pfändung bedingt pfändbarer Forderungen für zulässig zu erachten, wenn der Pfändungsbeschluß dafür sorgt, daß der Zugriff des Gläubigers auf den Anspruch erst bei Eintritt der Pfändbarkeitsvoraussetzungen möglich ist.[212] Das OLG lehnt also ab, daß eine derartige Pfändung eine bedingte Pfändung darstellt.

Gegen diese Entscheidung wandte sich 1935 das Kammergericht mit der Annahme, daß es sich bei einer solchen Pfändung um eine bedingte Pfändung handelt, weil die Wirkungen des Staatsakts Pfändung erst und nur dann eintreten sollen, wenn entweder die Anerkennung bereits erfolgt ist oder später erfolgen wird oder die Rechtshängigkeit später eintreten wird.[213] Die Entscheidung des Kammergerichts war von da ab in ihrer Annahme einer bedingten Pfändung maßgeblich für den Meinungsstand in Literatur und Rechtsprechung zur Auslegung des § 852 ZPO.[214]

---

[211]) OLG Naumburg, OLGE 40, 154 (155).
[212]) OLG Naumburg, OLGE 40, 154.
[213]) KG JW 1935, 3486.
[214]) Vgl. *Baumbach/Lauterbach/Hartmann*, § 852 ZPO, Rz. 1; *Stein/Jonas/Münzberg* (20. Auflage), § 829 ZPO, Rz. 18, § 852 ZPO, Rz. 6 mit FN 15; *MünchKomm/Smid*, § 852 ZPO, Rz. 5; *Soergel/Dieckmann*, § 2317 BGB, Rz. 17 jew. m.w.N.

Die BGH-Entscheidung von 1993 beruft sich nun wieder auf die Entscheidung des Oberlandesgerichts Naumburg[215]), spricht allerdings nicht von bedingt pfändbaren, sondern von bedingt verwertbaren Forderungen und verneint einen Verstoß gegen das Verbot der bedingten Pfändung. Vielmehr erfolgt nach dem BGH die Pfändung als Staatsakt unbedingt, bedingt ist allein die getroffene Anordnung, da der von der Pfändung erfaßte Anspruch in seiner zwangsweisen Verwertbarkeit bedingt ist.[216])

II. Der in seiner Verwertbarkeit aufschiebend bedingte Anspruch

Die von § 852 ZPO erfaßten Ansprüche werden als in ihrer Verwertbarkeit durch Rechtshängigkeit oder Anerkenntnis aufschiebend bedingte Ansprüche angesehen; ihre Pfändung soll den für den Zugriff auf aufschiebend bedingte Rechte geltenden Regeln folgen.[217]) Derartige Rechte sind, wie auch § 844 ZPO voraussetzt, pfändbar.[218])

1. Pflichtteils-, Zugewinnausgleichs- und Rückforderungsanspruch als unbedingt entstandene Rechte

Zunächst ist klarzustellen, daß die in § 852 ZPO genannten Ansprüche keine (aufschiebend) bedingten Rechte in dem von § 844 ZPO gemeinten Sinn sind. Ihre Entstehung ist nicht durch Rechtshängigkeit oder Anerkenntnis bedingt, vielmehr sind sie bereits im Erbfall, bei Güterstandsende, im Verarmungszeitpunkt vollständig entstanden.[219]) Lediglich vor dem Erbfall, Güterstandsende, Verarmungszeitpunkt kann man sie als künftige oder bedingte Rechte ansehen.[220])

---

[215]) BGHZ 123, 183 (185).

[216]) BGHZ 123, 183 (187); so jetzt auch: *Zöller/Stöber*, § 852 ZPO, Rz. 3; *Stein/Jonas/Brehm*, § 852 ZPO, Rz. 6; *Kilger/Huber*, § 1 AnfG Anm. III 2; *Stöber*, Forderungspfändung, Rz. 271; *Lange/Kuchinke*, ErbR, § 37 VII 2; *Schlüter*, ErbR, § 43 VI; *Stöber*, ZAP 1993, 923 (924); *Kuchinke*, NJW 1994, 1769 (1770).

[217]) BGHZ 123, 183 (187).

[218]) BGHZ 53, 29 (32); *Stein/Jonas/Brehm*, § 829 ZPO, Rz. 3; *Stöber*, Forderungspfändung, Rz. 25.

[219]) *Wieczorek*, § 852 ZPO, Rz. B II; *Staudinger/Ferid/Cieslar*, § 2317 BGB, Rz. 18; *Gernhuber/Coester/Waltjen*, FamR, § 36 VII 5; *Conrad*, Die Pfändungsbeschränkungen...., S. 177; *Harder*, WuB VI E. § 852 ZPO 1.1994, 220 (221).

[220]) *Gernhuber/Coester/Waltjen*, FamR, § 36 VII 5; vgl. *Lempenau*, Direkterwerb oder Durchgangserwerb..., S. 20.

2. Strukturelle Ähnlichkeit zwischen in der Entstehung bedingten und in der Verwertbarkeit bedingten Rechten

Dennoch wird vom BGH vorgebracht, es bestände eine strukturelle Ähnlichkeit zwischen aufschiebend bedingt entstandenen Rechten und vollständig entstandenen Rechten, die jedoch in ihrer Verwertbarkeit bedingt sind; deshalb könne die Pfändung letzterer den Regeln ersterer folgen und sei insofern zulässig. Bedingte Ansprüche seien vor Eintritt der Bedingung weder in vollem Umfang entstanden, noch im Wege des Zwangszugriffs verwertbar; die von § 852 ZPO erfaßten Ansprüche seien als Vollrecht begründet, allein ihre Verwertbarkeit unterliege einer Bedingung.[221]

Es wird also aus der Pfändbarkeit eines nicht (in vollem Umfang) entstandenen und nicht verwertbaren Anspruchs wegen dessen Ähnlichkeit mit einem entstandenen und nicht verwertbaren Anspruch die Pfändbarkeit des letzteren abgeleitet.

3. Bedingungsbegriff

Inwieweit die von § 852 ZPO erfaßten Ansprüche eine strukturelle Ähnlichkeit zu bedingten Rechten haben, ist anhand des Bedingungsbegriffs zu untersuchen.

Bedingung im Sinne des § 158 BGB ist die durch Parteiwillen in ein Rechtsgeschäft eingefügte Bestimmung, die die Rechtswirkungen des Geschäfts von einem zukünftigen ungewissen Ereignis abhängig macht.[222] Die durch ein solches Rechtsgeschäft begründete (bzw. noch nicht begründete) Forderung nennt man eine bedingte. Diese Forderungen sind es, deren Pfändbarkeit in § 844 ZPO vorausgesetzt wird.

Der Begriff "bedingte Forderung" ist allerdings nicht ganz korrekt.[223] Ohne daß auf den Streit eingegangen werden muß, ob aufschiebend bedingte Forderungen unter die Gruppe der zukünftigen Forderungen zu subsumieren sind[224] oder eine eigene Gruppe bil-

---

[221] BGHZ 123, 183 (187).
[222] *Palandt/Heinrichs*, vor § 158 BGB, Rz. 1.
[223] Vgl. Mot. *Mugdan* I, Seite 494.
[224] So *Lempenau*, Direkterwerb oder Durchgangserwerb..., S. 13; *von Tuhr*, DJZ 1904, 426 (428); *Hahnzog*, Die Rechtsstellung des Zessionars..., Diss. München 1962.

den,[225]) steht fest, daß ein Recht entweder entstanden ist oder nicht -
also noch zukünftig oder bedingt ist. Das aufschiebend bedingte Recht
ist gerade nicht entstanden. Zwar liegen alle gesetzlichen Tatbestandsmerkmale des Entstehungsrechtsgeschäfts vor - darin unterscheidet
sich das bedingte vom zukünftigen Recht -, die Entstehung der Forderung als Wirkung des Rechtsgeschäfts hängt aber noch vom Bedingungseintritt ab. Es ist also noch kein Recht vorhanden, auch kein bedingtes. Eine bedingte Schuld ist keine Schuld.[226])

Da es jedoch andererseits allein der Bedingungseintritt ist, von dem
die Rechtsentstehung abhängt, fingieren die §§ 158 ff. BGB eine Art
Schwebezustand, in dem Verfügungen über das bedingte Recht (die
Anwartschaft) zugelassen werden und diesen widersprechende Verfü-
gungen unwirksam sind. Über das Recht kann verfügt, es kann ver-
pfändet werden.[227]) Diesen Tatsachen will der Begriff "bedingtes
Recht" gerecht werden. Er stellt jedoch mangels Vorhandenseins eines
Rechts eine Verkürzung dar.

Genauer ist also zu sagen, daß nicht das Recht bedingt ist, sondern
seine Begründung bzw. - entsprechend der obigen Definition des Bedingungsbegriffs - seine Entstehung als Wirkung des Begründungsge-
schäfts.[228])

4. Verfügung über bedingte Rechte

Wird über ein solches Recht verfügt, ist das Verfügungsgeschäft mit
Eintritt der dafür gesetzlich vorgeschriebenen Voraussetzungen vollen-
det. Da die Verfügung jedoch ein (noch) nicht entstandenes Recht erfaßt, entfaltet sie bis zum Bedingungseintritt keine Wirkungen. Die Wirkung der gegenwärtig getroffenen Verfügung ist mangels eines
Substrats noch in der Schwebe.[229])

Dies bedeutet jedoch nicht, daß die Verfügung selbst eine bedingte
ist. Alle Tatbestandsmerkmale für sie sind erfüllt. Es mangelt lediglich

---

[225]) *Stein/Jonas/Brehm,* § 829 ZPO, Rz. 3, 4 mit FN 14; *Philipp,* Die zukünftige Forderung..., Diss. Hamburg 1965, S. 6, 7 m.w.N.; *Bergk,* Übertragung und Pfändung...,
S. 61.

[226]) Mot. *Mugdan* I, Seite 494.

[227]) *Blomeyer,* Bedingungslehre, S. 167.

[228]) *Egert,* Rechtsbedingung..., S. 63; teilweise a.A. *Blomeyer,* Bedingungslehre, S. 166.

[229]) *Egert,* Rechtsbedingung..., S. 62.

an den Wirkungen der Verfügung. Dies hängt jedoch nicht damit zusammen, daß die Verfügung selbst "Mängel" aufweist, sondern allein damit, daß sie ein nicht existentes Recht erfaßte. Es kann nicht über mehr verfügt werden, als das, was vorhanden ist. Mit der Wandlung des "bedingten" Rechtes zum Vollrecht entfaltet die Verfügung schließlich Wirkungen.

Damit besteht eine Abhängigkeit der Wirkungen des Verfügungsgeschäfts vom Bestand des von ihm erfaßten Rechts. Abhängigkeit der Wirkungen des Verfügungsgeschäfts von einer Bedingung bedeutet insofern Präexistenz des Rechtsgeschäfts, Sonderung des bedingenden Umstandes von den geschäftskonstituierenden Tatsachen, Suspension nicht der Vollendung, sondern der Wirkung des fertig geschlossenen Rechtsgeschäfts.[230])

Im Falle der Verfügung über ein bedingtes Recht ist nicht die Verfügung selbst bedingt. Ob sie Wirkungen entfaltet, ist durch den Bestand des Rechts bedingt.

5. Pfändung bedingter Rechte

Bei der Pfändung eines bedingten Rechts gilt dementsprechend folgendes. Forderungen können schon vor dem Eintritt einer aufschiebenden Bedingung gepfändet werden.[231]) Auch ist der vollstreckungsrechtliche Tatbestand mit der Vornahme der Pfändung erfüllt. Die Pfändung ist als solche unbedingt. Sie erfaßt jedoch ein nicht bestehendes Recht. Insofern kann sie Wirkungen nur in Abhängigkeit vom Pfändungsgegenstand entfalten. So wird die Pfändung bei bedingten Ansprüchen erst realisiert, wenn die ergriffene Forderung auch der Höhe nach entsteht.[232]) Ob dabei Verstrickung und Pfandrecht sofort mit der Pfändung entstehen[233]) - zum Schutz der nur noch vom Bedingungseintritt abhängigen "Erwerbsposition" (Anwartschaft) des Pfändungsgläubigers - oder, wie bei zukünftigen Forderungen[234]), mangels eines verstrickungstauglichen Objekts und aufgrund fehlen-

---

[230]) *Egert*, Rechtsbedingung..., S. 227.
[231]) BGHZ 53, 30 (32); *Stein/Jonas/Brehm*, § 829 ZPO, Rz. 3; *Stöber*, Forderungspfändung, Rz. 25.
[232]) *Wieczorek*, § 829 ZPO, Rz. B II d m.w.N.
[233]) So *Stein/Jonas/Brehm*, § 829 ZPO, Rz. 3.
[234]) Zum Vergleich bedingter mit zukünftigen Forderungen s.u. S. 62 ff.

der Akzessorietät erst mit Entstehung der Forderung, kann hier dahinstehen.[235]) Jedenfalls fehlt das Verwertungsrecht des Gläubigers.[236])
Bedingte Rechte sind vor Eintritt der Bedingung weder in vollem Umfang entstanden, noch im Wege des Zwangszugriffs verwertbar.[237]) Der
Zwangszugriff entfaltet insofern zunächst nur begrenzte Wirkungen,
obwohl der vollstreckungsrechtliche Tatbestand der Pfändung bereits
vollzogen ist.

Ebenso wie der Übergang der Forderung bei Bedingungseintritt Wirkung des Übertragungsgeschäfts bezüglich einer bedingten Forderung
ist, ist also das Eingreifen der vollen Pfändungswirkungen Folge des
Bedingungseintritts bei Pfändung einer bedingten Forderung. Dabei
sind weder das Übertragungsgeschäft als solches, noch die Pfändung
als solche bedingt. Allein die Wirkungen der Vollstreckungsmaßnahme
sind abhängig vom Bestand des gepfändeten Rechts.[238]) Deshalb unterliegt die zwangsweise Verwertbarkeit einer aufschiebenden Bedingung.[239])

6. Pfändung von in ihrer Verwertbarkeit bedingten Rechten

Es stellt sich nun die Frage, ob diese Grundsätze zur Pfändung bedingter Ansprüche auf die Forderungen des § 852 ZPO anwendbar
sind, die zwar entstanden sind, auf die jedoch ein Gläubigerzugriff
durch Verwertung nicht möglich sein soll. Der BGH[240]) spricht in seiner Entscheidung von struktureller Ähnlichkeit zwischen bedingten
und in ihrer Verwertbarkeit bedingten Rechten.

Daß Anerkenntnis und Rechtshängigkeit zukünftige ungewisse Ereignisse im Sinne des Bedingungsbegriffs darstellen, ist richtig. Zweifelhaft
ist jedoch, ob die Vergleichbarkeit mit bedingten Rechten hier nicht endet, denn nicht die Entstehung, sondern die Verwertbarkeit hängt bei
den von § 852 ZPO erfaßten Forderungen vom Bedingungseintritt ab.

---

[235]) Für den Verstrickungseintritt und die Entstehung des Pfändungspfandrechts an den
hier behandelten bedingt verwertbaren Rechten ist dies nicht entscheidend, da diese Ansprüche bereits voll entstanden sind, dazu u. S. 62, 75, 86 ff.

[236]) Vgl. *MünchKomm/Damrau*, § 1204 BGB, Rz. 22 für zivilrechtliche Pfandrechte für
zukünftige und bedingte Forderungen.

[237]) BGHZ 123, 183 (187); vgl. OLG Naumburg, OLGE 40, 154.

[238]) *Kuchinke*, NJW 1994, 1769 (1770).

[239]) BGHZ 123, 183 (187).

[240]) BGHZ 123, 183 (187).

Dieser Unterschied könnte zu der Annahme führen, der Übergang von einem nicht entstandenen (also hier bedingten) und unverwertbaren Recht zu einem entstandenen, voll verwertbaren Recht, sei qualitativ etwas anderes, als die beschriebene inhaltliche Wandlung der von § 852 ZPO erfaßten Forderungen mit Bedingungseintritt von der Unverwertbarkeit zur Verwertbarkeit. Es gäbe in diesem Fall keinen Anlaß, von einer Ähnlichkeit auszugehen und die Pfändungsregeln des einen auf die des anderen zu übertragen. Vielmehr würde lediglich eine Bedingung, die bei der Pfändung selbst unzulässig wäre, an einen Anspruch, der gar kein bedingter ist, geheftet und die Konstruktion des in seiner Verwertbarkeit bedingten Anspruchs erfunden.[241])

a) Abhängigkeit der Wirkungen des Pfändungszugriffs vom Inhalt des gepfändeten Rechts

Bei der Pfändung eines in seiner Entstehung bedingten Rechts entfaltet die Pfändung durch den Nichtbestand des Rechts bedingte Wirkungen. Bei diesen Rechten fallen Entstehung und Verwertbarkeit zusammen. Mit der Entstehung der Forderung entfaltet der Zugriff volle Wirkung und die Verwertbarkeit tritt ein.

Die von § 852 ZPO erfaßten Rechte hingegen sind bereits voll entstanden, allerdings dürfen sie als persönlichkeitsrechtlich geprägte Forderungen nicht vom Vollstreckungsgläubiger durchgesetzt werden. Es muß noch eine inhaltliche Modifikation erfolgen, bevor die Verwertbarkeit des entstandenen Rechts eingreift. Das bedeutet, daß die Verwertbarkeit als inhaltliches Merkmal des Anspruchs zunächst beschränkt ist.[242])

Ist ein Recht nicht verwertbar, so kann auch eine Pfändung keine darüber hinausgehende Wirkung haben.[243]) Umfang und Art des Pfändungszugriffs hängen insoweit vom Inhalt des gepfändeten Rechts ab[244]), so wie sie bei bedingten Rechten i. S. v. § 158 BGB vom Be-

---

[241]) *Stein/Jonas/Münzberg* (20. Auflage), § 852 ZPO, Rz. 6 mit FN 15; *Staudinger/Ferid/Cieslar*, § 2317 BGB, Rz. 18: nicht der Anspruch, die Pfändung wäre bedingt; vgl. *Harder*, WuB VI E. § 852 ZPO 1.1994, 220 (221): leeres Spiel mit Worten und auf den Fall nicht übertragbar.

[242]) S.o. S. 48 ff.

[243]) *Kuchinke*, NJW 1994, 1769 (1770).

[244]) *Kuchinke*, NJW 1994, 1769 (1770).

stand abhängen. Letztere sind weder in vollem Umfang entstanden noch verwertbar, bei ersteren fehlt es lediglich an einer zwangsweisen Verwertbarkeit.[245])

Ein Schwebezustand der Pfändungswirkungen bei entstandenen, jedoch unverwertbaren Ansprüchen gründet danach in einer Eigenschaft des Anspruchs, die zu seinem Inhalt gerechnet werden muß.[246]) Dies entspricht den in der Schwebe bleibenden Wirkungen der Pfändung von bedingten Rechten. Bei beiden kann die Pfändung nur durch das beschränkte Recht beschränkte Wirkungen entfalten. Der Beschluß ist sofort im Zeitpunkt seines Erlasses wirksam. Strukturell besteht deshalb eine Ähnlichkeit zwischen der Pfändung bedingter Rechte und der von § 852 ZPO erfaßten Forderungen. Nicht die Pfändung ist bedingt, sondern diejenigen Pfändungsfolgen, die zur Verwertung entgegen dem Willen des Anspruchsberechtigten führen würden.

Veranschaulichen kann man die Situation der Pfändung eines später inhaltlich modifizierten und deshalb voll verwertbaren Anspruchs mit folgendem: Eine gesetzliche Wirksamkeitsvoraussetzung der Verfügung über Rechte ist die Veräußerlichkeit des Verfügungsgegenstandes. Kraft Vereinbarung unabtretbare Forderungen sind nach § 399 2. Alt BGB unveräußerlich. § 399 2. Alt. BGB ist keine das rechtliche Dürfen beschränkende Verbotsnorm, sondern nimmt der Forderung die Verkehrsfähigkeit.[247]) Die Unabtretbarkeit stellt deshalb eine Eigenschaft der Forderung dar. Ihre Vereinbarung ist eine Inhaltsänderung des Rechts.[248]) Die gegen einen vereinbarten Abtretungsausschluß verstoßende Abtretung ist aber in entsprechender Anwendung des § 185 BGB wirksam, wenn sie mit Zustimmung des Schuldners erfolgt.[249]) So wird das Erfordernis der Veräußerlichkeit für den Fall der Abtretung einer kraft Vereinbarung unabtretbaren Forderung in Analogie zu § 185 II BGB zutreffend als nachholbar angesehen.[250]) Die abgetretene Forderung wandelt sich dann von einer unveräußerlichen zu einer veräußerlichen. Da die Abtretbarkeit eine Eigenschaft der Forderung ist, ist auch in der Aufhebung der Unabtretbarkeit durch Partei-

---

[245]) Vgl. *Gerhard*, EWiR § 852 ZPO 1/1993, 1141 (1142): "argumentum a majore ad minus".

[246]) *Kuchinke*, NJW 1994, 1769 (1770).

[247]) *Palandt/Heinrichs*, § 399 BGB, Rz. 11 m.w.N.

[248]) *Egert*, Rechtsbedingung..., S. 78.

[249]) OLG Celle, NJW 1968, 652; *Egert*, Rechtsbedingung.., S. 78.

[250]) BGH NJW 1964, 243; *Huber* NJW 1968, 1905; *Egert*, Rechtsbedingung..., S. 78.

absprache eine Inhaltsänderung zu sehen. So wird die Zession nachträglich wirksam, wenn das Abtretungsverbot aufgehoben wird. Man kann also von einer in ihrer Abtretbarkeit (inhaltlich) aufschiebend bedingten Forderung sprechen, deren Abtretung mit Bedingungseintritt volle Wirkungen entfaltet, ohne daß die Abtretung vorher als eine bedingte anzusehen gewesen wäre.

Bedingung als Gattungsbegriff meint dabei nicht nur zukünftige ungewisse Ereignisse, von denen die Wirksamkeit eines Rechtsgeschäfts, sondern auch solche, von denen ein sonstiger Tatbestand abhängt.[251] Von der Bedingung abhängig gemachter Tatbestand ist im Fall der Pfändung der von § 852 ZPO erfaßten Forderungen die Verwertbarkeit des gepfändeten Anspruchs. Bedingung sind Rechtshängigkeit und Anerkenntnis durch den Vollstreckungsschuldner. Bei Rechtshängigkeit oder Anerkenntnis handelt es sich um gesetzlich gewählte, aber willkürlich eintretende Umstände, die zur inhaltlichen Wandlung des Anspruchs von einem unverwertbaren zu einem verwertbaren führen.

Nicht ganz korrekt ist jedoch die Formulierung des BGH, der Gläubiger könne auf den durch den Eintritt der Pfändbarkeitsvoraussetzungen bedingt durchsetzbaren Anspruch zugreifen und ihn in dieser Bedingtheit pfänden.[252] Von Seiten des Berechtigten ist der Anspruch nämlich kein bedingt durchsetzbarer, sondern vielmehr von Entstehung an durchsetzbar. Nur die Durchsetzbarkeit von dritter Seite ist an die Voraussetzungen des § 852 ZPO gebunden. Da die Forderung als unverwertbares Recht noch nicht gegen den Willen des Berechtigten durchgesetzt werden kann, werden diejenigen Wirkungen des Pfändungsbeschlusses suspendiert, die eine solche Durchsetzung herbeiführen würden.

b) Bedingtheit der im Beschluß getroffenen Anordnung in ihren Wirkungen

Nur in diesem Sinne kann der mißverständliche Satz des BGH, nicht die Pfändung, sondern allein die getroffene Anordnung sei bedingt[253]), verstanden werden. Es scheint zunächst undenkbar, daß einerseits der Staatsakt bedingungslos ergehen, andererseits die Anord-

---

[251]) Vgl. *Egert*, Rechtsbedingung..., S. 227.
[252]) BGHZ 123, 183 (185).
[253]) BGHZ 123, 183 (187).

nung, die er trifft, eine bedingte sein soll. Verständlich ist dies jedoch dann, wenn die beschränkten Wirkungen der Anordnung aus dem dargelegten beschränkten Anspruchsinhalt folgen, ohne daß der Staatsakt selbst bedingt ist.

Die vom BGH verwandte Formulierung stammt aus der die Pfändbarkeit zukünftiger Ansprüche begründenden Reichsgerichtsentscheidung, die der BGH auch zitiert.[254]) Dort heißt es: "Der Pfändungsbeschluß ergeht auch bei der Pfändung einer zukünftigen Forderung bedingungslos; bedingt ist nur sein Inhalt, die getroffene Anordnung."[255]) Der BGH ist hier insofern nicht ganz konsequent, als er einerseits eine Pfändung nach den Regeln bedingter Forderungen annimmt, jedoch andererseits mit der Formulierung der unbedingten Pfändung mit bedingter Anordnungswirkung argumentiert, wie sie bei zukünftigen Forderungen verwendet wird. Die von § 852 ZPO erfaßten Ansprüche sollen jedoch nicht wie künftige, sondern wie bedingte Forderungen gepfändet werden.[256]) Im Gegensatz zu künftigen Forderungen stellt sich die Problematik eines für Pfandrecht und Verstrickung tauglichen Gegenstandes nicht, da der in seiner Verwertbarkeit bedingte Anspruch bereits voll entstanden ist und lediglich eine inhaltliche Beschränkung aufweist.

aa) Pfändung zukünftiger Forderungen.

Inzwischen ist anerkannt, daß zukünftige Forderungen unter gewissen Voraussetzungen pfändbar sind.[257]) Gegen die Pfändbarkeit wurde unter anderem eingewandt, bei einer Pfändung von zukünftigen Forderungen handele es sich um eine bedingte Pfändung, da sie von dem zukünftigen ungewissen Ereignis der Rechtsentstehung abhänge.[258]) Daß solche Forderungen abgetreten werden könnten, beweise nicht, daß sie gepfändet werden könnten; wenn auch Parteien Rechtsge-

---

[254]) BGHZ 123, 183 (187); RGZ 135, 139 (141).

[255]) RGZ 135, 139 (141).

[256]) *Stöber*, ZAP 1993, 923 (924); *Stöber*, Forderungspfändung, Rz. 273 b mit FN 23.

[257]) RGZ 135, 139 ff.; BGHZ 52, 29 (32); *Stein/Jonas/Brehm*, § 829 ZPO, Rz. 4; *Rosenberg/Gaul/Schilken*, ZwangsvollstrR, § 54 I 1 a; A. *Blomeyer*, ZwangsvollstrR, § 54 II 2.

[258]) Vgl. RGZ 135, 139 (141); *Stein/Jonas* (14. Auflage), § 829 ZPO, Anm. 1 a; *Bergk*, Übertragung und Pfändung..., S. 17.

schäfte als bedingte abschließen könnten, so seien doch dem Gericht bedingte Staatsakte verboten.[259])

Nunmehr ist allgemeine Ansicht, daß bei zukünftigen Forderungen der Pfändungsbeschluß unbedingt ergeht und schon im Zeitpunkt des Erlasses gültig ist, also keine bedingte Pfändung darstellt, da nicht die Pfändung, sondern allein die Wirkungen der in ihr getroffenen Anordnungen vom zukünftigen ungewissen Ereignis der Rechtsentstehung abhängen.[260])

Tatsächlich hängt die Entstehung der Forderung ebenso wie die Höhe, in der sie entsteht, bei einer zukünftigen Forderung von verschiedenen Voraussetzungen ab, wie vereinbarter Betrag, Parteiverfügungen usw. Von dem Eintritt dieser Bedingungen ist die davon abhängig gemachte Wirkung, die Entstehung der Verbindlichkeit, abhängig.[261]) Wird eine solche Forderung gepfändet, so genügt eine hinreichende Bestimmbarkeit der Forderung zur Vornahme der Pfändung.[262])

Mangels eines Pfandobjektes im Zeitpunkt der Pfändung muß die Entstehung eines Pfändungspfandrechts jedoch von der Entstehung des gepfändeten Rechts abhängen. Dabei ist das Pfandrecht auch dann im Sinne des § 804 III ZPO durch die Pfändung begründet, wenn es nach ihr entsteht.[263]) Auch die Verstrickung setzt ein vorhandenes Objekt voraus und greift deshalb erst mit Entstehen der Forderung ein.[264]) Zudem muß bei zukünftigen Forderungen der Pfändungsbeschluß ausdrücklich ausweisen, daß die Forderung als künftig entstehende gepfändet wird, um klarzustellen, daß Arrestatorium und Inhibitorium erst dann wirksam werden sollen, wenn der Schuldner die gepfändete Forderung in der Zukunft erwirbt.[265]) Dennoch haben die Pfandrechte bei mehrfacher Pfändung unterschiedlichen Rang nach der Reihenfolge der Pfändung, § 804 III ZPO. Das Pfändungspfandrecht an der zukünftigen Forderung kann also nicht mehr durch zwischenzeitliche "Verfügungen im Wege der Zwangsvollstreckung" beeinträchtigt

---

[259]) *Stein/Jonas* (14. Auflage), § 829 ZPO, Anm. I 1 a.
[260]) RGZ 135, 139 (141); *Stein/Jonas/Brehm*, § 829 ZPO, Rz. 4.
[261]) RGZ 135, 139 (140).
[262]) RGZ 135, 139 (140); BGHZ 80, 172 (181).
[263]) *Stein/Jonas/Brehm*, § 829 ZPO, Rz. 4, 5, 70.
[264]) *Stein/Jonas/Brehm*, § 829 ZPO, Rz. 5.
[265]) Vgl. *Stöber*, Forderungspfändung, Rz. 30, 500.

werden.[266]) Deshalb sind Verfügungen des Schuldners über das künftige Recht dem Gläubiger gegenüber unwirksam.[267])

Die Pfändungswirkungen bei der Pfändung zukünftiger Forderungen hängen also vom Entstehen des künftigen Rechts ab. Das bedeutet, die im Pfändungsbeschluß getroffene Anordnung äußert erst und nur dann Wirkungen, wenn das Pfandobjekt entstanden ist. So kann einerseits die Pfändung unbedingt, die Wirkung der in ihr getroffenen Anordnungen durch den Nichtbestand des gepfändeten Rechts jedoch bedingt sein, ohne daß dies unverständlich wäre.

An Stelle der Formulierung des BGH sollte insoweit klarer von unbedingter Pfändung mit darin enthaltener bedingter Anordnungswirkung als von bedingter Anordnung gesprochen werden. Dies zeigt, daß die Pfändung selbst gerade nicht bedingt ist, obwohl sie in ihren Wirkungen durch den Nichtbestand des künftigen Rechts beschränkt ist.

bb) Bedingte Anordnungswirkung bei Pfändung von in der Verwertbarkeit bedingten Ansprüchen

Es zeigt sich aber, daß die vom BGH gewählte Formulierung von unbedingter Pfändung mit bedingter Anordnungswirkung auch bei der Pfändung von bedingten, bzw. in ihrer Verwertbarkeit bedingten Rechten der Klarstellung dient.

Sowohl bei zukünftigen als auch bei bedingten Forderungen sind die Wirkungen des Pfändungszugriffs abhängig vom Bestand des Rechts, ohne daß der Zugriff selbst bedingt ist. Die Pfändung wird bei künftigen wie bei bedingten Ansprüchen erst realisiert, wenn die ergriffene Forderung auch der Höhe nach entsteht.[268])

Die Pfändung selbst kann bei zukünftigen und auch bei bedingten Rechten erfolgen, soweit ihr vollstreckungsrechtlicher Tatbestand bereits vor der Entstehung des Rechts vollzogen werden kann. Ebenso kann die Pfändung von in der Verwertbarkeit bedingten Rechten erfolgen, soweit ihr vollstreckungsrechtlicher Tatbestand bereits vor Eintritt der Verwertbarkeit des Rechts vollzogen werden kann. Die Bedingtheit der Anordnungswirkung bezieht sich hier nicht - wie bei künftigen oder bedingten Forderungen - auf den Bestand der Forderung, sondern

---

[266]) *Stöber*, Forderungspfändung, Rz. 30, 500.
[267]) *Stein/Jonas/Brehm*, § 829 ZPO, Rz. 3, 5.
[268]) *Wieczorek*, § 829 ZPO, Rz. B II d.

auf ihren Inhalt. Trotz der mißverständlichen Formulierung ist deshalb eine unbedingte Pfändung mit bedingter Anordnungswirkung auch bei der Pfändung eines in seiner Verwertbarkeit bedingten Anspruchs anzunehmen.

Insgesamt bedeutet dies, daß bei Pfändung von in der Verwertbarkeit bedingten Ansprüchen nicht eine bei der Pfändung unzulässige Bedingung an den Anspruch geknüpft wird, sondern der Anspruch selbst es ist, der mit dieser Bedingtheit besteht und deshalb auch nur in dieser Form gepfändet werden kann. Ein Verstoß gegen die Unzulässigkeit bedingter Pfändungen besteht nicht.

III. Zulässigkeit der Konstruktion eines in seiner Verwertbarkeit bedingten Anspruchs

Insgesamt bestehen gegen die Idee des in seiner Verwertbarkeit aufschiebend bedingten Anspruchs weder von der Konstruktion noch unter dem Gesichtspunkt der Unzulässigkeit bedingter Pfändungen Bedenken. Ein solcher Anspruch ist strukturell einer in ihrer Entstehung bedingten Forderung ähnlich. Zu untersuchen bleibt, wie der genaue Ablauf von Pfändung und Verwertung des in seiner Verwertbarkeit aufschiebend bedingten Anspruchs in die Systematik der ZPO einzuordnen ist.

Abschnitt B. Ablauf von Pfändung und Verwertung des Pflichtteils-, Zugewinnausgleichs- und Rückforderungsanspruchs als in der Verwertbarkeit aufschiebend bedingte Ansprüche

Die im Gesetz vorgesehenen Vollstreckungsarten sind als in sich abgeschlossene Regelungen in dem Sinne zu verstehen, daß die gesetzlich vorgezeichneten Wege nicht überschritten werden dürfen. Es gibt also einen *numerus clausus* der Vollstreckungsarten im Sinne abschließend gesetzlich fixierter Typen.[269] Das bedeutet, die Pfändung eines in seiner Verwertbarkeit aufschiebend bedingten Anspruchs muß in die nach der ZPO vorgesehenen Vollstreckungsmöglichkeiten eingeordnet werden können. Zu untersuchen ist dabei, wie das Verfahren von Pfändung und Verwertung hier abzulaufen hätte und inwieweit ein solcher Ablauf mit den Vorgaben des Gesetzes vereinbar ist. In diesem Rahmen ist auch zu prüfen, welche Pfändungsfolgen aufgrund des durch den Schutzzweck des § 852 ZPO begrenzten Inhalts des Pfändungsobjekts bis zum Eintritt der Verwertbarkeit modifiziert oder suspendiert sind.

Eintritt der Verwertbarkeit und Ausschluß der Auswirkungen des persönlichkeitsrechtlichen Gehalts der Forderungen fallen zusammen im Zeitpunkt von Rechtshängigkeit oder Anerkenntnis. Die Einschränkungen der im Pfändungsbeschluß vor Eintritt von Rechtshängigkeit oder Anerkenntnis getroffenen Anordnungen orientieren sich deshalb am Interesse der Entscheidungsfreiheit des Berechtigten.

---

[269]) *Rosenberg/Gaul/Schilken*, ZwangsvollstrR, § 31 I 1; *Gaul*, Rpfleger 1971, 1 (9f.).

I. Pfändungsantrag

Zwangsvollstreckung erfolgt nur auf Antrag des Vollstreckungsgläubigers.[270]) Wer seinen titulierten Anspruch durch Zugriff auf Pflichtteilsanspruch, Zugewinnausgleichsanspruch oder Rückforderungsanspruch des verarmten Schenkers befriedigen will, muß also einen Antrag beim Vollstreckungsgericht stellen.

1. Gesetzliche Vorgaben

Der Antrag wird an das nach § 828 ZPO zuständige Vollstreckungsgericht gestellt. Dabei ist das Vorliegen der allgemeinen Vollstreckungsvoraussetzungen nachzuweisen, indem gemäß § 750 I ZPO eine vollstreckbare Ausfertigung des Titels vorgelegt und die Zustellung nachgewiesen wird. Im Gegensatz zur Fahrnisvollstreckung, bei der dem Gerichtsvollzieher die Auswahl der Pfandobjekte überantwortet ist, obliegt es bei der Forderungspfändung dem Gläubiger, in seinem Gesuch das Recht nach Entstehungsgrund und beteiligten Rechtssubjekten zu individualisieren.[271]) Der Vollstreckungsantrag muß deshalb den Vollstreckungsschuldner, den Drittschuldner und die Forderung, in die vollstreckt werden soll, bezeichnen.[272]) Das bedeutet für den Pflichtteilsanspruch die Angabe des Erben oder der Miterbengemeinschaft als Drittschuldner - dies auch dann, wenn ein Testamentsvollstrecker bestellt ist.[273]) Entsprechendes gilt jeweils für den Anspruchs auf Ausgleich des Zugewinns und auf Rückforderung des Geschenks. Eine unbestimmte oder widersprüchliche Bezeichnung der Forderung führt zur Unwirksamkeit der Pfändung.[274]) Die Existenz der Forderung wird lediglich behauptet, da das Vollstreckungsgericht die angebliche Forderung des Vollstreckungsschuldners pfändet, ohne ihr materiellrechtliches Bestehen zu überprüfen.[275])

Nicht beweisen oder glaubhaftmachen, allerdings durch schlüssigen Tatsachenvortrag dartun, muß der Vollstreckungsgläubiger die Pfänd-

---

[270]) *Stöber*, Forderungspfändung, Rz. 459; *Gaul*, Rpfleger 1971, 1 (88).
[271]) *Gerhardt*, VollstrR, § 9 I; *Geißler*, JuS 1986, 614 (615).
[272]) *Stöber*, Forderungspfändung, Rz. 461.
[273]) *Stöber*, Forderungspfändung, Rz. 273 m.w.N.; *Behr*, JurBüro 1996, 65.
[274]) OLG Frankfurt, MDR 77, 676.
[275]) *MünchKomm/Smid*, § 829 ZPO, Rz. 18; *Stöber*, Forderungspfändung, Rz. 485 a.

barkeit der zu pfändenden Forderung.[276]) So ist ein Sachvortrag unvollständig, wenn der Gläubiger die volle Pfändung einer Vergütung
für Dienstleistung verlangt, ohne darzustellen, welche Tatsachen ergeben, daß sie nicht dem Pfändungsschutz für Arbeitseinkommen unterliegen kann.[277]) Gleiches gilt grundsätzlich, wenn die Pfändung eines
Pflichtteilsanspruchs beantragt wird, aber weder Anerkenntnis noch
Rechtshängigkeit durch Sachvortrag behauptet sind.[278]) Entsprechend
war es auch richtig, den Erlaß eines Pfändungsbeschlusses bei Pfändung eines Schmerzensgeldanspruchs abzulehnen, falls dessen Pfändung nur insoweit beantragt wird als dieser rechtshängig ist.[279]) Denn
die Ablehnung eines Pfändungsgesuchs ist grundsätzlich gerechtfertigt,
wenn die vom Gläubiger behauptete Forderung unpfändbar ist.[280]) Ist
die Schlüssigkeit bezüglich der Pfändbarkeit nicht dargetan, so muß
das Gesuch zurückgewiesen werden.[281])

Ein Antrag auf Pfändung der nach § 852 ZPO nur eingeschränkt
pfändbaren Forderungen mußte deshalb bislang Anerkenntnis bzw.
Rechtshängigkeit durch Tatsachen vortragen, insbesondere das Datum
eines eventuell geschlossenen Anerkenntnisvertrags oder einer eingereichten Klage enthalten.[282])

Für die Fassung des Antrags im Falle der Pfändung des Pflichtteilsanspruchs - entsprechend für Zugewinnausgleichs- und Rückforderungsanspruch - galt insofern bislang:

"...die Pfändung des durch Vertrag vom... anerkannten (oder: seit...
rechtshängigen)

angeblichen Anspruchs des Schuldners an den (die) Erben... - Drittschuldner -

auf Zahlung des Pflichtteils nach dem am... in... verstorbenen Erblasser..."[283])

zu beantragen.

---

[276]) *Stöber*, Forderungspfändung, Rz. 461, 485 a m.w.N.; *Behr*, JurBüro 1996, 65.
[277]) *Stöber*, Forderungspfändung, Rz. 485 c.
[278]) *Stöber*, Forderungspfändung (10. Auflage), Rz. 485 c.
[279]) Anders jedoch LG Kassel, Rpfleger 1990, 83: die Schlüssigkeit hinsichtlich der
      Rechtshängigkeit war nicht vorgetragen und der Beschluß wurde dennoch erlassen
      mit Verweis darauf, daß das angebliche Bestehen der Forderung begründet wurde.
[280]) *MünchKomm/Smid*, § 829 ZPO, Rz. 19 m.w.N.
[281]) *Stöber*, Forderungspfändung, Rz. 485 a.
[282]) *Stöber*, Forderungspfändung (10. Auflage), Rz. 268; *Behr*, JurBüro 1996, 65.
[283]) *Stöber*, Forderungspfändung (10. Auflage), Rz. 268.

2. Pfändungsantrag bei der Pfändung eines in seiner Verwertbarkeit bedingten Anspruchs

Bei der Pfändung eines in seiner Verwertbarkeit aufschiebend bedingten Anspruchs ergeben sich schon bei den Anforderungen an den Pfändungsantrag Modifikationen, die im folgenden dargestellt und auf ihre Vereinbarkeit mit den beschriebenen Antragserfordernissen überprüft werden.

Der Anspruch wird nun als ein in seiner Verwertbarkeit aufschiebend bedingter gepfändet. Der Eintritt der Verwertbarkeit hängt vom Eintritt der Rechtshängigkeit oder des Anerkenntnisses ab. Es ist insofern nicht länger die Pfändbarkeit des Anspruchs, die an diese Voraussetzungen gekoppelt ist, sondern seine Verwertbarkeit. Also gehört das Vorliegen von Anerkenntnis oder Rechtshängigkeit nicht zu den Tatsachen, die die Pfändbarkeit der von § 852 ZPO erfaßten Forderungen begründen. Dann braucht der antragstellende Vollstreckungsgläubiger - will er dem Erfordernis der Schlüssigkeit bezüglich der Pfändbarkeit genügen - Anerkenntnis und Rechtshängigkeit nicht mehr vorzutragen.[284]) Das bedeutet nicht, daß der Grundsatz, der Antrag müsse die Pfändbarkeit der Forderung schlüssig dartun, umgangen wird. Vielmehr verlangt die Pfändbarkeit das Vorliegen der Voraussetzungen des § 852 ZPO nicht mehr; diese müssen also auch nicht vorgetragen werden. Die Pfändung erfolgt unabhängig davon, da die Ansprüche vom Entstehungszeitpunkt an pfändbar sind.[285])

Die Pfändung soll nach dem Antrag des Gläubigers den Anspruch mit dem Inhalt erfassen, den er im Zeitpunkt des Gesuchs bzw. zugestellten Beschlusses hat. Ist er dann bereits rechtshängig oder anerkannt, also verwertbar, wird Pfändung des voll pfänd- und verwertbaren Anspruchs verlangt. Ist er es (noch) nicht, bezieht sich der Pfändungsantrag lediglich auf die Pfändung des in seiner Verwertbarkeit aufschiebend bedingten Anspruchs. Diese Unterteilung für den zukünftigen und für den bereits eingetretenen Fall der Rechtshängigkeit oder des Anerkenntnisses nahm auch das Kammergericht vor[286]), hielt dies jedoch für eine bedingte Pfändung.

---

[284]) *Stöber*, ZAP 1993, 923 (924); *Zöller/Stöber*, § 852 ZPO, Rz. 4.
[285]) *Stöber*, Forderungspfändung, Rz. 274.
[286]) KG JW 1935, 3486 (3487).

Das jeweils vom derzeitigen Inhalt des Anspruchs abhängige Verlangen darf sich jedoch nicht im Antrag auf Vornahme einer bedingten Pfändung oder einer Pfändung "für den Fall der Rechtshängigkeit oder des Anerkenntnisses"[287]) ausdrücken. Sonst würde der Eindruck einer bedingten Pfändung entstehen oder zumindest Anlaß für Mißverständnisse gegeben sein.[288]) So kann die staatliche Beschlagnahme mit ihren weitreichenden Folgen nur von den gesetzlich vorgeschriebenen Voraussetzungen und nicht von ungewissen, in der Zukunft liegenden Ereignissen abhängen.[289]) Eine bedingte Pfändung ist unzulässig und folgt auch nicht aus der Annahme des in seiner Verwertbarkeit bedingten Anspruchs.[290])

Andererseits muß die Abhängigkeit des Eintritts der Verwertbarkeit vom Vorliegen des Anerkenntnisses oder der Rechtshängigkeit im Pfändungsantrag deutlich zum Ausdruck kommen, damit dem genannten Erfordernis der Bestimmtheit der zu pfändenden Forderung genüge getan wird. Es wird zwar vertreten, ein Bezug auf die Voraussetzungen des § 852 ZPO sei nicht notwendig.[291]) Die Forderung werde ja nicht als künftige gepfändet - wobei der Pfändungsbeschluß ausweisen muß, daß eine künftige Forderung gepfändet wird[292]) - sondern als bedingte, die Pfändung folge insofern den Regeln des Zugriffs auf bedingte Ansprüche.[293]) Der dem Antrag folgende Pfändungsbeschluß muß jedoch als Staatsakt die nötige Klarheit und Bestimmtheit bezüglich des Inhalts der zu pfändenden Forderung so in sich tragen, daß Anordnung und Umfang der Pfändung mit Sicherheit zu ersehen und zu erkennen sind und die Forderung einwandfrei festzustellen ist.[294]) Da die Verwertbarkeit als Teil des Inhalts der Forderung anzusehen ist, gehört sie auch zu den Erfordernissen, die ihre Bestimmtheit begründen. Zur hinreichend bestimmten Bezeichnung des Anspruchs gehören deshalb

---

[287]) Derart der Beschluß des OLG Naumburg, OLGE 40, 154 (155).

[288]) *Kuchinke*, NJW 1994, 1769 (1770).

[289]) *Kuchinke*, NJW 1994, 1769 (1770); vgl. u. S. 75 f.

[290]) S.o. S. 52 ff.

[291]) *Zöller/Stöber*, § 852 ZPO, Rz. 4; *Stöber*, ZAP 1993, 923 (924); *Greve*, ZIP 1996, 699 (700/701); a.A. *Kuchinke*, NJW 1994, 1769 (1770).

[292]) *Stöber*, Forderungspfändung, Rz. 30, 500.

[293]) *Stöber*, Forderungspfändung, Rz. 273 a; *Stöber*, ZAP 1993, 923 (924); für die Fassung des Antrags nach dieser Ansicht: *Stöber*, Forderungspfändung, Rz. 268.

[294]) *MünchKomm/Smid*, § 829 ZPO, Rz. 21; *Stöber*, Forderungspfändung, Rz. 461, 489; vgl. auch OLG Naumburg, OLGE 40, 154, wo der zunächst beantragte Beschluß ohne den Zusatz der Bedingtheit der Forderung nicht zugelassen wurde; s.o. S. 5 f.

auch Angaben über die Tatsache, daß die Verwertbarkeit in der Schwebe bleibt, solange die Voraussetzungen des § 852 ZPO nicht erfüllt sind. Damit wird auf die Beschränkung der Verwertbarkeit durch den Eintritt der Voraussetzungen des § 852 ZPO hingewiesen.[295])

Vorgeschlagen wird insofern nunmehr für den Pflichtteil:

"die Pfändung des angeblichen Anspruchs des Schuldners an den/die Erben... - Drittschuldner - auf Zahlung des Pflichtteils nach dem am ... in...verstorbenen Erblasser...,

der in seiner Verwertbarkeit dadurch aufschiebend bedingt ist,

daß der Schuldner seinen Anspruch rechtshängig macht oder der Anspruch durch Vertrag zwischen Schuldner und Drittschuldner anerkannt wird[296])"

zu beantragen.

Umfassender und vorzuziehen, da der Begriff "mit der Maßgabe" einen Bezug auf die Auswirkungen hinsichtlich der Pfändungswirkungen deutlicher ergibt, ist die folgende Formulierung:

"die Pfändung des angeblichen Anspruchs des Schuldners an den/die Erben... - Drittschuldner - auf Zahlung des Pflichtteils nach dem am... in... verstorbenen Erblasser... mit der Maßgabe, daß der Pflichtteilsanspruch rechtshängig ist oder rechtshängig werden wird oder daß er durch Vertrag zwischen Schuldner und Drittschuldner anerkannt ist oder anerkannt werden wird,"[297])

zu beantragen.

Dadurch wird deutlich, daß Pfändung des voll verwertbaren Anspruchs verlangt wird, soweit die Voraussetzungen des § 852 ZPO bereits vorliegen, und Pfändung des bedingt verwertbaren Anspruchs, wenn Rechtshängigkeit oder Anerkenntnis nicht gegeben sind. Dies ist zweckmäßiger, da dem Pfändungsgläubiger das Bedingungsereignis meist unbekannt ist. Entsprechendes gilt jeweils für den Anspruch auf Ausgleich des Zugewinns und den Rückforderungsanspruch des verarmten Schenkers nach § 528 BGB.

Ein solcher Antrag wird dem Pfändungsverlangen auf einen in seiner Verwertbarkeit aufschiebend bedingten Anspruch gerecht. Außerdem

---

[295]) Vgl. *Behr*, JurBüro 1996, 65; a.A. *Stöber*, Forderungspfändung, Rz. 273 a.

[296]) Vgl. *Schrader/Steinert*, Rz. 911.

[297]) Vgl. *Kuchinke*, NJW 1994, 1769 (1770); so jetzt auch *Behr*, JurBüro 1996, 65 mit Musterformular.

ist er unproblematisch in die anerkannten Voraussetzungen eines Pfändungsgesuchs nach der ZPO einzuordnen, da sowohl hinsichtlich des schlüssigen Tatsachenvortrags zur Pfändbarkeit des Anspruchs als auch hinsichtlich der Bestimmtheit der zu pfändenden Forderung den Anforderungen genügt ist.

II. Pfändungsbeschluß, § 829 ZPO

An den Inhalt des Pfändungsantrags waren die gleichen Anforderungen zu stellen wie an den Inhalt des gerichtlichen Pfändungsbeschlusses.[298] Das Vollstreckungsgericht darf einem Pfändungsgesuch also nur entsprechen, wenn es alle für den Inhalt des Beschlusses notwendigen Angaben enthält.[299]

1. Gesetzliche Vorgaben

Das Vollstreckungsgericht nimmt deshalb von Amts wegen die Prüfung vor, ob die Pfändungsvoraussetzungen vorliegen. Dazu gehören der Antrag, die eigene Zuständigkeit, ein Rechtsschutzbedürfnis des Antragstellers und die Angabe des Pfändungsgegenstandes und seiner Pfändbarkeit.[300] Es findet keine eingehende Prüfung hinsichtlich der zu pfändenden Forderung statt, da nur die angebliche Forderung gepfändet wird. Das Gericht prüft allein rechtlich, ob sich aus dem Tatsachenvortrag schlüssig eine Pfändbarkeit der Forderung ergibt. Wurde mit einem unzulänglichen Sachvortrag diese Schlüssigkeit nicht dargetan, ist die Ablehnung des Gesuchs gerechtfertigt. Das Gericht mußte also bisher im Falle der Pfändung eines Pflichtteils-, Zugewinnausgleichs- oder Rückforderungsanspruchs die Schlüssigkeit des Vortrags hinsichtlich des Vorliegens von Rechtshängigkeit oder Anerkenntnis prüfen.[301] Lagen die Voraussetzungen (noch) nicht vor, so war die unzulässige Pfändung - und zwar auch die ausdrücklich für den Fall des Eintritts der Voraussetzungen bedingte - auf Einwand des Schuldners oder Drittschuldners aufzuheben, selbst wenn die Pfändbarkeit dem-

---

[298] *Stöber*, Forderungspfändung, Rz. 461.
[299] *Stöber*, Forderungspfändung, Rz. 484.
[300] *Stöber*, Forderungspfändung, Rz. 484, 485.
[301] Vgl. Stein/Jonas-Brehm, § 852 ZPO, Rz. 6, s. allerdings Rz. 6 a.E.; *Stöber*, Forderungspfändung (10. Auflage), Rz. 485 c, 271 mit FN 12.

nächst zu erwarten war.[302]) Die Pfändung konnte jedoch bis zur Aufhebung durch Nachholung der Voraussetzungen des § 852 ZPO geheilt werden.

2. Beschluß bei Pfändung eines in seiner Verwertbarkeit bedingten Anspruchs

Entsprechend den Ausführungen zum Pfändungsantrag sind auch beim Pfändungsbeschluß Einschränkungen zu machen. Die Pfändung und damit auch der Erlaß des Pfändungsbeschlusses erfolgen beim in seiner Verwertbarkeit aufschiebend bedingten Anspruch unabhängig vom Vorliegen der Voraussetzungen des § 852 ZPO. Da im Antrag ein schlüssiger Tatsachenvortrag zur Pfändbarkeit auch dann vorliegt, wenn Rechtshängigkeit und Anerkenntnis nicht gegeben sind, muß auch der Pfändungsbeschluß Rechtshängigkeit oder Anerkenntnis nicht erfassen[303]) und ergeht dennoch auf den schlüssigen Vortrag des Vollstreckungsgläubigers zur Pfändbarkeit hin.

Eingewandt wird allerdings, ob Rechtshängigkeit und Anerkenntnis vorlägen, solle gerade durch das Gericht bzw. im Erinnerungsverfahren geprüft werden, und je nach dem Ergebnis der Prüfung solle die Pfändung ausgesprochen oder abgelehnt bzw. aufrechterhalten oder aufgehoben werden; bei einem vorzeitigen Pfändungszugriff würde diese Prüfung auf den Drittschuldner abgewälzt.[304]) Für diese Ansicht kann angeführt werden, daß es in der Tat nicht dem Drittschuldner obliegen darf, sich gegen die Pfändung zu verteidigen, indem er die Voraussetzungen des § 852 ZPO bestreitet. Nicht der Drittschuldner soll die Beweislast für die Unpfändbarkeit tragen, sondern der Vollstreckungsgläubiger muß die Pfändbarkeit dartun.[305])

Diese Argumentation berücksichtigt jedoch nicht die grundlegend andere Betrachtungsweise, die einer Pfändung wie der hier erläuterten zu Grunde liegt. Die Wirkungen der im Pfändungsbeschluß getroffenen Anordnung sind wegen des in der Schwebe befindlichen Pfän-

---

302) *Stein/Jonas/Münzberg* (20. Auflage), § 852 ZPO, Rz. 6; *Behr*, JurBüro 1996, 65.
303) *Zöller/Stöber*, § 852 ZPO, Rz. 3.
304) KG JW 1935, 3486 (3487); vgl. auch *Harder*, WuB VI E. § 852 ZPO 1.1994, 220 (222); zur Beweislast im Fall des OLG Naumburg s.o. S. 5 f.: in der beschränkten Form scheitert der Pfändungsbeschluß nicht daran, daß die Pfändbarkeit nicht nachgewiesen werden konnte.
305) *Stein/Jonas/Brehm*, § 852 ZPO, Rz. 5.

dungsobjektes bedingt, denn der unbedingte Pfändungsbeschluß erfaßt ein durch Rechtshängigkeit und Anerkenntnis in seiner Verwertbarkeit bedingtes Recht. Deshalb geht es nicht mehr darum, vor der Pfändung die Voraussetzungen des § 852 ZPO durch das Vollstreckungsgericht zu überprüfen. Sie sind keine Pfändungsvoraussetzungen. Es ist die Verwertbarkeit der Forderung, die von diesen Voraussetzungen abhängt. Die Pfändung selbst erfaßt den Anspruch je nach seinem Inhalt. Ist er rechtshängig oder anerkannt, greifen die vollen Pfändungswirkungen einschließlich der Verwertungsmöglichkeit. Ist er es nicht, werden die Pfändungswirkungen durch den begrenzten Anspruchsinhalt ihrerseits begrenzt. Der Pfändungsbeschluß ergeht unabhängig vom Vorliegen der Voraussetzungen des § 852 ZPO. Dies geschieht nicht irrtümlich, sondern bewußt. Das drückt sich auch in der obigen Formulierung aus, der Anspruch solle gepfändet werden "mit der Maßgabe des Anerkenntnisses der Rechtshängigkeit", die entsprechend für den Pfändungsbeschluß gilt.

Die ansonsten richtige Verteilung von Darlegungs- und Beweislast ist also hier kein Argument dafür, daß das Gericht unrichtigerweise eine Schlüssigkeitsprüfung bezüglich des Vorliegens von Rechtshängigkeit und Anerkenntnis nicht vornimmt bzw. diese Prüfung dem Drittschuldner auferlegt. Die Verwertbarkeit des Anspruchs muß selbstverständlich vom Gläubiger nachgewiesen werden. Dies ist der Punkt, an dem die gerichtliche Prüfung und die Einwendungen des Drittschuldners gegebenenfalls einsetzen.

Auch beim Pfändungsbeschluß ist jedoch der Verweis auf die Verwertungsvoraussetzungen notwendig. Es wird zwar vertreten, aus dem Pfändungsbeschluß müsse sich nicht ergeben, daß der Anspruch durch die Erfüllung der Voraussetzungen des § 852 ZPO in seiner Verwertbarkeit bedingt ist.[306] Dies ist insofern richtig, als - wie beim Antrag - nicht der Anschein einer bedingten Pfändung erweckt werden darf und nicht auf das Vorliegen von Rechtshängigkeit und Anerkenntnis hin gepfändet wird. Auch beim Beschluß ist aber notwendig, die Forderung ausreichend zu bestimmen.[307] Die Voraussetzungen des § 852 ZPO müssen deshalb, wie vom Gläubiger im Antrag vorgetragen, im Pfändungsbeschluß angegeben werden. Der Umfang der Pfändung richtet sich nach der Pfändungsanordnung.[308]

---

[306] *Stöber*, ZAP 1993, 923 (924).
[307] Vgl. o. S. 69 ff.
[308] *Rosenberg/Gaul/Schilken*, ZwangsvollstrR, § 55 I 4.

Entsprechend ist dann zu beschließen, "den Anspruch mit der Maßgabe zu pfänden, daß er durch Vertrag zwischen Schuldner und Drittschuldner anerkannt ist oder anerkannt werden wird oder daß der An-
spruch rechtshängig ist oder rechtshängig werden wird." Dies entspricht den oben genannten systematischen Vorgaben
der ZPO an den Pfändungsbeschluß und berücksichtigt, daß ein in sei-
ner Verwertbarkeit aufschiebend bedingter Anspruch gepfändet wird.

III. Zustellung

Mit der Zustellung des Pfändungsbeschlusses an den Drittschuldner
ist die Pfändung vollzogen, § 829 II S. 1, III ZPO. Anschließend wird
der Beschluß dem Vollstreckungsschuldner zugestellt, § 829 II
S. 2 ZPO, der dadurch zum ersten Mal von der Pfändung erfährt.

IV. Verstrickung

Infolge der Zustellung ist der Vollstreckungsgegenstand staatlich beschlagnahmt. Die Beschlagnahme begründet die Verstrickung, also die
staatliche Sicherstellung der gepfändeten Forderung.[309] Durch die
Verstrickung tritt ein Verfügungsverbot zu Lasten des Vollstreckungsschuldners ein. Regelmäßig erwirbt der Gläubiger mit der Verstrickung
ein Pfändungspfandrecht. Nicht bestehende, damit auch künftige Forderungen, können mangels Zugriffsobjekts nicht verstrickt werden. Ein
in der Verwertbarkeit bedingter Anspruch ist jedoch ein gegenwärtig
für die Verstrickung tauglicher Gegenstand. Die Beschlagnahme erfolgt
also unbedingt und hängt nicht vom Eintritt der Voraussetzungen des
§ 852 ZPO ab.[310] Die von § 852 ZPO erfaßten Forderungen sind deshalb mit Zustellung des Pfändungsbeschlusses an den Drittschuldner
verstrickt.

Jede wirksame, wenn auch fehlerhafte Pfändung bewirkt eine Verstrickung. Die Verstrickung entsteht also nicht, wenn die Pfändung
nichtig ist, wohl aber bei bloßer Anfechtbarkeit.[311] Ein Pfändungsbeschluß, der im Fall des § 852 ZPO auf die durch Rechtshängigkeit oder
Anerkenntnis beschränkte Verwertbarkeit keinen Bezug nimmt, ist

---

[309] *Rosenberg/Gaul/Schilken*, ZwangsvollstrR, § 50 III 1 a.
[310] *Lange/Kuchinke*, ErbR, § 37 VII 2 b.
[311] *Rosenberg/Gaul/Schilken*, ZwangsvollstrR, § 50 II 1 c.

zwar fehlerhaft und deshalb anfechtbar, denn er verstößt gegen das in § 852 ZPO ausgesprochene Verbot, nicht jedoch unwirksam. Verstrickung tritt deshalb ein.[312]) Eine bedingte Pfändung hingegen wäre nichtig, eine Beschlagnahme und damit Verstrickung würde nicht erfolgen.[313]) Bei Nichtigkeit schon der Pfändung und damit Fehlen der Verstrickung werden weder ein Verfügungsverbot noch ein Pfandrecht begründet. Der Drittschuldner kann dies auch im Einziehungserkenntnisverfahren als materiellen Einwand gegen die Kompetenz des Gläubigers anführen.[314])

V. Verfügungsverbot an den Vollstreckungsschuldner, § 829 I S. 2 ZPO

Die Zuordnung der Forderung zum Vermögen des Schuldners bleibt durch die Pfändung zunächst unberührt. Seine Rechtsstellung wird jedoch durch das Verfügungsverbot nach § 829 I S. 2 ZPO - Inhibitorium - bestimmt.[315])

1. Gesetzliche Vorgaben

Das Verfügungsverbot ist bei der Forderungspfändung Folge wirksamer Verstrickung. Es setzt die Zustellung an den Schuldner voraus, tritt allerdings nur bei Zustellung des Arrestatoriums an den Drittschuldner (§ 829 III ZPO) ein.[316]) Wird das Inhibitorium nicht verhängt, macht dies die Pfändung jedoch nicht unwirksam.[317])

Gegen den Schuldner wird das Verbot ausgesprochen, sich jeder Verfügung über die Forderung zu enthalten. Verstößt er gegen dieses Verbot, treten die Wirkungen der §§ 135, 136 BGB ein.[318]) Die Einziehung, aber auch eine Abtretung, Stundung, nachteilige Änderung der ge-

---

[312]) *Kuchinke*, NJW 1994, 1769 (1770).
[313]) *MünchKomm/Smid*, § 852 ZPO, Rz. 6.
[314]) *MünchKomm/Smid*, § 852 ZPO, Rz. 6.
[315]) *MünchKomm/Smid*, § 829 ZPO, Rz. 40.
[316]) *Rosenberg/Gaul/Schilken*, ZwangsvollstrR, § 50 III 1 a aa, § 55 I 3 a bb; dazu ausführlich *Fahland*, Das Verfügungsverbot..., S. 33 ff., 88, teils a.A..
[317]) *Stein/Jonas/Brehm*, § 829 ZPO, Rz. 52.
[318]) BGHZ 58, 25; *Stein/Jonas/Brehm*, § 829 ZPO, Rz. 93; *MünchKomm/Smid*, § 829 ZPO, Rz. 42; Vgl. A *Blomeyer*, ZwangsvollstrR, § 55 IV 1 a; *Rosenberg/Gaul/Schilken*, ZwangsvollstrR, § 55 I 3 a bb.

pfändeten Forderung, ihr Erlaß und die Aufrechnung sowie jede andere Verfügung, durch die eine Durchsetzbarkeit der Forderung erschwert oder (zeitweise) gehindert wird, sind also relativ unwirksam.[319]) Auch einer Klage des Schuldners gegen den Drittschuldner steht die Pfändung entgegen, nicht aber einer Klage auf Leistung an den Vollstreckungsgläubiger oder entsprechend § 1281 BGB an Drittschuldner und Vollstreckungsgläubiger gemeinsam oder auch auf Hinterlegung zugunsten beider, denn die Forderung verbleibt im Vermögen des Schuldners.[320]) Das bedeutet, der Berechtigte einer der von § 852 ZPO erfaßten Forderungen darf grundsätzlich nach Eintritt des Inhibitoriums seinen Anspruch weder abtreten noch verpfänden noch gegen den Drittschuldner einklagen oder diesem erlassen; auch eine vergleichsweise Regelung mit dem Drittschuldner wäre im Umfang des Nachgebens von der Wirkung des Inhibitoriums erfaßt.[321])

Allerdings ist der Begriff "jede Verfügung" teleologisch zu reduzieren[322]), da das Inhibitorium allein den Zweck verfolgt, solchen Verfügungen zu wehren, die die Rechtsstellung des Gläubigers nach der Pfändung beeinträchtigen können.[323]) Daraus ergibt sich, daß Verfügungen mit Einwilligung des Gläubigers getroffen werden dürfen.[324]) Außerdem sind die zur Erhaltung der Forderung erforderlichen Maßnahmen zulässig. Möglich sind auch Verfügungen über das Grundverhältnis, so z.B. Kündigung und die Geltendmachung von Zurückbehaltungsrechten.[325]) Als nicht gläubigerbeeinträchtigend bleiben insoweit auch eine Anmeldung der Forderung im Konkurs des Drittschuldners oder eine Feststellungsklage.[326])

---

[319]) *MünchKomm/Smid*, § 829 ZPO, Rz. 40, 42; *Baumbach/Lauterbach/Hartmann*, § 829 ZPO, Rz. 52; *Rosenberg/Gaul/Schilken*, ZwangsvollstrR, § 55 I 3 a bb.

[320]) *Rosenberg/Gaul/Schilken*, ZwangsvollstrR, § 55 I 3 a bb m.w.N.

[321]) *Lange/Kuchinke*, ErbR, § 37 VII 2 b.

[322]) Allgemeine Meinung: z. B. RGZ 158, 40 (42); *Baumbach/Lauterbach/Hartmann*, § 829 ZPO, Rz. 52; *Zöller/Stöber*, § 829 ZPO, Rz. 18; *MünchKomm/Smid*, § 829 ZPO, Rz. 40, 26 mit FN 100; *Stein/Jonas/Brehm*, § 829 ZPO, Rz. 90; *Rosenberg/Gaul/Schilken*, ZwangsvollstrR, § 55 I 3 a bb.

[323]) *Rosenberg/Gaul/Schilken*, ZwangsvollstrR, § 55 I 3 a bb.

[324]) RGZ 123, 388 (394); *MünchKomm/Smid*, § 829 ZPO, Rz. 40.

[325]) *MünchKomm/Smid*, § 829 ZPO, Rz. 44 m.w.N.

[326]) *Rosenberg/Gaul/Schilken*, ZwangsvollstrR, § 55 I 3 a bb.

2. Verfügungsverbot bei Pfändung eines in seiner Verwertbarkeit
bedingten Anspruchs

Da die Pfändung eines in seiner Verwertbarkeit aufschiebend bedingten Anspruchs tatbestandlich voll erfüllt ist, tritt grundsätzlich auch
hier das Inhibitorium als Pfändungswirkung in Kraft.

Fraglich ist jedoch, ob und inwieweit die Anordnung des Inhibitori-
ums infolge des begrenzten Inhalts des gepfändeten Anspruchs vor
Eintritt der Verwertbarkeit im Interesse der Entscheidungsfreiheit des
Berechtigten einzuschränken ist.

a) Abtretung und Verpfändung

Abtretung und Verpfändung beeinträchtigen die Rechtsstellung des
Gläubigers nach der Pfändung. Deshalb müssen diese Rechtshandlungen grundsätzlich als Verstoß gegen das Inhibitorium dem Vollstreckungsgläubiger gegenüber unwirksam sein.[327])

Der Schuldner, dessen Pflichtteils-, Zugewinnausgleichs- oder Rückforderungsanspruch gepfändet wird, wird jedoch durch das Verbot von
Abtretung und Verpfändung in seiner Kompetenz aus §§ 2317 II, 1378
III S. 1, 1273, 1274 BGB beeinträchtigt. Verpfändung und Abtretung
sind zudem Wege der mittelbaren Geltendmachung des Anspruchs und
Ausdruck der von § 852 ZPO geschützten Entscheidungsfreiheit sowie
der Verfügungsbefugnis des Berechtigten, mit seinem Anspruch am
Rechtsverkehr teilzunehmen. Zu untersuchen ist insofern, welche Auswirkungen das Inhibitorium in diesem Bereich auf die von § 852 ZPO
geschützte Entschließungsfreiheit hat. Da Abtretung und Verpfändung,
wie dargelegt[328]), der Rechtshängigkeit und dem Anerkenntnis in ihrer
pfändungseröffnenden Wirkung gleichstehen und den Pfändungszugriff beim Zessionar eröffnen sollen, ist auch die aus dem Verfügungsverbot folgende Benachteiligung des Zessionars und dessen Gläubiger
auf ihre Zumutbarkeit zu untersuchen.

Zu Letzterem ist zu sagen, daß eine Gleichordnung von Rechtshängigkeit und Anerkenntnis einerseits und Abtretung andererseits zwar in

---

[327]) *Zöller/Stöber*, § 852 ZPO, Rz. 4; *Kuchinke*, NJW 1994, 1769 (1771); *Wax*, LM
§ 852 ZPO, Nr. 1; *Stöber*, ZAP 1993, 923 (924).
[328]) S.o. S. 14.

dem Sinne vertretbar ist, als beides den Anspruch aus der geschützten Entschließungssphäre des Berechtigten heraustreten läßt, also Ausübung der Entscheidungsfreiheit ist und insofern einen Pfändungszugriff eröffnen sollte. Jedoch überwiegt bei der Abtretung der Aspekt der Verfügung über den Anspruch als Teilnahme am Rechtsverkehr. Gerade eine solche Verkehrsfähigkeit einzuschränken, ist bezweckte Folge eines Pfändungszugriffs. Dem Aspekt der Abtretung als Anspruchsgeltendmachung und damit Ausübung der durch § 852 ZPO geschützten Entscheidungsfreiheit kommt dabei eine geringere Bedeutung zu. Es handelt sich bei der Abtretung nicht eigentlich um eine besondere Pfändbarkeitsvoraussetzung neben den in § 852 I ZPO genannten, sondern es wird lediglich die Frage beantwortet, ob Gläubiger des Zessionars vor vertraglicher Anerkennung oder Rechtshängigkeit auf den Anspruch Zugriff nehmen können, nachdem dieser mit dem Willen des Berechtigten aus seiner Haftungsmasse ausgeschieden ist.[329] Der Berechtigte wird insofern durch ein Abtretungsverbot nur daran gehindert, in einer bestimmten Form seinen Willen zur Geltendmachung des Anspruchs kundzutun. Dies führt nicht zu einer sinnwidrigen Beeinträchtigung seiner Entscheidungsfreiheit[330], da Sinn des § 852 ZPO nicht ist, daß der Berechtigte unter Ausnutzung seiner Abtretungsbefugnis den Anspruch der Haftungsmasse entzieht. Dies hat mit dem Zweck, eine persönlich und familiär motivierte Entscheidung zu ermöglichen, nichts gemein.

Daß eine Pfändung vor Eintritt der Verwertbarkeit die Abtretung eines unbelasteten Anspruchs verhindert und dadurch zu einer Benachteiligung der Gläubiger des Zessionars führt, ist ebenfalls mit dem Normzweck der §§ 852 ZPO, 2317 II, 1378 III S. 1 BGB vereinbar.[331] Jede Abtretung einer Forderung kann unter dem Vorbehalt der Anfechtung durch Gläubiger des Zedenten stehen. Es gibt keinen Grund, bei den von § 852 ZPO erfaßten Forderungen das Interesse eines Zessionars oder dessen Gläubigers höher zu bewerten als bei anderen Forderungen. Indem der Gesetzgeber die Abtretung zuließ, bevor die Voraussetzungen für eine unbeschränkte Pfändbarkeit vorliegen, hat er deshalb nicht das Ziel verfolgt, es dem Berechtigten zu ermöglichen, den Anspruch dem Zugriff seiner Gläubiger zugunsten des Zessionars

---

[329] *Kuchinke*, NJW 1994, 1769 (1771 mit FN 10).
[330] *Kuchinke*, NJW 1994, 1769 (1771).
[331] Teils a.A. *Schubert*, JR 1994, 419 (420).

und dessen Gläubiger endgültig zu entziehen.[332]) Manipulationen, die eine Bevorzugung bestimmter Gläubiger durch Abtretung oder Verpfändung ermöglichen, sollen von § 852 ZPO nicht gedeckt sein. Fraglich ist, ob dies auch für die unentgeltliche Abtretung gelten sollte. Es wird vertreten, der Berechtigte, der den Anspruchsverpflichteten zu Lasten seiner Gläubiger begünstigen kann, indem er seinen Anspruch - zulässigerweise - nicht geltend macht, müsse den Anspruch auch ungeachtet der Gläubigerinteressen verschenken können.[333]) Diese Ansicht übersieht jedoch, daß ein Nichtgeltendmachen auf dem von § 852 ZPO geschützten Interesse beruht, den Drittschuldner aufgrund persönlicher Motive nicht zu belasten; wohingegen die Abtretung - auch die unentgeltliche - immer eine mittelbare Geltendmachung des Anspruchs bedeutet. Der Berechtigte hat seine Entscheidungsfreiheit zugunsten der Verwertung des Anspruchs ausgeübt. Eine Unterscheidung zwischen entgeltlicher und unentgeltlicher Zession ist also nicht angebracht.

Ein Inhibitorium, das Abtretung und Verpfändung nicht verbietet, ist aus diesen Gründen mit dem Sinn der Pfändung eines in seiner Verwertbarkeit bedingten Anspruchs nicht vereinbar. Durch die Möglichkeit einer solchen Pfändung soll eine vom Schutzzweck des § 852 ZPO nicht geforderte Benachteiligung der Gläubiger des Anspruchsinhabers verhindert werden. Wäre eine Abtretung oder Verpfändung weiterhin möglich, liefe dies aber den Gläubigerinteressen in besonderem Ausmaß zuwider. Eine nach Pfändung erfolgte Abtretung ist deshalb nach §§ 829 I S. 2 ZPO, 136, 135 BGB relativ unwirksam.[334]) Hat jedoch der Berechtigte vor dem Pfändungszugriff abgetreten, geht die Pfändung ins Leere und dem Vollstreckungsgläubiger verbleibt ein Recht zur Anfechtung der gläubigerbenachteiligenden Rechtshandlung.

b) Anerkenntnis und Rechtshängigkeit

Der anspruchsberechtigte Vollstreckungsschuldner muß die Voraussetzungen des § 852 ZPO durch sein Handeln herbeiführen können. Deshalb müssen das Rechtshängigmachen und ein Anerkenntnisvertrag

---

[332]) BGHZ 123, 183 (187).
[333]) Vgl. *Jaeger/Henckel*, § 9 KO, Rz. 16; *Schubert*, JR 1994, 416 (419, 420), der fälschlich für den Fall der unentgeltlichen Zession schon das Entstehen eines Pfändungspfandrechts ablehnt.
[334]) *Lange/Kuchinke*, ErbR, § 37 VII 2 b mit FN 373.

in seine Hand gelegt sein, ohne daß das Inhibitorium dies untersagt. Andernfalls wäre ein Eintritt der Verwertbarkeit unmöglich.

Ein Verbot dieser Rechtshandlungen würde zudem die deutlichste Form, den Willen zur Geltendmachung des Anspruchs kundzutun, verhindern und damit die von § 852 ZPO geschützte Entscheidungsfreiheit maßgeblich beeinflussen[335]), wobei allerdings eine Feststellungsklage ohnehin vom Inhibitorium nicht erfaßt wäre.

Bei Verbot eines Anerkenntnisvertrags ständen auch alle auf ein Anerkenntnis zielenden Verhandlungen und Festlegungen von Berechnungsgrundlagen unter dem Vorbehalt der Unwirksamkeit ihres Ergebnisses. So besteht das Bedürfnis, schon vor vertraglicher Anerkennung des Anspruchs über Teilfragen eine Einigung zu erzielen. Zudem kann die Begründung einer Verpflichtung zur Leistung ohne Anerkennung einer Rechtspflicht bereits als vertragliche Anerkennung im Sinne des § 852 ZPO angesehen werden. Durch solche Vorverhandlungen wird dem Berechtigten der Entscheidungsprozeß überhaupt ermöglicht, auch bezüglich einer Entscheidung zur gerichtlichen Geltendmachung. Um in diesen Bereichen erhebliche Rechtsunsicherheiten und Einschränkungen der Entscheidungsfreiheit zu vermeiden, muß der Schuldner seinen Anspruch zum Gegenstand eines anerkennenden oder ein Anerkenntnis vorbereitenden Vertrags machen dürfen.[336])

Sowohl die Vornahme eines Anerkenntnisvertrags als auch ein Rechtshängigmachen müssen deshalb in die Hand des Vollstreckungsschuldners gelegt sein.

Das Inhibitorium würde außerdem durch das Verbot dieser Rechtshandlungen eher die Rechtsstellung des Gläubigers beeinträchtigen, als eine solche Gefährdung verhindern, denn es steht im Interesse des Vollstreckungsgläubigers, eine Verwertbarkeit herbeizuführen. Deshalb ist die Einschränkung des Verfügungsverbotes bezüglich des Einklagens und der Vornahme eines Anerkenntnisvertrags mit dem Sinn und Zweck des Inhibitoriums vereinbar, das nur gläubigerbenachteiligende Rechtshandlungen verbieten will. Im übrigen wird sich ein Gläubiger in solchen Fällen im Zweifel auch nicht auf §§ 135, 136 BGB berufen.

Mit Eintritt der Rechtshängigkeit ist allerdings die Bedingung für die Verwertung eingetreten. Der Gläubiger kann Überweisung der Forde-

---

[335]) *Lange/Kuchinke*, ErbR, § 37 VII 2 b.
[336]) Zu alledem *Kuchinke*, NJW 1994, 1769 (1771).

rung verlangen, indem er die Verwertungsbedingung schlüssig vorträgt.[337]) Das bedeutet allerdings nicht, daß die Klage des Vollstreckungsschuldners sofort auf Leistung an den Vollstreckungsgläubiger gerichtet werden muß. Der Schuldner klagt ja aus eigenem Recht und es ist nicht seine Aufgabe, einen Prozeß auf Zahlung an den Gläubiger zu führen, bevor dieser die Überweisung der Forderung beantragt hat. Daran ändert auch das bereits bestehende Arrestarorium nichts. Dieses ist allein an den Drittschuldner gerichtet und verbietet dessen Leistung an den Vollstreckungsschuldner. Es schließt jedoch eine Inanspruchnahme der Forderung durch den Vollstreckungsschuldner nicht aus, da gerade diese Ausdruck seiner Entscheidungsfreiheit ist. Also muß erst nach Erlaß des Überweisungsbeschlusses der Antrag des Berechtigten als Kläger auf Leistung an den nunmehr einziehungsermächtigten Gläubiger neu gestellt werden.[338]) Wurde - ausnahmsweise - an Zahlungs Statt überwiesen, ist der Vollstreckungsgläubiger dabei als materieller Rechtsträger ohne weiteres prozeßführungsbefugt.[339]) Bei der Überweisung zur Einziehung geschieht eine Klage des Gläubigers gegen den Drittschuldner nicht aus eigenem Recht, sondern kraft Prozeßstandschaft.[340]) Die prozeßstandschaftliche Klagebefugnis des Vollstreckungsgläubigers beruht dabei auf der hoheitlichen Einziehungsberechtigung (vgl. § 835 ZPO).[341])

Mit Vornahme eines Anerkenntnisvertrags ist ebenfalls die Verwertungsbefugnis eingetreten.

c) Erlaß und Vergleich

Die Möglichkeit, trotz Inhibitorium über den Anspruch einen Anerkenntnisvertrag zu schließen oder ihn rechtshängig zu machen, schützt den Berechtigten in seiner positiven Entscheidungsfreiheit, das heißt in der Entscheidung, den Anspruch geltend zu machen. Gleichzeitig ist die negative Freiheit geschützt, diese Rechtshandlungen nicht vorzunehmen und dadurch den Eintritt der Verwertbarkeit und die Durchsetzung der Forderung gegen den Drittschuldner unter Umständen bis zum Eintritt der Verjährung zu verhindern.

---

[337]) Vgl. o. S. 73 ff.
[338]) *Lange/Kuchinke*, ErbR, § 37 VII 2 b mit FN 371.
[339]) *Lüke*, ZZP 1976, 1 (23 ff.).
[340]) *Rosenberg/Gaul/Schilken*, ZwangsvollstrR, § 55 II 1 b.
[341]) *Rosenberg/Gaul/Schilken*, ZwangsvollstrR, § 55 II 1 b; *Berg*, JuS 1966, 461 (463).

Es stellt sich jedoch die Frage, ob dem Vollstreckungsschuldner auch ein endgültiger Verzicht auf einen Teil des Anspruchs oder den gesamten Anspruch noch möglich sein soll, obwohl dieser bereits beschlagnahmt ist. Insofern ist anhand des Kriteriums der Entscheidungsfreiheit zu untersuchen, ob ein Verzicht, (Teil-) Erlaß oder eine vergleichsweise Regelung zwischen Schuldner und Drittschuldner vom Inhibitorium ausgeschlossen sein sollen.

Der Pflichtteilsverzicht nach § 2346 II BGB ist ein Vertrag mit dem Erblasser, also vor Anfall des Pflichtteils, und kommt hier nicht in Betracht, da der bereits entstandene Anspruch gepfändet wird.[342] Der Verzicht auf den bereits angefallenen Pflichtteil ist davon zu trennen. Er ist eine Verfügung in Form eines Erlaßvertrags nach § 397 I BGB.[343] Entsprechendes gilt für den Verzicht auf den bereits entstandenen Zugewinnausgleichsanspruch und für den Rückforderungsanspruch des verarmten Schenkers.

Der Erlaß ist ein Vertrag zwischen Gläubiger und Schuldner, durch den der Gläubiger auf seine Forderung verzichtet. Er ist ein verfügender Vertrag und bewirkt das Erlöschen des Schuldverhältnisses.[344] Das Schuldverhältnis erlischt auch durch ein negatives Schuldanerkenntnis nach § 397 II BGB.

Grundsätzlich müssen Erlaß und negatives Schuldanerkenntnis sowie der Vergleich im Umfang des Nachgebens als gläubigerbenachteiligend gegen das im Inhibitorium festgelegte Verfügungsverbot verstoßen.[345] Verbleibt nämlich dem Berechtigten einer der von § 852 ZPO erfaßten Forderungen die Möglichkeit zum (teilweisen) Verzicht, sind ihm erhebliche Manipulationsmöglichkeiten unter Ausnutzung dieser Berechtigung gegeben. Falls wegen des Pfandbeschlags ein weiteres Innehaben der Forderung für den Berechtigten wirtschaftlich nutzlos erscheint, könnte er die Forderung erlassen oder einen Vergleich schließen, wodurch er teilweise auf seinen Anspruch verzichtet. Der Berechtigte hätte einerseits den Drittschuldner geschützt, andererseits wäre für den Vollstreckungsgläubiger der Pfandbeschlag vergebens gewesen. Zudem wäre dem Vollstreckungsschuldner die Möglichkeit gegeben, lediglich auf den den titulierten Anspruch über-

---

[342] *Palandt/Edenhofer,* § 2317 BGB, Rz. 1.
[343] *Palandt/Edenhofer,* § 2317 BGB, Rz. 1, § 2343 BGB, Rz. 5.
[344] *Palandt/Heinrichs,* § 397 BGB, Rz. 3.
[345] Vgl. *Staudinger/Ferid/Cieslar,* § 2317 BGB, Rz. 20; *Harder,* WuB VI E. § 852 ZPO 1.1994, 220 (222).

schießenden Teil seines Anspruchs zu verzichten und sich somit einen Teil zu sichern. Es widerspräche dem Wesen der Beschlagnahme, wenn eine derartige Einschränkung der Gläubigerrechte ohne weiteres möglich wäre.

Andererseits ist ein Verbot dieser Rechtshandlungen anhand der Entscheidungsfreiheit des Berechtigten zu prüfen. Strebt der Berechtigte Vergleich oder Erlaß an, sind Verhandlungen mit dem Drittschuldner sowie Vereinbarungen von Berechnungsgrundlagen notwendig. Zwar besteht über die Zugehörigkeit einer Person zum Kreis des Pflichtteilsberechtigten selten Streit. Jedoch müssen sich die Beteiligten über die Höhe des Anspruchs und eventuelle Anrechnungspflichten einigen. Solche Verhandlungen könnten kaum erfolgreich sein, wenn das Ergebnis, z.B. ein Vergleich, unter dem Vorbehalt der Unwirksamkeit gegenüber dem Gläubiger stände.[346]) Ebenso wie ein Verbot des Anerkenntnisses würde deshalb ein Verbot von Vergleich und Erlaß zu unsicheren Rechtsverhältnissen führen und die Entscheidungsfreiheit beeinträchtigen.

Hinzu kommt folgendes: Durch das Abtretungsverbot als Folge des Inhibitoriums wurde der Berechtigte nur daran gehindert, in einer bestimmten Form seinen Willen zur Geltendmachung des Anspruchs kundzutun. Das Schutzgut der Entscheidungsfreiheit selbst war nicht betroffen. Ein (teilweiser) Verzicht ist jedoch die stärkste Form der Willensausübung, den Anspruch endgültig nicht geltend zu machen. Erbe, geschiedener Ehepartner und Beschenkter sollen gerade nicht in Anspruch genommen werden. Im Falle des Pflichtteilsanspruchs beugt sich der Berechtigte dem Willen des Erblassers und respektiert dessen Anordnungen endgültig. Gerade diese Möglichkeiten sollen vom Schutzzweck des § 852 ZPO umfaßt sein. Zwar bliebe dem Berechtigten die Möglichkeit, durch dauerhaftes Nichtgeltendmachen der Forderung den Drittschuldner von der Belastung freizuhalten.[347]) Andererseits will er unter Umständen eine sofortige und endgültige Regelung im Interesse der persönlichen Verbundenheit mit dem Drittschuldner, um diesem zu ersparen, ständig einem drohenden Verwertungseintritt ausgesetzt und mit einem Pfandrecht belastet zu sein oder einen konkludenten formfreien Erlaß durch jahrelanges Nichtgeltendmachen

---

346) *Kuchinke*, NJW 1994, 1769 (1771).
347) Vgl. zum Erfordernis eines Vertrags für den Verzicht und dessen Vereinbarkeit mit der grundsätzlich einseitigen Entscheidungsfreiheit: unten S. 174.

zu erhoffen.[348]) Ein Verzicht in Form eines Erlasses oder Vergleichs ist der stärkste Ausdruck der ausgeübten negativen Entscheidungsfreiheit. Soll der Schutzzweck des § 852 ZPO gewahrt bleiben, dürfen deshalb Vergleich und Erlaß nicht vom Inhibitorium erfaßt sein.

Soweit es sich allerdings lediglich um einen teilweisen Verzicht auf den Anspruch handelt, muß man die Vereinbarung - z. B. in Vergleichsform - über den Restbetrag und dessen Geltendmachung als Anerkenntnis werten. Ebenso wie eine Teileinklagung oder ein teilweises Anerkenntnis führt dies in der Regel zur Verwertungmöglichkeit hinsichtlich des gesamten Anspruchs und zwar insbesondere dann, wenn die titulierte Forderung des Vollstreckungsgläubigers geringer ist als die Höhe des Anspruchs und lediglich der überschießende Betrag im Wege des Vergleichs oder infolge eines teilweisen Verzichts geltend gemacht wird. Der Schuldner würde mit einem solchen Vorgehen, wenn hierfür nicht ausnahmsweise sonstige anerkennenswerte Gründe ersichtlich sind, zu erkennen geben, daß er sich von der Geltendmachung des Anspruchs nicht durch familiäre Rücksichtnahme abhalten läßt und den gepfändeten Teil des Anspruchs nur wegen des Pfandbeschlags nicht beansprucht.[349]) Der Gläubiger erwirbt unter diesen Voraussetzungen das Verwertungsrecht und kann Überweisung verlangen.[350]) Eine mißbräuchliche Ausnutzung der dem Vollstreckungsschuldner belassenen Verfügungsmöglichkeiten kann der Gläubiger dann im Einziehungsprozeß geltendmachen, § 242 BGB, ohne damit einen Verstoß gegen das auf der Beschlagnahme beruhende Verfügungsverbot zu rügen.[351]) Liegt ein vollständiger Verzicht auf den Anspruch vor und ist zu erkennen, daß dieser auf den von § 852 ZPO geschützten Beweggründen beruht, wird der Vollstreckungsgläubiger dies jedoch gegen sich gelten lassen müssen.

Nach Eintritt der Rechtshängigkeit oder eines Anerkenntnisses ist die Verwertbarkeit eingetreten und für eine Einschränkung des Inhibitoriums besteht kein Grund mehr.[352]) Also ist ab diesem Zeitpunkt eine vergleichsweise Regelung und damit auch ein Prozeßvergleich ausgeschlossen.

---

[348]) Vgl. *Palandt/Heinrichs*, § 397 BGB, Rz. 5.
[349]) Vgl. *Wax*, LM § 852 ZPO, Nr. 1.
[350]) Vgl. *Kuchinke*, NJW 1994, 1769 (1772).
[351]) *Kuchinke*, NJW 1994, 1769 (1772).
[352]) Offengelassen bei *Stöber*, Forderungspfändung, Rz. 273 b.

3. Zusammenfassung der Wirkungen der Pfändung in bezug auf das Inhibitorium

Festzustellen ist, daß aus dem Zweck eines Inhibitoriums und dessen Stellung im Rahmen der Forderungspfändung heraus keine Bedenken gegen die Pfändung des in seiner Verwertbarkeit aufschiebend bedingten Anspruchs bestehen. Es tritt als normale Folge der Verstrickung ein und versagt grundsätzlich Rechtshandlungen, die die Stellung des Vollstreckungsgläubigers nach der Pfändung beeinträchtigen können.

Dem Vollstreckungsschuldner bleibt jedoch die Möglichkeit, den Anspruch anzuerkennen und rechtshängig zu machen. Außerdem darf er vor Eintritt der Voraussetzungen des § 852 ZPO einen Erlaßvertrag und einen Vergleich schließen und damit endgültig auf den Anspruch verzichten. Rechtshängigmachen, Anerkenntnis, Teilerlaß und Vergleich führen jedoch zum Eintritt der Verwertungsmöglichkeit für den Vollstreckungsgläubiger. Diesem ist die Möglichkeit gegeben, sich gegen rechtsmißbräuchliches Ausnutzen der dem Schuldner verbleibenden Befugnisse im Einziehungsprozeß auf Treu und Glauben zu berufen. In diesem Bereich sind die Wirkungen der Beschlagnahme aufgrund des begrenzten Anspruchsinhalts eingeschränkt. Dies entspricht dem Zweck des Inhibitoriums, gläubigerbenachteiligende Rechtshandlungen nach Eintritt der Beschlagnahme zu verhindern, und garantiert gleichzeitig die Entscheidungsfreiheit des Berechtigten.

VI. Das Pfändungspfandrecht, § 804 ZPO

Mit der Pfändung entsteht in der Regel ein Pfandrecht zugunsten des Pfändungsgläubigers am gepfändeten Gegenstand, § 804 I ZPO.

1. Gesetzliche Vorgaben

Gemäß § 804 II ZPO gewährt das Pfändungspfandrecht dem Gläubiger im Verhältnis zu anderen Gläubigern dieselben (Abwehr-) Rechte wie ein vertragliches Pfandrecht an beweglichen Sachen (Faustpfandrecht, §§ 1204 ff. BGB) und Rechten (§ 1273 BGB), § 1227 BGB.[353]) Ins-

---

[353]) *Thomas/Putzo*, § 804 ZPO, Rz. 6.

besondere übernimmt es entsprechend dem in § 804 III ZPO zugrundeliegenden Prioritätsprinzip rangwahrende Funktion.[354]) Für den Rang maßgeblich ist der Zeitpunkt der Zustellung des Pfändungsbeschlusses, §§ 829 III, 804 ZPO.

a) Funktion des Pfandrechts

Einigkeit besteht insoweit darin, daß der Gläubiger eine Sicherung seiner Stellung durch das Pfandrecht erlangt (§§ 804 III, II ZPO, 49 I Nr. 2 KO), in dessen Umfang ihm der Erlös der Verwertung zusteht[355]), und daß der Verwertungserlös in einem bestimmten Rangverhältnis zu anderen Gläubigern an den pfändenden Gläubiger ausgezahlt werden muß.[356]) Darüber hinaus ist seine Stellung durch die Rechte aus §§ 804 II ZPO, 1227 BGB und den Schadensersatzanspruch aus § 823 I BGB geschützt.[357]) Für das Pfandrecht an Forderungen bedeutet dies, daß der Gläubiger die Sicherung der gepfändeten Forderung betreiben darf.[358]) Insofern beschreibt das Pfändungspfandrecht die vollstreckungsrechtlichen Kompetenzen des Gläubigers nach der staatlichen Pfändung.[359])

Das Pfandrecht hat damit eine Rangwahrungs- und Sicherungsfunktion, die Bedeutung auch für die Erlösverteilung hat. Dies gilt unabhängig davon, ob man ihm prozessuale öffentlich-rechtliche Natur (öffentlich-rechtliche Lehre)[360]) zubilligt oder es auch als materiellrechtliches Instrument der Güterzuordnung zwischen den Parteien im Zwangsvollstreckungsverfahren (gemischt privat-öffentliche Lehre)[361]) begreift.

---

354) Vgl. u.a. *Gaul*, Rpfleger 1971, 1 (5); *Bruns/Peters*, ZwangsvollstrR, § 20 III 2 b.
355) *Rosenberg/Gaul/Schilken*, ZwangsvollstrR, § 55 I 3 a cc.
356) *Stein/Jonas/Münzberg*, § 804 ZPO, Rz. 1.
357) *Bruns/Peters*, ZwangsvollstrR, § 20 III 2 c; *Stein/Jonas/Münzberg*, § 804 ZPO, Rz. 20.
358) *Stöber*, Forderungspfändung, Rz. 555.
359) *Lipp*, JuS 1988, 119 (121).
360) *Lüke*, JZ 1955, 484; ihm folgend u.a.: *Baumbach/Lauterbach/Hartmann*, Übers. vor § 803 ZPO, Rz. 7; *Stein/Jonas/Münzberg*, § 804 ZPO, Rz. 1 ff.; *Thomas/Putzo*, § 804 ZPO, Rz. 3, 8; *Zöller/Stöber*, § 804 ZPO, Rz. 2.
361) U.a. *Wieczorek*, § 803 ZPO, Rz. E, § 804 ZPO, Rz. B I b, B II.; *Rosenberg/Gaul/Schilken*, ZwangsvollstrR, § 50 III 3 a; *Gerhardt*, VollstrR, § 7 II 2; *Bruns/Peters*, ZwangsvollstrR, § 20 jew. m.w.N.; *Gaul*, Rpfleger 71, 1 (4 ff.); Zur Funktion des Pfandrechts nach der privatrechtlichen Theorie: *Henckel*, ProzeßR u. materielles Recht, S. 328 ff..

Nach der öffentlich-rechtlichen Theorie wird allerdings das Pfandrecht teilweise als Grundlage der Verwertung angesehen[362]), jedoch nicht im Sinne eines materiellen Rechts auf Befriedigung. Richtigerweise beruht die Verwertungsbefugnis der Vollstreckungsorgane jedoch nicht auf dem Pfändungspfandrecht, sondern allein auf dem zum staatlichen Eingriff ermächtigenden Gesetz.[363]) Nach der gemischt privat-öffentlichen Lehre ist das Pfandrecht auch Befriedigungsrecht, da es als dritte Art des privatrechtlichen Pfandrechts[364]) und daher als Bindeglied zum Privatrecht[365]) angesehen wird.

Ob insofern das Pfandrecht auch endgültiger materiellrechtlicher Güterzuordnung in dem Sinne dient, daß es die endgültige Zuweisung des Erlöses begründet[366]), oder ob sich die Funktion nur im Bekommen des Erlöses entsprechend der Rangfolge erschöpft[367]), ist ebenso wie viele weitere Fragen hinsichtlich Funktion und rechtlicher Einordnung zwischen den Vertretern der verschiedenen Lehren zur Natur des Pfändungspfandrechts umstritten.

b) Entstehung des Pfandrechts, Heilung von Mängeln im Pfändungsverfahren

Einigkeit innerhalb der Pfandrechtslehren besteht zwar darüber, daß bei einer wegen schwerer offenkundiger Mängel wie z.B. Verstößen gegen die Vorschriften über die Voraussetzungen des Beginns der Zwangsvollstreckung unwirksamen Pfändung weder Verstrickung noch Pfandrecht entstehen.[368]) Wichtig ist die Unterscheidung bezüglich der Rechtsnatur des Pfändungspfandrechts aber in dem Bereich, in dem der Pfändung Mängel anhaften, die nicht zur Nichtigkeit der Pfändung führen. Wenn sich ein nachrangiger Gläubiger auf einen solchen Fehler, der nicht zur Unwirksamkeit führt, beruft, stellt sich die Frage, wie sich das Rangverhältnis der Pfandrechte zwischen dem erst- und zweitpfändenden Gläubiger gestaltet, wenn der Fehler zwischenzeitlich geheilt worden ist.

---

362) *Lüke*, JZ 1955, 484 (485).
363) *Gaul*, Rpfleger 1971, 1 (41); *Gaul*, FamRZ 1972, 533 (534).
364) *Bruns/Peters*, ZwangsvollstrR, § 20 III 2 a m.w.N.; *Gerhardt*, VollstrR, § 7 II 2.
365) *Gaul*, Rpfleger 1971, 1 (6).
366) *Gaul*, Rpfleger 1971, 1 (6).
367) *Stein/Jonas/Münzberg*, § 804 ZPO, Rz. 23.
368) Allg. Meinung: z.B. *Thomas/Putzo*, § 804 ZPO, Rz. 4; *Rosenberg/Gaul/Schilken*, ZwangsvollstrR, § 50 III 1c aa.

Das bedeutet für die Pfändung einer der von § 852 ZPO erfaßten Forderungen, daß zwar Einigkeit darüber besteht, daß die Pfändung wirksam ist und zur Verstrickung führt, falls entgegen den normierten Voraussetzungen, das heißt ohne Vorliegen von Rechtshängigkeit oder
Anerkenntnis, gepfändet wird. Der Verstoß bewirkt keine Nichtigkeit.[369]) Bis zur Aufhebung der Pfändung besteht die Verstrickungs-
wirkung fort. Treten später die Pfändungsvoraussetzungen ein, ist jedoch strittig, inwieweit das Pfandrecht erst im Zeitpunkt der Heilung
entsteht oder in demjenigen der Pfändung, also Rückwirkung der
Heilung anzunehmen ist, womit der ursprüngliche Rang des erstpfändenden Gläubigers erhalten bliebe. Dies hängt davon ab, ob die wirksame, jedoch anfechtbare Pfändung zur Entstehung eines Pfändungspfandrechts führt.

Soweit sich nach der gemischt privat-öffentlichen Pfandrechtslehre
verfahrensrechtliche und/oder materiellrechtliche Mängel auf das Entstehen des Pfändungspfandrechts auswirken, kann das die Rangfrage
- bei zwar früherer, aber nicht pfandrechtsbegründender Pfändung -
maßgeblich beeinflussen. In diesem Zusammenhang erlangt auch das
Problem Bedeutung, ob eine Heilung fehlerhafter Vollstreckungsakte
mit Rückwirkung oder nur ex nunc möglich ist, weil der Zeitpunkt der
Konvaleszenz wiederum das Rangverhältnis verschiedener Pfandrechte beeinflußt.[370])

So wird vertreten, der Anspruch sei im Falle, daß die Voraussetzungen des § 852 ZPO im Zeitpunkt der Pfändung nicht vorlägen, zwar
verstrickt, jedoch sei kein Pfändungspfandrecht entstanden.[371]) Der
Mangel einer vor Eintritt der Pfändbarkeit vorgenommenen Pfändung
wird nach dieser Ansicht nicht rückwirkend geheilt, wenn nachträglich
die Pfändbarkeitsvoraussetzungen eintreten. Wird der Anspruch erst
nach der Pfändung pfändbar, weil er erst später anerkannt oder rechtshängig wird, und besteht die Verstrickung fort, entsteht nun ein Pfändungspfandrecht, dessen Rang sich aber nach dem Eintritt der Pfändbarkeit und nicht dem der Verstrickung bestimmt.[372]) Dem liegt die
Auffassung der gemischt privat-öffentlichen Pfandrechtslehre zugrunde, wonach das Pfändungspfandrecht als privatrechtliche Wirkung der
Pfändung von der öffentlich-rechtlichen Verstrickung, also publizisti-

---

[369]) *Rosenberg/Gaul/Schilken*, ZwangsvollstrR, § 31 III 10 m.w.N..
[370]) *Rosenberg/Gaul/Schilken*, ZwangsvollstrR, § 50 III 3 a aa b.
[371]) *Schuschke*, § 852 ZPO, Rz. 6; *Rosenberg/Gaul/Schilken*, ZwangsvollstrR, § 31 III 10.
[372]) *Schuschke*, § 852 ZPO, Rz. 6.

schen Wirkung der Pfändung, zu trennen ist.[373]) Während die Verstrickung nach dieser Meinung lediglich eine wirksame Beschlagnahme voraussetzt, hängt das Entstehen des Pfandrechts gemäß Vertretern der gemischten Theorie zwar von der Verstrickung, zusätzlich aber von weiteren Voraussetzungen ab.[374]) So gelangt trotz wirksamer Verstrickung kein Pfändungspfandrecht zur Entstehung, wenn die materiellrechtlichen Voraussetzungen fehlen, so wenn die Pfandsache nicht zum Haftungsvermögen des Schuldners zählt.[375]) Ein Nachholen der Voraussetzungen würde zwar zur Entstehung des Pfandrechts führen, jedoch mit dem Rang zum Zeitpunkt des Eintritts der Pfändungsbedingungen und nicht zum Zeitpunkt von Pfändung und Verstrickung. Die Heilung wirkt also wegen der betroffenen Drittgläubigerinteressen nur ex nunc mit der Folge, daß dem früher pfändenden Gläubiger unter Umständen lediglich eine nachrangige Position gewährt wird.[376]) Ein vorzeitig pfändender Gläubiger verdient nach dieser Ansicht gegenüber demjenigen, der unter den Voraussetzungen des § 852 I ZPO wirksam pfändet, keinen Vorrang.[377]) Es ist nämlich nach dieser Meinung mit dem Präventionsprinzip und dem damit verbundenen Gedanken der chancengleichen Teilhabe aller Gläubiger an der Befriedigung unvereinbar, wenn die Heilung dem fehlerhaft pfändenden Gläubiger Rangvorteile vor dem ordnungsgemäß nachpfändenden Gläubiger verschaffen würde.[378]) Erfolgt die Zwangsvollstreckung ungerechtfertigt, hat der Vollstreckungsgläubiger einen aus dieser Vollstreckung erzielten Erlös nach den Regeln der ungerechtfertigten Bereicherung herauszugeben.[379])

---

[373]) *Gaul*, FamRZ 1972, 533.

[374]) *Rosenberg/Gaul/Schilken*, ZwangsvollstrR, § 50 III 3 a; *Bruns/Peters*, ZwangsvollstrR., § 20 II 2 d; dies ist allerdings innerhalb der gemischten Theorie umstritten, für das Entstehen eines Pfändungspfandrechts auch bei Verfahrensfehlern sprechen sich z.B. *Jauernig*, ZwangsvollstrR, § 33 I J für die Fälle der §§ 850 a-k ZPO und *Pohle*, JZ 1962, 344 aus.

[375]) *Bruns/Peters*, ZwangsvollstrR, § 20 II 2 d aa.

[376]) RGZ 125, 286 (288); *Wieczorek*, § 852 ZPO, Rz. C; *Schuschke*, § 852 ZPO, Rz. 6; *Rosenberg/Gaul/Schilken*, ZwangsvollstrR, §§ 31 IV 2 a, 50 III 3 b bb m.w.N.; *Baur/Stürner*, ZwangsvollstrR, Rz. 11.8; *Bruns/Peters*, ZwangsvollstrR, § 20 III 2 e; vgl. auch OLG Karlsruhe, HRR 30, 1164.

[377]) *Jaeger/Henckel*, § 9 KO, Rz. 16.

[378]) *Rosenberg/Gaul/Schilken*, ZwangsvollstrR, § 22 II 2 a m.w.N.

[379]) *Gaul*, AcP 173, 323.

Nach der öffentlich-rechtlichen Theorie entsteht das Pfandrecht mit der wirksamen Pfändung und Verstrickung, mit der es unlösbar verknüpft ist, selbst dann, wenn die Pfändung mit Mängeln behaftet und damit anfechtbar ist.[380]) Entstehungstatbestand ist allein die gültige Pfändung.[381]) Eine Verstrickung ohne Entstehung eines Pfandrechts ist damit nicht möglich.[382]) Nach dieser Meinung ist eine Pfändung entweder ordnungsgemäß gewesen oder nicht und infolge eines Rechtsbehelfs aufgehoben; dann ist ein Pfandrecht, mindestens ein auflösend bedingtes, entstanden und die Verwertung rechtmäßig, solange die Bedingung nicht eingetreten ist (sonst ebenfalls Bereicherungsansprüche); oder die Pfändung ist ganz unwirksam gewesen, dann entsteht kein Pfandrecht und die Verwertung entbehrt jeder Rechtsgrundlage.[383]) So ist nach dieser Ansicht eine Pfändung unter Verstoß gegen die Pfändungsschutzvorschriften der §§ 850 a-k ZPO oder § 811 ZPO zwar anfechtbar (§ 766 ZPO), jedoch wirksam, begründet also bis zur Aufhebung Verstrickung und Pfandrecht.[384]) Dasselbe gilt nach dieser Ansicht, wenn Pflichtteils-, Zugewinnausgleichs- oder Rückforderungsanspruch unter Verstoß gegen die in § 852 ZPO normierten Voraussetzungen gepfändet werden.[385]) Der Eintritt der Voraussetzungen des § 852 ZPO nach dem Zeitpunkt der Pfändung "heilt" also die etwa bis dahin bestehenden Mängel.[386]) Die Pfändung ist zwar mit einem Mangel behaftet, aber bis zur Aufhebung voll wirksam.[387]) Treten die Voraussetzungen nach der Pfändung ein, so bleibt diese wirksam, auch wenn dies erst während des Erinnerungsverfahrens geschieht. Erinnerungen werden daher unbegründet, sobald der gerügte Mangel geheilt ist.[388]) Eine Heilung ist, solange die Zwangsvollstreckung dauert, rückwirkend wirksam.[389]) Von einer echten rück-

---

[380]) *Thomas/Putzo*, § 803 ZPO, Rz. 9; *Stein/Jonas/Münzberg*, § 804 ZPO, Rz. 7.

[381]) *Stein/Jonas/Münzberg*, § 804 ZPO, Rz. 7.

[382]) *Thomas/Putzo*, § 803 ZPO, Rz. 8, 9; *Stein/Jonas/Münzberg*, vor 704 ZPO, Rz. 128.

[383]) *Baumbach/Lauterbach-Hartmann*, vor § 803 ZPO, Rz. 9.

[384]) *Baumbach/Lauterbach-Hartmann*, vor §§ 850-852 ZPO, Rz. 5 m.w.N..

[385]) *Thomas/Putzo*, § 852 ZPO, Rz. 3, 850 ZPO, Rz. 2; *Stein/Jonas-Brehm*, § 852 ZPO, Rz. 6.

[386]) *Baumbach/Lauterbach/Hartmann*, § 852 ZPO, Rz. 2; *MünchKomm/Frank*, § 2317 BGB, Rz. 16; vgl. *Lange/Kuchinke*, ErbR, § 37 VII 2 b mit FN 364 m.w.N..

[387]) *Baumbach/Lauterbach/Hartmann*, vor § 704 ZPO, Rz. 58; § 811 ZPO, Rz. 4, §§ 850-852 ZPO, Rz. 5.

[388]) Vgl. *Stein/Jonas/Münzberg*, § 852 ZPO, Rz. 6.

[389]) *Baumbach/Lauterbach/Hartmann*, vor § 704 ZPO, Rz. 58.

wirkenden Heilung kann allerdings genau gesehen nach der öffentlich-rechtlichen Theorie keine Rede sein, da das Pfandrecht von Anfang an besteht und im übrigen § 158 BGB lediglich eine ex-nunc-Wirkung vorsieht. Das Hinzutreten der Pfändungsbedingungen bewirkt also nur die endgültige Unanfechtbarkeit.[390]) Das infolge des Mangels in seinem Bestand gefährdete Pfandrecht bleibt erhalten und erlangt endgültige Wirksamkeit.[391])

Derart gestalten sich Rechtslage und Meinungsstand, soweit man annimmt, daß eine Pfändung der von § 852 ZPO erfaßten Forderungen vor Rechtshängigkeit oder Anerkenntnis zwingend eine fehlerhafte Pfändung darstellt.

2. Pfändungspfandrecht bei der Pfändung eines in seiner Verwertbarkeit aufschiebend bedingten Anspruchs

Fraglich ist, wie sich Entstehung und Funktion des Pfändungspfandrechts bei der Pfändung eines in seiner Verwertbarkeit aufschiebend bedingten Anspruchs gestalten. Eine solche Pfändung ist unabhängig vom Vorliegen von Rechtshängigkeit oder Anerkenntnis möglich und stellt nicht zwingend eine fehlerhafte Pfändung dar. Untersucht werden dabei die Einordnung des entstehenden Pfändungspfandrechts in obige Systematik sowie eventuelle Auswirkungen des Streits um die Rechtsnatur des Pfändungspfandrechts in diesem Zusammenhang.

a) Entstehung des Pfandrechts, Heilung von Mängeln im Pfändungsverfahren

Nach dem BGH[392]) soll bei der Pfändung der von § 852 ZPO erfaßten Forderungen als in ihrer Verwertbarkeit bedingte ein Pfandrecht nur für den Fall begründet werden, daß die in § 852 ZPO vorgeschriebenen Voraussetzungen für einen umfassenden Zugriff erfüllt werden. Vorher bestehe ein eingeschränktes Pfandrecht. Bei Eintritt der Bedingung (Rechtshängigkeit, Anerkenntnis) erwerbe der Pfändungsgläubiger ein vollwertiges Pfandrecht, dessen Rang sich nach dem Zeitpunkt der Pfändung bestimme. Das volle Pfandrecht werde auf den Zeitpunkt

---

[390])   *Rosenberg/Gaul/Schilken*, ZwangsvollstrR, § 31 IV 2 a.
[391])   *Baumbach/Lauterbach/Hartmann*, § 750 ZPO, Rz. 3; *Stein/Jonas/Münzberg*, vor § 704 ZPO, Rz. 138.
[392])   BGHZ 123, 183 (190).

der eingeschränkten Pfändung zurückbezogen. Die Rangwahrung soll sich dann ebenso wie bei bedingten Ansprüchen aus dem Prioritätsprinzip ergeben, das für bedingte Forderungen aus §§ 161 I, 1209 BGB abgeleitet wird. Das Prioritätsprinzip gilt nämlich auch für die Verpfändung bedingter Ansprüche. Da sich vertragliches Pfandrecht und Pfändungspfandrecht in ihrer rangwahrenden Funktion nicht unterscheiden, ist nach dem BGH auch bei der Pfändung aufschiebend bedingter Ansprüche und der eingeschränkten Pfändung eines der von § 852 ZPO erfaßten Ansprüche für die Bestimmung des Ranges auf den Zeitpunkt der Pfändung abzustellen. Dadurch kann sich der Gläubiger den Vorrang im Pfandrecht sichern.

Diese Auffassung des BGH läuft darauf hinaus, daß das Pfandrecht - in "beschränkter" Form - mit Wirkung im Zeitpunkt der Pfändung auch dann mit der Verstrickung entsteht, wenn Rechtshängigkeit oder Anerkenntnis (noch) nicht vorliegen. Das Fehlen der Pfändungsvoraussetzungen wird durch den Eintritt von Rechtshängigkeit oder Anerkenntnis geheilt, so daß es zur "Rückbeziehung des vollen Pfandrechts" auf den Zeitpunkt der "eingeschränkten Pfändung" kommt. Dies hat die Folge, daß nachpfändende Gläubiger kein gleichrangiges Pfandrecht erwerben. Für die Rangfolge ist vielmehr die zeitliche Reihenfolge der Pfändungen maßgeblich, nicht der Eintritt der Pfändungsvoraussetzungen.

Der BGH scheint insofern mit der öffentlich-rechtlichen Pfandrechtslehre der Meinung zu folgen, auch ohne Vorliegen der Pfändungsvoraussetzungen des § 852 ZPO entstehe das Pfandrecht mit der Verstrickung. Der Eintritt der Voraussetzungen soll den Mangel "heilen", so daß der früher pfändende Gläubiger Vorrang vor dem später pfändenden hätte. Dies scheint in Widerspruch zur gemischten Lehre zu stehen, wonach bei Pfändung der von § 852 ZPO erfaßten Forderungen ohne Vorliegen von Rechtshängigkeit oder Anerkenntnis die Forderung zwar verstrickt ist, ein Pfandrecht aber nicht entsteht. Das Pfandrecht erlangt deshalb nach dieser Lehre erst bei Nachholen der Voraussetzungen ex nunc Wirkung, wodurch die Pfandrechte aller Gläubiger gleichen Rang haben.

Tatsächlich ist jedoch bei der Pfändung der von § 852 ZPO erfaßten Forderungen eine Entscheidung zwischen den Pfandrechtslehren nicht erforderlich. Auch der BGH wendet weder die öffentlich-rechtliche noch die gemischt privat-öffentliche Lehre an. Vielmehr wird trotz der mißverständlichen Verwendung des Begriffes Rückbeziehung eine Konstruktion zur Pfandrechtsentstehung und Wirkung entworfen, die sich an der Annahme des in seiner Verwertbarkeit aufschiebend bedingten Anspruchs orientiert und dadurch zur Vorrangigkeit des ohne Vorliegen der Pfändungsvoraussetzungen erstpfändenden Gläubigers kommt.

Die Pfändung eines in seiner Verwertbarkeit aufschiebend bedingten Anspruchs findet unabhängig vom Vorliegen der in § 852 ZPO normierten Voraussetzungen statt. Diese erlangen erst für die Verwertung des Anspruchs Bedeutung. Wie schon ausgeführt, entspricht es dabei dem Charakter der von § 852 ZPO erfaßten Forderungen, daß sie durch Rechtshängigkeit und Anerkenntnis eine inhaltliche Wandlung von unverwertbaren zu verwertbaren Forderungen erfahren.

Ein Pfandrecht kann jedoch schon vor Eintritt der Verwertbarkeit an dem entstandenen Anspruch begründet werden, auch wenn es durch den beschränkten Anspruchsinhalt eingeschränkt ist. Grundsätzlich ist nämlich das Pfändungspfandrecht nicht nur vom Bestand, sondern auch vom Inhalt des gepfändeten Rechts abhängig.[393] Es erfolgt eine unbedingte Pfändung eines sich noch im Schwebezustand befindlichen Rechts. Ist der Anspruch nicht verwertbar, unterliegt die Verwertbarkeit einer Bedingung, steht also wie bei jedem bedingten Recht in der Schwebe. Dabei von einem eingeschränkten Pfandrecht zu sprechen, das später als umfassendes, volles Pfandrecht auf den Pfändungszeitpunkt zurückbezogen wird, bzw. ein Pfandrecht nur für den Fall, daß die Verwertbarkeit eintritt, anzunehmen[394], ist ungenau.[395] Nicht das Pfandrecht, sondern der von ihm erfaßte Anspruch ist eingeschränkt (bedingt). Erst dies begründet, daß auch das Pfandrecht vorerst nur eingeschränkte Wirkungen[396] entfalten kann. Das Pfandrecht besteht jedoch von Anfang an am noch nicht verwertbaren Anspruch bzw. entsteht mit der Pfändung und umfaßt ein im Schwebezustand befindliches Recht.[397]

Eine solche Pfändung erfolgt nicht "irrtümlich" oder fehlerhaft unter Verstoß gegen Pfändungsvoraussetzungen, so daß sie zu einer mangelhaften Pfändung und Anfechtbarkeit im Erinnerungsverfahren führt, sondern die Pfändungsvoraussetzungen werden bewußt erst bei der

---

393) *Kuchinke*, NJW 1994, 1769 (1770).
394) BGH 123, 183 (186,190).
395) Selbst wenn natürlich aufgrund der Akzessorietät die Bedingtheit des Anspruchs eine Einschränkung des Pfandrechts bewirkt, dazu im folgenden.
396) Dazu unten S. 97 ff.
397) *Kuchinke*, NJW 1994, 1769 (1770).

Verwertung als Voraussetzungen herangezogen. Einer Rückbeziehung des Pfandrechts bedarf es deshalb nicht, da diese nur dann Sinn macht, wenn die Pfändung wegen eines Verstoßes gegen das Pfändungsverbot an einem Mangel litte und der Eintritt der Verwertbarkeitsvoraussetzungen eine Heilung begründete.[398]) Damit ist bei der Pfändung eines in der Verwertbarkeit bedingten Anspruchs nicht die Frage betroffen, ob Pfändungen ohne Vorliegen der Pfändungsvoraussetzungen zur Pfandrechtsentstehung und späteren Heilung ex tunc oder lediglich zur Verstrickung ohne Entstehung eines Pfandrechts führen. Insoweit folgt der BGH trotz seiner widersprüchlichen Formulierung nicht der Lehre von der öffentlich-rechtlichen Natur des Pfändungspfandrechts.

Da das Pfandrecht von der Pfändung an am noch unverwertbaren Anspruch besteht, bestimmt sich auch die Rangfolge der Pfandrechte verschiedener Gläubiger nach der Reihenfolge der Pfändungen und nicht nach dem Eintritt von Rechtshängigkeit oder Anerkenntnis, wobei alle Pfandrechte gleichen Rang hätten.

Im Ergebnis ist es also richtig, ein "umfassendes Pfandrecht" - im Sinne eines Pfandrechts am verwertbaren Anspruch - nur für den Fall zu begründen, daß die Verwertungsvoraussetzungen eintreten, seinen Rang jedoch am Zeitpunkt der Pfändung festzumachen.

Da das Pfandrecht im Zeitpunkt der Pfändung entsteht, bedarf es dafür keiner Ableitung aus §§ 1209, 161 I BGB, von der zudem angenommen wird, sie sei nicht ohne weiteres zulässig (§§ 158, 159 BGB).[399]) § 1209 BGB bestimmt, daß für den Rang des Pfandrechts die Zeit der Bestellung auch dann maßgebend ist, wenn es für eine künftige oder bedingte Forderung bestellt ist. Eine unmittelbare Anwendung des § 1209 BGB scheidet jedoch wegen des Wortlautes aus, da es nicht um ein Pfandrecht für einen bedingten Anspruch geht, sondern um ein solches an einem bedingten Anspruch.[400]) Nach allgemeiner Meinung gilt jedoch § 1209 BGB mit Festsetzung des Prioritätsprinzips nicht nur für Pfandrechte für bedingte Forderungen, sondern auch für bedingte Pfandrechte[401]), also für die Verpfändung

---

398) *Kuchinke*, NJW 1994, 1769 (1771).
399) *Kuchinke*, NJW 1994, 1769 (1771).
400) *BGB/RGRK/Kregel*, § 1209 BGB, Rz. 4.
401) *Palandt/Bassenge*, § 1209 BGB, Rz. 2; *Erman/Küchenhoff*, § 1209 BGB, Rz. 2; *BGB/RGRK/Kregel*, § 1209 BGB, Rz. 4; *Staudinger/Wiegand*, § 1209 BGB, Rz. 6 m.w.N..

bedingter Forderungen bzw. - da sich vertragliches Pfandrecht und Pfändungspfandrecht in ihrer rangwahrenden Funktion nicht unterscheiden[402]) - für Pfändungspfandrechte an bedingten Forderungen. Für die entsprechende Anwendung der §§ 1209, 161 I BGB wird dabei ausgeführt, das Rangverhältnis bedingter Pfandrechte sei nicht anders zu beurteilen, als das der Pfandrechte für aufschiebend bedingte Forderungen.[403]) Nach anderer Ansicht ist jedoch eine Herleitung des Prioritätsprinzips bei Pfandrechten an bedingten Ansprüchen aus § 1209 BGB nicht möglich.[404]) Maßgeblich ist nach dieser Ansicht vielmehr, daß die Parteien, falls nicht der Zeitpunkt der Bestellung, sondern der des Bedingungseintritts über den Rang entscheidet, in der Lage wären, Rangvorbehalte zu schaffen.[405]) Rangvorbehalte sind jedoch unzulässig, da eine Regelung entsprechend § 880 BGB auf dem Gebiet des Pfandrechts fehlt.[406]) Zudem hat nach der Regelung des § 161 I BGB bei bedingten Verfügungen der Bedingungseintritt gewisse rückwirkende Kraft[407]), obwohl sich aus § 159 BGB ergibt, daß Bedingungen grundsätzlich keine Rückwirkung haben[408]) und die Regelung des § 161 I BGB an sich lediglich der Sicherung der Erwerbsposition des Anwartschaftsinhabers dient. Dies spricht dafür, auch bei der Pfändung bedingter Ansprüche vom Prioritätsprinzip auszugehen. Welcher Ableitung des Prioritätsprinzips man hier auch folgt, für die Entstehung des Pfandrechts ist eine Rückbeziehung im Wege der Anwendung der §§ 1209, 161 I BGB nicht erforderlich, da von der Pfändung an ein für ein Pfandrecht taugliches Objekt vorhanden ist und der Eintritt der Verwertungsvoraussetzungen nicht die Heilung einer zunächst mangelhaften Pfändung begründet. Das Pfandrecht entsteht mit der Pfändung am inhaltlich beschränkten Anspruch und setzt sich mit der Verwertbarkeit des Anspruchs an diesem Anspruch fort, wobei es auch hierfür keiner Rückbeziehung bedarf.

Die Konstruktion einer Rückwirkung über §§ 1209, 161 I BGB ist insofern überflüssig. Nicht entscheidend ist auch die Frage, ob allgemein ein Nachholen von (nicht zur Nichtigkeit der Pfändung führenden)

---

[402]) BGHZ 52, 99 (107 f.).

[403]) *BGB/RGRK/Kregel*, § 1209 BGB, Rz. 4.

[404]) *MünchKomm/Damrau*, § 1209 BGB, Rz. 5.

[405]) *MünchKomm/Damrau*, § 1209 BGB, Rz. 5; *Palandt/Bassenge*, § 1209 BGB, Rz. 2.

[406]) *MünchKomm/Damrau*, § 1209 BGB, Rz. 2; *Palandt/Bassenge*, § 1209 BGB, Rz. 2; *BGB/RGRK/Kregel*, § 1209 BGB, Rz. 2, 4.

[407]) *MünchKomm/Damrau*, § 1209 BGB, Rz. 5 m.w.N..

[408]) BGHZ 10, 69 (72); *Rosenberg/Gaul/Schilken*, ZwangsvollstrR, § 31 IV 2 a.

Pfändungsvoraussetzungen zu einer ex tunc oder ex nunc wirksamen Heilung der mangelhaften Pfändung führt. Damit erübrigt sich ebenfalls eine Erörterung des Streites, ob eine Verstrickung ohne Pfandrecht möglich ist. Das Pfandrecht wird - mit der Verstrickung - durch die Pfändung begründet, § 804 I, III ZPO.[409]) Liegen Rechtshängigkeit oder Anerkenntnis insofern im Zeitpunkt der Pfändung nicht vor, so haftet der Pfändung selbst kein Mangel an, der die Frage der Konvaleszensbedingungen aufwirft. Vielmehr geht es darum, die Wirkungen der Pfändung so zu bestimmen, daß sie dem durch den begrenzten Inhalt des Anspruchs entstehenden Schwebezustand gerecht wird.

b) Funktion des Pfandrechts

Der BGH spricht von einer eingeschränkten Pfändung, um damit anzudeuten, daß trotz Pfändung die Verwertung bis zum Eintritt der aufschiebenden Bedingung ausgeschlossen ist. Eingeschränkt ist allerdings nicht die Pfändung, sondern die Wirkung der Vollstreckungsmaßnahme. Dementsprechend ist auch das Pfändungspfandrecht als Pfändungswirkung abhängig vom Inhalt des gepfändeten Rechts.[410]) Der Inhalt des Anspruchs bestimmt sich danach, ob der Anspruch aufgrund des Vorliegens der Voraussetzungen des § 852 ZPO bereits verwertbar ist.

Jede Einschränkung der Pfändungswirkungen hinsichtlich des Pfandrechts kann also nur in der mangelnden Verwertbarkeit des erfaßten Anspruchs gründen.

Zunächst ist festzustellen, daß das Gesetz Pfandrechte kennt, die das Pfandobjekt in den einzelnen Verwertungsstufen erfassen. Beispielsweise ergreift das Pfändungspfandrecht den Erlös aus der Verwertung oder im Falle der Hinterlegung die Forderung gegen die Hinterlegungsstelle. Das Prinzip der dinglichen Surrogation sichert dem Gläubiger den Wert des Pfandobjekts in der jeweiligen Rechtsform.[411]) Dies zeigt die Abhängigkeit des Pfändungspfandrechts vom jeweiligen Inhalt des Pfandobjekts.

Im Gegensatz zu diesen unterschiedlichen Verwertungsstufen sind jedoch die von § 852 ZPO erfaßten Ansprüche gar nicht verwertbar.

---

[409]) *Stöber*, ZAP 1993, 923 (924).
[410]) *Kuchinke*, NJW 1994, 1769 (1770).
[411]) *Bruns/Peters*, ZwangsvollstrR, § 20 III 2 f.

Derartigen Forderungen kann ein Pfandrecht als Recht zum Erhalt der Forderung bzw. zum Behaltendürfen im Sinne der Pfandrechtslehren sinnvollerweise nicht anhaften. Die Natur des Pfandrechts als Verwertungsrecht kann in diesem Zeitpunkt nicht eingreifen. Dies würde zu einer Verwertung zugunsten der Gläubiger führen, was dem Schutzzweck des § 852 ZPO widerspräche. Ist der Anspruch noch nicht verwertbar, kann das Pfandrecht keine über die Sicherung hinausgehende Funktion[412] entfalten.

Allerdings ist das in § 804 II, III ZPO normierte Interesse an Rangwahrung und Sicherung der Stellung des Vollstreckungsgläubigers auch und gerade zu diesem Zeitpunkt gegeben. Dem Gläubiger muß also seine vorrangige Pfandrechtsposition gewahrt werden. Er kann solche Rechtshandlungen vornehmen, die der Erhaltung seines Pfandrechts dienen, z.B. Wechsel zu Protest geben oder den Erwerb durch Dritte anfechten.[413] Zulässig sind regelmäßig in diesem Sicherungszeitpunkt an sich auch Maßnahmen, die die spätere Einziehung vorbereiten, z.B. Klage auf Feststellung oder Leistung an sich und den Gläubiger gemeinsam oder auf Hinterlegung für beide, sowie die Anmeldung der Forderung im Konkurs des Drittschuldners oder im Zwangsversteigerungsverfahren.[414] Letztere Möglichkeiten müssen jedoch im Interesse der Entscheidungsfreiheit ausgeschlossen werden, da sie auf eine Verwertung ausgerichtet sind, auf die der Gläubiger derzeit noch keinen Anspruch hat.

In den Funktionen der Rangsicherung und des Pfandrechtserhalts muß sich die Wirkung des Pfandrechts auch erschöpfen. Bei diesen Wirkungen bleibt es, wenn die Verwertbarkeit nicht eintritt. Die Wirkung des Pfandrechts besteht deshalb in seiner Sicherungs- und Erhaltungsfunktion. Wenn der BGH anführt, § 852 ZPO verbiete lediglich eine Pfändung, die ein umfassendes Pfandrecht begründe, nicht jedoch eine solche, die ein eingeschränktes Pfandrecht entstehen läßt[415], so bedeutet dies also, daß die Funktion des Pfandrechts als umfassendes Recht am verwertbaren Anspruch bis zum Eintritt der Voraussetzungen des § 852 ZPO eingeschränkt ist.

---

412) Vgl. o. S. 48 ff.
413) RGZ 27, 345 (346); RGZ 61, 150; RGZ 73, 276 (277); *Stöber*, Forderungspfändung, Rz. 557; *Rosenberg/Gaul/Schilken*, ZwangsvollstrR, § 55 I 3 a cc m.w.N.
414) *Stein/Jonas/Brehm*, § 829 ZPO, Rz. 86; *Rosenberg/Gaul/Schilken*, ZwangsvollstrR, § 55 I 3 a cc.
415) BGHZ 123, 183 (186).

Die ZPO kennt Pfandrechte, die sich - obwohl das Pfandrecht seiner Natur nach Verwertungsrecht ist - in ihrer Funktion lediglich auf Rangwahrung und Sicherung beschränken. Bei bloßer Pfändung einer Forderung, aber bevor diese zur Verwertung überwiesen wurde, kann der Gläubiger allein die Sicherung der gepfändeten Forderung betreiben, nicht aber Befriedigung aus ihr suchen.[416]) Der Gläubiger erlangt also mit dem Pfandrecht bereits durch die Pfändung eigene vollstreckungsrechtliche Kompetenzen zur Sicherung der gepfändeten Sache oder des gepfändeten Rechts.[417]) Bei der Sachpfändung nimmt dabei der Gläubiger eine Stellung ein, die derjenigen eines Faustpfandgläubigers vor dem Verfall entspricht.[418]) Bei der Forderungspfändung verschafft die Pfändung dem Gläubiger im wesentlichen die Rechtsstellung eines Rechtspfandgläubigers nach dem BGB vor Pfandreife.[419])

Meist wird jedoch ein Pfändungsgläubiger seinen Pfändungsantrag mit dem Antrag auf Überweisung der gepfändeten Forderung (§ 835 ZPO) verbinden. Aus §§ 835 III 1 i.V.m. 829 II, III ZPO zeigt sich, daß Pfändungs- und Überweisungsbeschluß übereinstimmende Wirksamkeitsvoraussetzungen haben. Daß das Gesetz dennoch beides getrennt voneinander normiert, findet seinen Grund darin, daß es Pfandrechte gibt, die sich dauerhaft in der Sicherungs- und Erhaltungsfunktion erschöpfen.

So ist die Rechtsstellung des Gläubigers bei Arrestvollziehung (§ 916 ff. ZPO) und Sicherungsvollstreckung (§ 720 a ZPO) auf die Pfändung allein beschränkt.[420]) Das Arrestverfahren dient dabei lediglich der vorläufigen Sicherung der Gläubigeransprüche, nicht aber deren Befriedigung. So werden nach § 930 III ZPO bewegliche Sachen lediglich gepfändet und nicht versteigert. Nach § 930 II ZPO wird gepfändetes Geld nur hinterlegt, nicht aber ausgekehrt. § 932 ZPO schreibt vor, daß bei Immobiliarvollstreckung lediglich die Arresthypothek, nicht aber Zwangsverwaltung oder Zwangsversteigerung zulässig sind. § 930 I

---

[416]) *MünchKomm/Smid*, § 829 ZPO, Rz. 37; *Zöller/Stöber*, § 829 ZPO, Rz. 17; *Stöber*, Forderungspfändung, Rz. 555.
[417]) *Lipp*, JuS 1988, 119 (120).
[418]) *Zöller/Stöber*, § 829 ZPO, Rz. 17; *Brox/Walker*, ZwangsvollstrR, Rz. 617.
[419]) *Stöber*, Forderungspfändung, Rz. 555.
[420]) *Stöber*, Forderungspfändung, Rz. 555 mit FN 4; siehe auch *Gaul*, Die Rechtsstellung der Kreditinstitute als Drittschuldner..., S. 16.

S. 3 ZPO zeigt, daß beim Arrestvollzug Forderungen nur gepfändet, nicht aber überwiesen werden. Das Arrestpfandrecht hat also den gleichen Inhalt, wie ihn § 804 ZPO beschreibt, mit Ausnahme des Rechts auf Verwertung. Mit Vorliegen der Voraussetzungen für die Zwangsvollstreckung aus dem Titel in der Hauptsache geht das Arrestpfandrecht ohne weiteres unter Wahrung seines Ranges in das normale Vollstreckungspfandrecht über, das zur Befriedigung führt.[421] Bei Arrestpfändung sichert also das Pfändungspfandrecht dem Gläubiger den Rang nur unter dem Vorbehalt, daß die Verwertung später zulässig wird; insoweit vergleichbar ist die Lage bei der Sicherungspfändung nach § 720 a ZPO.[422] Auch durch Vorpfändung entsteht das Pfändungspfandrecht als schwebendes Recht, § 845 II ZPO.[423] Bei Arrestvollziehung, Vorpfändung und Sicherungsvollstreckung ist insofern das Recht auf Erhalt des Erlöses nach der Rangfolge noch bedingt, wird aber als Rechtsposition (§ 804 II ZPO) schon während der Schwebezeit im Rang gesichert.[424] Entsprechendes gilt nach der gemischt privat-öffentlichen Theorie, wonach während der Schwebezeit das endgültige Befriedigungsrecht im Rang gesichert wird.

Auch das Pfandrecht an einem in seiner Verwertbarkeit aufschiebend bedingten Anspruch erschöpft sich also allein in diesen Sicherungs- und Erhaltungsfunktionen.

Dies ist auch vereinbar mit der vom BGH gezogenen Parallele zur Pfändung bedingter Ansprüche, nach deren Regeln wegen der dargelegten strukturellen Ähnlichkeit der in seiner Verwertbarkeit aufschiebend bedingte Anspruch gepfändet wird. Bei Pfandrechten für bedingte Forderungen wird nämlich ein Schwebezustand (auflösend bedingte Bestandsfiktion) des Pfandrechts angenommen bis zu der Zeit, zu der sich herausstellt, ob die Forderung entsteht oder nicht.[425] In diesem Zeitpunkt ist eine Verwertung der Forderung ausgeschlossen. Im übrigen treten die sichernden Pfandrechtswirkungen ein, so daß sich der

---

[421] *Thomas/Putzo,* § 930 ZPO, Rz. 3.

[422] *Stein/Jonas/Münzberg,* § 804 ZPO, Rz. 6 m.w.N., § 720 a ZPO, Rz. 5-7; *Rosenberg/Gaul/Schilken,* ZwangsvollstrR, § 14 V 2 c unter Hinweis auf § 720 a I S. 2 ZPO, dazu auch unten S. 105/106.

[423] *Stein/Jonas/Münzberg,* § 804 ZPO, Rz. 6, -Brehm, § 845 ZPO, Rz. 13.

[424] *Stein/Jonas/Münzberg,* § 804 ZPO, Rz. 20.

[425] *Stein/Jonas/Brehm,* § 829 ZPO, Rz. 5 mit FN 19; *MünchKomm/Damrau,* § 1204 BGB, Rz. 22 für das privatrechtliche Pfandrecht.

Rang nach dem Pfändungszeitpunkt bestimmt. Das Pfandrecht erlischt, wenn die Bedingung ausfällt.[426])

Erst wenn beim entstandenen, aber bedingt verwertbaren Anspruch die inhaltliche Beschränkung der Verwertbarkeit aufgehoben wird, wandelt sich auch die inhaltliche Beschränkung des Pfandrechts. Tritt also die Verwertbarkeit der erfaßten Forderungen ein, so entfaltet das Pfandrecht alle unter 1. beschriebenen Wirkungen. Es hat somit auch das Recht für den Erhalt des Verwertungserlöses vor Gläubigern mit schlechterem Rang nach den Regeln der §§ 804 II, III, 815, 827 ZPO zum Inhalt[427]), folgt man der öffentlich-rechtlichen Pfandrechtslehre, bzw. dient der endgültigen materiellrechtlichen Güterzuordnung im Sinne eines "Behaltendürfens" des Erlöses[428]) nach der gemischt privat-öffentlichen Pfandrechtslehre.

Somit sind Entstehung und Funktion des Pfandrechts am aufschiebend bedingt verwertbaren Anspruch mit den Vorgaben des Gesetzes vereinbar und werden dem vom Pfandrecht erfaßten Anspruch in dessen inhaltlichem Schwebezustand gerecht. Dies fügt sich unproblematisch in die unterschiedlichen Lehren zur Rechtsnatur des Pfändungspfandrechts ein.

VII. Arrestatorium, § 829 I S. 1 ZPO

1. Gesetzliche Vorgaben

Dem Drittschuldner wird durch das nach § 829 I S. 1 ZPO mit der Zustellung eintretende Arrestatorium verboten, an den Vollstreckungsschuldner zu zahlen. Zahlt er dennoch, so ist diese Leistung dem Gläubiger gegenüber unwirksam. Er wird allerdings entsprechend §§ 407, 409, 1275 BGB von seiner Leistungspflicht befreit, falls er in Unkenntnis der Pfändung leistet.[429]) Das Arrestatorium ist konstitutive Wirksamkeitsvoraussetzung jeder Pfändung.[430]) Es setzt jedoch das Entstehen eines wirksamen Pfandrechts nicht voraus.[431])

---

[426]) *MünchKomm/Damrau*, § 1204 BGB, Rz. 22 für das privatrechtliche Pfandrecht.
[427]) *Stein/Jonas/Münzberg*, § 804 ZPO, Rz. 20, 22.
[428]) *Rosenberg/Gaul/Schilken*, ZwangsvollstrR, § 50 III 3 a.
[429]) Z.B. RGZ 87, 412 (415); BGHZ 86, 337 (339); *Rosenberg/Gaul/Schilken*, ZwangsvollstrR, § 55 I 3 b m.w.N.
[430]) *MünchKomm/Smid*, § 829 ZPO, Rz. 25.
[431]) *Gaul*, Zur Rechtsstellung der Kreditinstitute als Drittschuldner..., S. 37, 43.

2. Arrestatorium bei Pfändung eines in seiner Verwertbarkeit aufschiebend bedingten Anspruchs

Bei Pfändung eines in seiner Verwertbarkeit aufschiebend bedingten
Anspruchs muß das Arrestatorium eintreten, da es konstitutive Wirksamkeitsvoraussetzung jeder Pfändung ist. Es bleibt deshalb bei der so-
fortigen Wirkung der Pfändung einschließlich des Arrestatoriums.[432]

Der Eintritt des Arrestatoriums ist auch unproblematisch mit der Tatsache vereinbar, daß es sich um einen in der Verwertbarkeit aufschiebend bedingten Anspruch handelt. Das Arrestatorium ist keine Verwertungsmaßnahme. Seine Folge eines Zahlungsverbots führt also nicht zu
einer frühzeitigen Verwertbarkeit entgegen dem Willen des Berechtigten. Durch das Zahlungsverbot an den Drittschuldner ist die Entscheidungsfreiheit des Anspruchsberechtigten deshalb nicht betroffen, denn
es hängt weiterhin von seinem Willen ab, ob die Verwertbarkeit eintritt
oder nicht. Also ist es auch nicht erforderlich, das Arrestatorium unter
dem Gesichtspunkt einzuschränken, daß ein in seiner Verwertbarkeit
aufschiebend bedingter Anspruch gepfändet wird.

Zudem entspricht das Zahlungsverbot der Rechtslage vor der Pfändung. Auch vor der Pfändung besteht keine Möglichkeit für den Anspruchsschuldner, durch Zahlung, Aufrechnung oder Hinterlegung zu
erfüllen oder den Berechtigten in Gläubigerverzug zu setzen.[433] Gerade dies sollte die Entscheidungsfreiheit des Berechtigten schützen. Daran zeigt sich, daß auch der Drittschuldner durch das Arrestatorium
nicht ungebührlich benachteiligt wird, denn seine Stellung entspricht
der auch vor der Pfändung eingeschränkten Rechtsposition als Anspruchsschuldner.

Der Drittschuldner darf also nach Zustellung des Pfändungsbeschlusses nicht an den Anspruchsinhaber zahlen. Falls die Bedingung eintritt,
hat die Zahlung nicht an den Vollstreckungsschuldner, sondern an den
Vollstreckungsgläubiger zu erfolgen. Dann ist aber die Verwertbarkeit
bereits eingetreten, ohne daß das frühere Zahlungsverbot als solches in
die Entscheidungsfreiheit eingegriffen hat.

---

[432] *Wax*, LM § 852 ZPO, Nr. 1.
[433] *Lange/Kuchinke*, ErbR, § 37 VII 2 c.

VIII. Hinterlegung des Forderungsbetrags bei Mehrfach-pfändung, § 853 ZPO

Bei mehrfacher Pfändung ist der Drittschuldner grundsätzlich berechtigt, den Schuldbetrag zu hinterlegen bzw. auf Verlangen eines Gläubigers verpflichtet. Dies würde jedoch schon vor Eintritt der Verwertbarkeit dazu führen, daß gegen den Willen des Vollstreckungsschuldners der Anspruch zugunsten der Pfandgläubiger zugeordnet wird, das Schuldverhältnis zwischen Drittschuldner und Vollstreckungsschuldner erlischt und der Drittschuldner von der Zahlungspflicht befreit wird.[434] Dadurch würde die Entscheidungsfreiheit des Anspruchsberechtigten aufgehoben. Deshalb ist erst nach Eintritt der Verwertungsvoraussetzungen des § 852 ZPO eine Hinterlegung möglich.[435] Dies entspricht dem Schutzzweck des § 852 ZPO, der vor Rechtshängigkeit und Anerkenntnis ein Aufdrängen des Anspruchs im Wege der Hinterlegung durch den Schuldner der Forderung ausschließen will.[436]

IX. Auskunftspflicht des Drittschuldners, § 840 ZPO

Aufgrund der Pfändung ist der Drittschuldner im Rahmen des § 840 ZPO zur Auskunftserteilung über die gepfändete Forderung verpflichtet.

1. Gesetzliche Vorgaben

Die Auskunft soll den Gläubiger über die Chancen einer Eintreibung der gepfändeten Forderung - auch mit Rücksicht auf Rechte Dritter - aufklären und ihm Hilfen für die Durchsetzung verschaffen.[437]

Die Vorschrift dient also der Wahrung der Gläubigerbelange, indem sie den Drittschuldner zur Auskunft über Bestand und Wert der gepfändeten Forderung an den Gläubiger verpflichtet, der die Verhältnisse meist nicht näher kennt, sich aber darauf einstellen muß.[438]

---

[434] *Thomas/Putzo*, § 853 ZPO, Rz. 7.
[435] *Kuchinke*, NJW 1994, 1769 (1770/1771).
[436] S.o. S. 37 ff.
[437] *Rosenberg/Gaul/Schilken*, ZwangsvollstrR, § 55 I 3 b.
[438] *Zöller/Stöber*, § 840 ZPO, Rz. 1; *Stöber*, Forderungspfändung, Rz. 627; *Lingen*, Die Drittschuldner-Haftung..., S. 31 m.w.N.; vgl. *Schreiber*, JR 1977, 464.

Dadurch verschafft sie dem Gläubiger die Unterlagen für sein weiteres Vorgehen und Klarheit über seine Befriedigungsaussichten.[439]) Rechtsnatur, Ausmaß und weitere Einzelheiten der Auskunftspflicht sind umstritten.[440]) Nach richtiger Ansicht knüpft die Auskunftspflicht bereits an die Pfändung an und steht damit selbständig neben der erst als Wirkung der Überweisung gemäß § 836 III ZPO eintretenden Auskunftspflicht des Schuldners.[441]) Sie setzt nur eine formell wirksame Pfändung voraus und weder das Bestehen der gepfändeten Forderung noch das Entstehen eines wirksamen Pfändungspfandrechts.[442]) Eine Vorpfändung nach § 845 ZPO begründet keine Auskunftspflicht des Drittschuldners[443]), wohl aber die Sicherungsvollstreckung nach § 720 a ZPO.[444]) Für die Arrestpfändung ist dies umstritten.[445])

2. Auskunftspflicht des Drittschuldners bei Pfändung eines in seiner Verwertbarkeit aufschiebend bedingten Anspruchs

Da die Pfändung des in seiner Verwertbarkeit bedingten Anspruchs eine wirksame Pfändung mit Zustellung eines Pfändungsbeschlusses ist, müßte grundsätzlich auch hier die Auskunftserteilungspflicht des Drittschuldners eingreifen. Weil jedoch die Wirkungen der Pfändung angesichts des beschränkten Anspruchscharakters ihrerseits beschränkt (bedingt) sind, stellt sich die Frage, ob die Anordnung der Auskunftspflicht zu suspendieren ist, da es sich um einen noch unverwertbaren Anspruch handelt.

---

[439]) *Stöber*, Forderungspfändung, Rz. 627; *Lingen*, Die Drittschuldner-Haftung..., S. 31 m.w.N.

[440]) Vgl. *Rosenberg/Gaul/Schilken*, ZwangsvollstrR, § 55 I 3 b; zur Frage der Klagbarkeit des Anspruchs: BGHZ 68, 289 ff. m.w.N.; LG Braunschweig, MDR 55, 490; *Baumbach/Lauterbach/Hartmann*, § 840 ZPO, Rz. 2, 3; *Schreiber*, JR 1977, 464 f.

[441]) BGHZ 68, 289 (291); *Rosenberg/Gaul/Schilken*, ZwangsvollstrR, § 55 I 3 b.

[442]) *Rosenberg/Gaul/Schilken*, ZwangsvollstrR, § 55 I 3 b bb.

[443]) Allg. Meinung, z.B.: BGHZ 68, 289 (291); BGH WM 62, 525 (526); *Stein/Jonas/Brehm*, § 840 ZPO, Rz. 3; *Baumbach/Lauterbach/Hartmann*, § 840 ZPO, Rz. 4; *Gaul*, Zur Rechtsstellung der Kreditinstitute als Drittschuldner..., S. 38 m.w.N.

[444]) BGHZ 68, 289 (291); *Stein/Jonas/Brehm*, § 840 ZPO, Rz. 3; *Zöller/Stöber*, § 840 ZPO, Rz. 2.

[445]) Eine Auskunftspflicht bejahend: *Stein/Jonas/Brehm*, § 840 ZPO, Rz. 3; *Schreiber*, JR 1977, 464; *Noack*, Rpfleger 1967, 136 (139); verneinend: *Gaul*, Zur Rechtsstellung der Kreditinstitute als Drittschuldner..., S. 41 ff.

a) Vergleich mit der Auskunftspflicht bei Vorpfändung, Sicherungsvollstreckung und Arrest

Bei der Vorpfändung, mit der oben verglichen wurde, wird der Eintritt der Auskunftspflicht unter anderem deshalb verneint, weil die Tatbestandsvoraussetzung "Zustellung des Pfändungsbeschlusses" bei ihr fehlt.[446]) Insoweit unterscheiden sich Vorpfändung und Pfändung eines in seiner Verwertbarkeit bedingten Anspruchs, bei dem die Zustellung des Pfändungsbeschlusses stattfindet. Vergleichbar sind Vorpfändung und Pfändung eines in seiner Verwertbarkeit bedingten Anspruchs jedoch hinsichtlich ihres Charakters, nur zur Sicherung der Zwangsvollstreckung zu dienen und kein Befriedigungsrecht zu gewähren. Dieses Argument, das bei der Vorpfändung ebenfalls angeführt wird, um die Auskunftspflicht zu verneinen[447]), spricht auch bei der Pfändung eines in seiner Verwertbarkeit bedingten Anspruchs gegen eine Auskunftspflicht.

Bei der Sicherungsvollstreckung, deren Wirkungen mit der Pfändung eines bedingt verwertbaren Anspruchs ebenfalls verglichen wurden, kann eine Drittschuldnerauskunft verlangt werden.[448]) Die Sicherungsvollstreckung bewirkt jedoch eine reguläre Pfändung. Leistet der Gläubiger die ihm nach dem Urteil obliegende Sicherheit, so kann er auf entsprechenden Nachweis (§ 751 III ZPO) die Zwangsvollstreckung unter Ausnutzung des durch die Sicherungsvollstreckung erlangten Ranges im Wege der Verwertung der gepfändeten Gegenstände bis zu seiner Befriedigung betreiben, § 720 a I Satz 2 ZPO.[449]) Hinsichtlich der Befriedigungsaussicht unterscheidet sie sich von der Pfändung eines in seiner Verwertbarkeit aufschiebend bedingten Anspruchs, so daß eine Auskunftspflicht bei der Sicherungsvollstreckung nicht für einen Auskunftsanspruch bei der Pfändung von in der Verwertbarkeit bedingten Ansprüchen spricht.

Ob schließlich die Arrestpfändung, die weiterhin zum Vergleich herangezogen wurde, eine Auskunftspflicht begründet, ist strittig. Dafür wird vorgebracht, § 840 ZPO knüpfe seine Wirkungen allein an die Zu-

---

[446]) BGHZ 68, 289 (291); *Gaul*, Zur Rechtsstellung der Kreditinstitute als Drittschuldner..., S. 39.

[447]) *Gaul*, Zur Rechtsstellung der Kreditinstitute als Drittschuldner..., S. 39.

[448]) *Stein/Jonas/Brehm*, § 840 ZPO, Rz. 3; *Zöller/Stöber*, § 840 ZPO, Rz. 2; *Stöber*, Forderungspfändung, Rz. 628.

[449]) *Rosenberg/Gaul/Schilken*, ZwangsvollstrR, § 14 V 2 a.

stellung des Pfändungsbeschlusses.[450]) Die Befriedigungsaussichten hingen nicht davon ab, aufgrund welchen Titels die Pfändung erfolge.[451]) Ein Arrestbefehl sei insoweit kein Titel minderen Rechts und könne deshalb nicht mit der vom Gläubiger erwirkten Pfändungsankündigung bei der Vorpfändung verglichen werden.[452]) Außerdem sei das Arrestpfandrecht schon ein vollwertiges Sicherungspfandrecht im Sinne des § 804 ZPO, während das Pfandrecht aufgrund Vorpfändung erst durch die endgültige Pfändung vollwertig werde.[453]) Gegen letzteres Argument ist jedoch einzuwenden, daß das Pfandrecht als Voraussetzung der Auskunftspflicht ohne Bedeutung ist.[454]) Zudem fehlt es bei der Arrestpfändung noch an einem Schuldtitel, der trotz des Sicherungscharakters der Maßnahme wie bei der Sicherungspfändung schon eine gefestigte Ausrichtung auf spätere Befriedigung begründen könnte, da der Arrestbefehl ohne Sachentscheidung beim Eintreten bestimmter Voraussetzungen wieder aufgehoben werden kann (§§ 923, 929, 926, 927 ZPO).[455]) Dies spricht dafür, Arrestpfändung und Vorpfändung hinsichtlich der Auskunftspflicht gleichzustellen, worauf auch § 845 II ZPO hinweist, in dem die Vorpfändung mit der "Wirkung des Arrests" ausgestattet wird.[456]) Ob bei der Arrestpfändung aus diesen Gründen eine Auskunftspflicht abzulehnen ist, soll hier jedoch dahinstehen.

b) Sinn der Auskunftspflicht bei Pfändung eines unverwertbaren Anspruchs

Bei der Pfändung eines in seiner Verwertbarkeit bedingten Anspruchs muß allerdings eine Auskunftspflicht verneint werden. Zwar ist hier ein Schuldtitel vorhanden, der nicht ohne weiteres wieder aufgehoben werden kann, jedoch entspricht ein Auskunftsanspruch bei einer solchen Pfändung dennoch nicht dem Sinn und Zweck der Auskunftspflicht nach § 840 ZPO.

---

[450]) *Stein/Jonas/Brehm,* § 840 ZPO, Rz. 3 m.w.N.

[451]) *Schreiber,* JR 1977, 464 (465).

[452]) BGHZ 68, 289 (290, 291).

[453]) *Noack,* Rpfleger 1967, 136 (139).

[454]) *Gaul,* Zur Rechtsstellung der Kreditinstitute als Drittschuldner..., S. 43.

[455]) *Rosenberg/Gaul/Schilken,* ZwangsvollstrR, § 55 I 3 b bb; *Gaul,* Zur Rechtsstellung der Kreditinstitute als Drittschuldner..., S. 42.

[456]) *Gaul,* Zur Rechtsstellung der Kreditinstitute als Drittschuldner..., S. 42.

§ 840 I ZPO normiert, daß der Drittschuldner auf Verlangen des Gläubigers zu erklären hat, 1. ob und inwieweit er die Forderung als begründet anerkenne und Zahlung zu leisten bereit sei; 2. ob und welche Ansprüche andere Personen an die Forderung machen; 3. ob und wegen welcher Ansprüche die Forderung bereits gepfändet sei. Da diese Auskünfte der Eintreibung und Sicherung der gepfändeten Forderung dienen, setzen sie voraus, daß die Pfändung schon eine gefestigte Ausrichtung auf spätere Befriedigung durch die gepfändete Forderung hat.[457]) Das bedeutet, der Vollstreckungsgläubiger soll durch die Auskünfte in der Geltendmachung und Durchsetzung der gepfändeten Forderung unterstützt werden. Insbesondere Ziffer 1 setzt voraus, daß der Pfändung die weitere Durchsetzung der Forderung folgen wird. Die Erfüllung der Auskunftspflicht ist nicht nur als Erleichterung, sondern als unabdingbare Voraussetzung für die Durchsetzung der Gläubigerrechte anzusehen.[458]) Ziel der gesetzlichen Regelung ist es daher, dem Gläubiger Klarheit über seine Befriedigungsaussichten zu verschaffen.[459])

Ein Interesse an einem Auskunftsanspruch kann deshalb nur dann zugebilligt werden, wenn der Anspruch dem Vollstreckungsgläubiger bei der Verwirklichung des Titels weiterhelfen und es ihm ermöglichen würde, sich aus der gepfändeten Forderung seines Schuldners zu befriedigen.[460]) Das ist aber bei der Pfändung eines in seiner Verwertbarkeit aufschiebend bedingten Anspruchs ausgeschlossen. Denn bei der Pfändung eines in seiner Verwertbarkeit aufschiebend bedingten Anspruchs ist die Durchsetzung und Befriedigung aus der Forderung nur in Abhängigkeit vom Bedingungseintritt angelegt. Wie ausgeführt erschöpft sich auch das Pfandrecht in seiner Sicherungsfunktion. Alle Maßnahmen, die auf Verwertung der Forderung gerichtet sind, sind ausgeschlossen. Zwar ist das Auskunftsverlangen nach § 840 ZPO noch keine unmittelbare Verwertungsmaßnahme. Durch die dem Dritten auferlegte Benachrichtigung soll jedoch der Gläubiger erfahren, ob die Forderung für ihn verwertbar und eine Klage auf Zahlung sinnvoll und zweckmäßig ist und welche Verwertungsart gewählt werden soll.[461])

---

[457]) Vgl. *Rosenberg/Gaul/Schilken*, ZwangsvollstrR, § 55 I 3 b bb.
[458]) *Lingen*, Die Drittschuldner-Haftung..., S. 31 m.w.N.
[459]) *Gaul*, Zur Rechtsstellung der Kreditinstitute als Drittschuldner..., S. 41; *Lingen*, Die Drittschuldner-Haftung..., S. 31.
[460]) Vgl. BGHZ 68, 289 (292).
[461]) *Lingen*, Die Drittschuldner-Haftung..., S. 31/32.

Der Auskunftsanspruch dient deshalb insofern bereits dem Verwertungszweck, als er dem Gläubiger Gewißheit über seine Befriedigungsaussichten verschaffen soll. An den Punkten, über die nach § 840 ZPO Auskunft verlangt werden kann, besteht deshalb kein anerkennenswertes Interesse, weil der Vollstreckungsgläubiger über Aussichten auf eine Befriedigung aufgeklärt werden soll, auf die er noch gar keinen Anspruch hat.[462])

Zwar mag der Vollstreckungsgläubiger auch beim unverwertbaren Anspruch ein Interesse daran haben, rechtzeitig zu wissen, ob er die Vollstreckung fortsetzen soll, jedoch hat er aus obigen Gründen in diesem Sicherungsstadium noch keinen Anspruch darauf, vom Drittschuldner eine verbindliche Auskunft über seine Befriedigungsaussichten zu erhalten. Auskünfte über Zahlungsbereitschaft und Begründetheit der Forderung vom Drittschuldner zu verlangen, ist vom Sicherungsinteresse des Vollstreckungsgläubigers nicht gedeckt. Auch ein Interesse daran, Auskünfte über die Ansprüche anderer Personen und über vorpfändende Gläubiger zu erlangen, ist vom Sicherungsinteresse nicht erfaßt, weil dadurch der Gläubiger ebenfalls über Befriedigungsaussichten und deren Probleme aufgeklärt wird, auf die er noch gar keinen Anspruch hat.

Im übrigen würde ein Auskunftsanspruch nach § 840 ZPO gar nicht ausreichen, um den Vollstreckungsgläubiger hinreichend aufzuklären. Dem Wortlaut des § 840 ZPO kann insoweit nur eine Verpflichtung des Drittschuldners zur Auskunft entnommen werden, ob er meine, zur Zahlung in einer bestimmten Höhe verpflichtet zu sein oder nicht.[463]) Auskünfte über das Vorliegen von Anerkenntnis oder Rechtshängigkeit könnten vom Drittschuldner nicht verlangt werden. Daran hätte der Vollstreckungsgläubiger in erster Linie Interesse. Ob der Drittschuldner zahlen muß, also die Befriedigungsaussicht besteht, hängt beim in seiner Verwertbarkeit bedingten Anspruch davon ab, ob der Vollstreckungsschuldner die gepfändete Forderung gegen ihn geltend machen will, den Anspruch also rechtshängig macht oder anerkennt. Die Zahlungsbereitschaft des Drittschuldners und die Begründetheit der Forderung sind dafür gar nicht relevant. Vielmehr soll und darf eine Zahlung gerade nicht erfolgen, um die Entscheidungsfreiheit des Berechtigten zu wahren. Zwar ist der Drittschuldner auch in engem Rah-

---

[462]) Vgl. *Rosenberg/Gaul/Schilken*, ZwangsvollstrR, § 55 I 3 b bb.
[463]) *Stöber*, Forderungspfändung, Rz. 642 m.w.N.

men zur Angabe bestimmter bestehender Einreden verpflichtet.[464]) Jedoch ist die Unverwertbarkeit keine Einrede gegen die Forderung, sondern Voraussetzung der Verwertung. Das generell kaum zu bestimmende Ausmaß der Erklärungspflicht bestimmt sich nach dem jeweiligen Pfändungsgegenstand.[465]) Die Erklärungspflicht des Drittschuldners findet dabei eine Entsprechung in denjenigen Vorschriften, welche die Auskunftspflicht dem Schuldner des zu erforschenden Anspruchs auferlegt.[466]) Im Falle von Pflichtteilsanspruch und Zugewinnausgleichsanspruch sind dies die Schuldnerpflichten nach §§ 1379, 2314 I S. 1 BGB, also Auskünfte über den Bestand des Nachlasses oder Endvermögens. Auskünfte über Rechtshängigkeit oder Anerkenntnis sind von diesem Ausmaß des Auskunftsanspruchs nicht erfaßt. Die Frage, ob Anerkenntnis oder Rechtshängigkeit vorliegen, hat insofern weder mit der Begründetheit der Forderung noch mit der Zahlungsbereitschaft des Drittschuldners etwas gemein. Auch die angemeldeten Rechte konkurrierender Gläubiger betreffen diese Frage nicht. § 840 ZPO würde die Auskünfte, die der Vollstreckungsgläubiger in erster Linie anstrebt, nicht gewähren.

Insgesamt ist aus diesen Gründen ein Auskunftsanspruch vor Eintritt der Verwertbarkeit zu verneinen.

X. Überweisungsbeschluß und Überweisung, § 835 ZPO

Durch die Pfändung allein erlangt der Gläubiger nur ein Pfandrecht, nicht jedoch die Befugnis, sich aus der beschlagnahmten Forderung durch Einziehung, Verkauf oder auf andere Weise zu befriedigen.[467]) Die Möglichkeit der Mehrung seiner Rechte[468]) verschafft erst die Pfandverwertung. Sie erfolgt durch Überweisung an Zahlungs Statt oder zur Einziehung. Im letzteren Fall erlangt der Gläubiger mit der Überweisung die Einziehungsbefugnis an der gepfändeten Forderung.[469])

---

[464]) *Stein/Jonas/Brehm*, § 840 ZPO, Rz. 9; *Stöber*, Forderungspfändung, Rz. 641; vgl. *Gaul*, Zur Rechtsstellung der Kreditinstitute als Drittschuldner..., S. 49 f.

[465]) *Gaul*, Zur Rechtsstellung der Kreditinstitute als Drittschuldner..., S. 51.

[466]) *Lingen*, Die Drittschuldner-Haftung..., S. 34.

[467]) *Stöber*, Forderungspfändung, Rz. 578; auch *Gaul*, Zur Rechtsstellung der Kreditinstitute als Drittschuldner..., S. 14 mit FN 28, S. 30 mit FN 119 m.w.N.: Grundlage des Verwertungs- und damit Einziehungsrechts ist der Überweisungsbeschluß, nicht das Pfandrecht; vgl. u. S. 110 ff.

[468]) *Stein/Jonas/Brehm*, § 835 ZPO, Rz. 1 m.w.N.

[469]) *Stöber*, Forderungspfändung, Rz. 602.

1. Gesetzliche Vorgaben

Für den Erlaß des Überweisungsbeschlusses muß die Forderung schon für den Gläubiger gepfändet sein oder gleichzeitig gepfändet werden.[470]) Rechtlich bleibt die Unterscheidung zwischen Pfändungs- und Überweisungsbeschluß jedoch bedeutsam in den Fällen des § 831 ZPO, wo die Verwertung nach § 835 ZPO erfolgt, ein Pfändungs- beschluß jedoch unnötig und fehlerhaft ist[471]), und in den erwähnten Fällen der Sicherungsvollstreckung (§ 720 a ZPO) und des Arrests (§ 930 ZPO).[472])

2. Überweisungsbeschluß und Überweisung bei Pfändung eines in seiner Verwertbarkeit aufschiebend bedingten Anspruchs

Ein in seiner Verwertbarkeit aufschiebend bedingter Anspruch darf vom Vollstreckungsgläubiger erst durchgesetzt werden, wenn der Voll- streckungsschuldner den Eintritt der Verwertungsbedingung herbeige- führt hat. Zu prüfen ist, ob dies bedeutet, daß auch der Überwei- sungsbeschluß erst mit Eintritt der Verwertungsbedingung, also mit Vornahme von Rechtshängigkeit oder Anerkenntnis bzw. einer diesen gleichstehenden Rechtshandlung, erfolgen kann.

Es wird vertreten, es beständen aus dem Sinn und Zweck des § 852 ZPO heraus keine Bedenken, die Überweisung auch beim in sei- ner Verwertbarkeit bedingten Anspruch in den Pfändungsbeschluß auf- zunehmen.[473]) Nach anderer Ansicht kann der Anspruch erst nach Be- dingungseintritt überwiesen werden, da bis zum Bedingungseintritt die von § 852 ZPO geschützte Entscheidungsfreiheit besteht.[474])

Die erste Ansicht wird damit begründet, die mit der Überweisung er- langte Einziehungsbefugnis des pfändenden Gläubigers verleihe die- sem Rechte nur im Umfang der Pfändung; er könne somit den An- spruch erst von seiner Verwertbarkeit an mit Eintritt einer der Voraussetzungen des § 852 ZPO geltend machen.[475]) Daher könne der

---

[470]) *Thomas/Putzo*, § 835 ZPO, Rz. 1.

[471]) *Thomas/Putzo*, § 831 ZPO, Rz. 1.

[472]) *Stein/Jonas/Brehm*, § 835 ZPO, Rz. 1.

[473]) *Stöber*, ZAP 1993, 923 (924); *Stöber*, Forderungspfändung, Rz. 273 b; *Greve*, ZIP 1996, 699 (701).

[474]) *Wax*, LM § 852 ZPO, Nr. 1; *Kuchinke*, NJW 1994, 1769 (1771); *Behr*, JurBüro 1996, 65.

[475]) *Stöber*, Forderungspfändung, Rz. 273 b.

Schuldner als Berechtigter nach wie vor allein entscheiden, ob der Anspruch gegen den Erben durchgesetzt werden soll.[476]) Deshalb könnten Pfändungs- und Überweisungsbeschluß wie üblich gemeinsam ergehen. Außerdem wird angeführt, es sei widersprüchlich, dem Gläubiger einerseits die Pfändung schon dann zu erlauben, wenn die Voraussetzungen des § 852 I ZPO noch nicht vorliegen, ihn aber andererseits hinsichtlich der Überweisung zu einem zweiten Vollstreckungsakt zu zwingen.[477])

Dafür spricht, daß die Überweisung auf Grundlage der Pfändung erfolgt. Diese ist der logisch vorangehende, die Überweisung bedingende Akt.[478]) Eine Begrenzung aus dem Vollstreckungszweck der Pfändung muß auch für das durch Überweisung verliehene Einziehungsrecht gelten. Insofern würde auf die Pfändung eines in seiner Verwertbarkeit bedingten Anspruchs die Überweisung ebendieses Anspruchs, der die Möglichkeit zur Durchsetzung noch nicht in sich trägt, folgen. Vergleichbar wird auch in dem Fall, daß eine gepfändete Forderung größer ist als die zu vollstreckende, dem Antrag auf volle Überweisung stattgegeben; das Pfandrecht erfaßt den ganzen gepfändeten Gegenstand[479]) - Vollpfändung -[480]) und die Überweisung gewährt das Recht zur Einziehung nur, soweit der Titel es dem Gläubiger gestattet.[481]) Insofern muß keine Identität zwischen Forderungsrecht und Einziehungsbefugnis bestehen.[482]) Der Gläubiger kann dann den Anspruch trotz Überweisung noch nicht einziehen; das kann er auch bei gepfändeten bedingten Forderungen nicht.[483]) Wie üblich bleibt der Schuldner Inhaber der Forderung und behält die Befugnis zu Handlungen, die das Recht des Gläubigers nicht beeinträchtigen.

Gegen diese Auffassung, die Überweisung schon vor Eintritt der Verwertungsvoraussetzungen vorzunehmen, spricht jedoch, daß die Verwertung einer Forderung durch Überweisung geschieht und ein in seiner Verwertbarkeit bedingter Anspruch gerade nicht verwertbar ist.

---

476) *Stöber*, ZAP 1993, 923 (924).
477) *Greve*, ZIP 1996, 699 (701).
478) *Stein/Jonas/Brehm*, § 835 ZPO, Rz. 2.
479) *Zunft*, NJW 1955, 441 (443).
480) Vgl. o. S. 13 mit FN 42; *Gaul*, Zur Rechtsstellung der Kreditinstitute als Drittschuldner..., S. 25.
481) *Stein/Jonas/Brehm*, § 829 ZPO, Rz. 76 ff; § 835 ZPO, Rz. 8.
482) Vgl. RG JW 1916, 959, Nr. 3.
483) OLG Naumburg, OLGE 40, 154.

Deshalb erfolgt auch im Falle des vergleichbaren Arrests gemäß § 930 ZPO keine Überweisung der gepfändeten Forderung. Die Überweisung ist Mittel zur Befriedigung des Gläubigers.[484]) Nach wirksamer Pfändung und Überweisung kann der Gläubiger Erfüllung verlangen. Der Gläubiger ist also aufgrund der Überweisung grundsätzlich berechtigt, die Forderung in Höhe des Betrags, zu dem sie überwiesen ist, in eigenem Namen einzuziehen, notfalls auch einzuklagen und beizutreiben.[485]) Er muß die überwiesene Forderung sogar unverzüglich geltend machen.[486]) Verzögert er die Beitreibung schuldhaft, so haftet er dem Schuldner für den daraus entstandenen Schaden.[487]) Zu diesem Zweck kann er alle Rechtshandlungen vornehmen, die den Sinn haben, die Leistung herbeizuführen, z.B. kündigen, mahnen oder aufrechnen. Verfügungen, die die Leistung verzögern, sind ihm jedoch nicht erlaubt.[488]) Diese Rechte würden zwar auch nach der ersten Ansicht, wonach eine Überweisung stattfinden kann, eine Einziehung jedoch noch verwehrt ist, suspendiert. Daß es dem Vollstreckungsgläubiger nicht möglich ist, die Forderung einzuziehen, reicht jedoch allein nicht aus, um die Entscheidungsfreiheit des Berechtigten zu wahren. Vielmehr muß jede Form zwangsweiser Verwertung der aufschiebenden Bedingung unterliegen.[489]) Andernfalls wird in die Entscheidungsfreiheit des Berechtigten eingegriffen und dessen persönliche Rücksichtnahme auf den Drittschuldner gestört. Dies gilt um so mehr, wenn an Zahlungs Statt überwiesen wird.

An den Nachweis der Verwertungsbedingungen dürfen daher nicht zu geringe Anforderungen gestellt werden. Andernfalls sind Unklarheiten und eine frühzeitige Geltendmachung des Anspruchs zu befürchten. Da das Vorbringen der Pfändbarkeit im Pfändungsantrag durch den Vollstreckungsgläubiger einen Tatsachenvortrag hinsichtlich Rechtshängigkeit und Anerkenntnis nicht länger umfaßt, muß nunmehr dieses Vorbringen durch schlüssigen Tatsachenvortrag hinsichtlich der Verwertbarkeit im Antrag auf Überweisungsbeschluß erfolgen. Andernfalls würde die Einziehungsbefugnis künstlich von der Überweisung getrennt. Ein Akt des Vollstreckungsgerichts, der die Einziehungsbe-

---

[484]) *Rosenberg/Gaul/Schilken,* ZwangsvollstrR, § 55 II.
[485]) *Rosenberg/Gaul/Schilken,* ZwangsvollstrR, § 55 II 1 a.
[486]) *Stöber,* Forderungspfändung, Rz. 656.
[487]) *Stöber,* Forderungspfändung, Rz. 605.
[488]) *Rosenberg/Gaul/Schilken,* ZwangsvollstrR, § 55 II 1 b.
[489]) Vgl. Ausführungen oben S. 103 ff.

fugnis auf den Vortrag des Vollstreckungsgläubigers hin trotz schon erfolgter Überweisung speziell festlegt, wäre erforderlich. Es ist zu differenzieren zwischen zulässiger Pfändung ohne Prüfung der Voraussetzungen des § 852 ZPO und Verwertung durch Überweisungsbeschluß mit Prüfung dieser Voraussetzungen.[490])

Aus dem Charakter der Überweisung als Verwertungs- und Befriedigungsmittel folgt deshalb, daß ein in seiner Verwertbarkeit aufschiebend bedingter Anspruch nicht vor Bedingungseintritt überwiesen werden darf, selbst wenn eine Einziehung nicht möglich ist.

Dies wird auch dem Interesse des Drittschuldners eher gerecht. Der hat zwar im Falle des Anerkenntnisses und der gerichtlichen Geltendmachung Kenntnis vom Eintritt der Bedingung. Im Zeitpunkt der Pfändung wird jedoch häufig noch unklar sein, ob die Voraussetzungen zur Verwertung bereits vorliegen.[491]) Deshalb ist es zur Vermeidung von Unsicherheiten, Provokation des Vollstreckungsschuldners zur Geltendmachung und vorzeitiger Beanspruchung des Drittschuldners zweckdienlicher, wenn die Überweisung erst nach Nachweis der Verwertungsbedingungen durch den Vollstreckungsgläubiger erfolgt.

Im übrigen sind hier auch aus dem Vergleich mit der Pfändung von in ihrer Entstehung bedingten Rechten keine anderen Schlußfolgerungen zu ziehen. Nach § 844 ZPO kann statt der Überweisung eine andere Art der Verwertung angeordnet werden, wenn die Einziehung mit Schwierigkeiten verbunden ist. So kann bei bedingten Forderungen eine Überweisung an Zahlungs Statt zum Schätzwert, ein freihändiger Verkauf oder eine Versteigerung angeordnet werden.[492]) Durchsetzen kann der Gläubiger die Forderung aber erst mit deren Entstehung. Die Schwierigkeiten bei der Einziehung ergeben sich bei bedingten Forderungen aus Unsicherheiten hinsichtlich der Entstehung. Derartige Verwertungsmodi kommen bei einer in der Verwertbarkeit bedingten Forderung vor Verwertungseintritt nicht in Betracht, denn sie würden ebenso wie die Einziehung gegen die Entscheidungsfreiheit des Berechtigten verstoßen. Beim in seiner Verwertbarkeit bedingten Anspruch ist eine Einziehung deshalb nicht erlaubt, weil die Forderung nicht gegen den Willen des Berechtigten durchgesetzt werden darf. Die Einziehung ist nicht "mit Schwierigkeiten verbunden", sondern

---

490) *Behr,* JurBüro 1996, 65.
491) *Kuchinke,* NJW 1994, 1769 (1770).
492) *Stein/Jonas/Brehm,* § 844 ZPO, Rz. 8 ff.

mangels Verwertbarkeit des Anspruchs unerlaubt. Nicht die Entstehung, sondern die Verwertung ist bedingt. Hier endet insofern die Vergleichbarkeit mit in ihrer Entstehung bedingten Ansprüchen.

Im Interesse der Rechtsklarheit sowie entsprechend dem Charakter der Überweisung nach der ZPO ist ein Überweisungsbeschluß aus diesen Gründen bis zum Vorbringen der Verwertungsvoraussetzungen durch den Vollstreckungsgläubiger ausgeschlossen. Trägt der Vollstreckungsgläubiger allerdings bereits im Antrag auf Pfändung und Überweisung die Verwertungsvoraussetzungen, also Rechtshängigkeit und Anerkenntnis schlüssig vor, können beide Beschlüsse miteinander verbunden werden. Im Einziehungsprozeß schließlich ist ein Nachweis von Rechtshängigkeit und Anerkenntnis seitens des Vollstreckungsschuldners erforderlich.

XI. Auskunftspflicht des Vollstreckungsschuldners, § 836 III ZPO

Nach § 836 III ZPO ist der Vollstreckungsschuldner verpflichtet, dem Gläubiger die zur Geltendmachung der Forderung nötige Auskunft zu erteilen und ihm die über die Forderung vorhandenen Urkunden herauszugeben. Diese Pflicht des Schuldners soll dem Vollstreckungsgläubiger mit Auskünften aus der Schuldnersphäre die Geltendmachung der Forderung gegen den Drittschuldner ermöglichen. Die Auskunftspflicht tritt erst als Wirkung der Überweisung ein.[493] Die Überweisung ist erst zulässig, wenn der Vollstreckungsgläubiger den Eintritt der Verwertbarkeit nachweist.[494] Dennoch wird vertreten, eben zu diesem Zweck ständen dem Vollstreckungsgläubiger die in § 836 III ZPO angeführten Informationsrechte zur Verfügung.[495] Er könne Auskunft vom Berechtigten verlangen, gegebenenfalls auch Herausgabe vorhandener Urkunden, wobei er letztere im Wege der Zwangsvollstreckung aufgrund des bereits vorhandenen Titels erwirken könne.[496]

---

[493] *Rosenberg/Gaul/Schilken*, ZwangsvollstrR, § 55 I 3 b bb; Zum Verhältnis des § 836 II ZPO zu § 840 ZPO s. *Gaul*, Zur Rechtsstellung der Kreditinstitute als Drittschuldner..., S. 35 f.

[494] S.o. S. 109 ff.

[495] *Kuchinke*, NJW 1994, 1769 (1770).

[496] *Kuchinke*, NJW 1994, 1769 (1770); im Ergebnis ebenso: Greve, ZIP 1996, 699 (701), der jedoch auch die Überweisung schon vor Eintritt der Verwertbarkeitsbedingungen für möglich hält, vgl. oben S. 109 ff.

Jedoch ist die Auskunftspflicht des Vollstreckungsschuldners Folge der Forderungsüberweisung und dient der Geltendmachung der bereits überwiesenen Forderung gegen den Drittschuldner. Dementsprechend verpflichtet § 402 BGB einen bisherigen Gläubiger erst nach der Abtretung, dem neuen Gläubiger die zur Geltendmachung der Forderung nötige Auskunft zu erteilen und ihm die zum Beweise der Forderung dienenden Urkunden abzuliefern[497]), und ermöglicht damit die Geltendmachung der übergegangenen Forderung. Deshalb kann eine Auskunftspflicht nicht zum Zwecke des Nachweises der Verwertungsvoraussetzungen und damit zum Herbeiführen der Überweisung dienen. Sinn des § 836 III ZPO ist es nicht, einen Nachweis für die Verwertungsvoraussetzungen zu liefern, sondern er dient der Geltendmachung der bereits verwertbaren Forderung. Die ist aber beim in seiner Verwertbarkeit bedingten Anspruch ausgeschlossen. Dies spricht auch dagegen, § 836 III ZPO analog anzuwenden und den Pfändungsbeschluß als ausreichende Grundlage für den Auskunftsanspruch anzusehen.[498])

Nach der Pfändung besteht deshalb keine Auskunftspflicht des Vollstreckungsschuldners. Sie tritt erst mit Überweisung im Falle der Verwertbarkeit des Anspruchs ein.

XII. Mängel im Pfändungsverfahren, Rechtsschutz und Heilung

Zusammenfassend wird dargelegt, wie sich Mängel im Pfändungsverfahren bei der Pfändung eines in seiner Verwertbarkeit aufschiebend bedingten Anspruchs auswirken, welche Rechtsschutzmöglichkeiten den Verfahrensbeteiligten zustehen und welche Auswirkungen eine spätere Heilung von Mängeln in diesem Zusammenhang hat.

Es wurde erläutert, daß der Eintritt von Rechtshängigkeit und Anerkenntnis bei Pfändung eines in seiner Verwertbarkeit aufschiebend bedingten Anspruchs nach Vornahme des Pfändungsbeschlusses (in korrekter Fassung) nicht die Heilung einer zunächst mangelhaften Pfändung bewirkt, sondern lediglich zur Fortsetzung des entstandenen Pfandrechts - nunmehr als Befriedigungsrecht - am voll verwertbaren

---

[497]) Vgl. *Lingen*, Die Drittschuldner-Haftung..., S.34: Erklärungspflicht des Schuldners nach § 836 III ZPO ähnelt den Bestimmungen, die eine Auskunftserteilung nach einer Zession dem Rechtsvorgänger abverlangen.

[498]) So jedoch Vorschlag *Behr*, JurBüro 1996, 65 (66).

Anspruch führt. Die Frage, ob grundsätzlich bei wirksamen, jedoch anfechtbaren Vollstreckungsakten eine Heilung durch Behebung des Mangels mit ex tunc oder ex nunc Wirkung eintritt, ist demnach hier nicht relevant. Auch bei einer Pfändung eines in seiner Verwertbarkeit bedingten Anspruchs können jedoch Mängel auftreten, die die Frage von Nichtigkeit und Anfechtbarkeit sowie des geeigneten Rechtsbehelfs aufwerfen.

1. Der nichtige Vollstreckungsakt

Beim fehlerhaften Vollstreckungsakt ist zu unterscheiden zwischen Mängeln, die zur Nichtigkeit der staatlichen Maßnahme führen, und solchen, die den Pfändungsakt zwar anfechtbar werden lassen, seine Unwirksamkeit jedoch nicht begründen. Trotz aller Abgrenzungsschwierigkeiten in Einzelheiten ist ein Zwangsvollstreckungsakt dann nichtig, wenn ihm ein wesentlicher, schwerwiegender - dadurch begründet - offenkundiger Fehler, etwa Fehlen eines Titels oder deutscher Gerichtsbarkeit, anhaftet.[499]) Unwirksam und nichtig sind auch bedingte Pfändungen, da sie wie grundsätzlich bedingte Staatsakte unzulässig sind.

Bei derartigen unwirksamen Vollstreckungsakten ist in jedem Fall eine Wiederholung des gesamten Vollstreckungsverfahrens erforderlich und eine Heilung durch Behebung des Mangels allein nicht möglich. Die Rechtsposition des Vollstreckungsgläubigers richtet sich dann nach dem Rang, der dem Zeitpunkt der zweiten fehlerfreien Pfändung entspricht.[500]) Auch ein wirkungsloser Vollstreckungsakt kann jedoch vom Drittschuldner oder Vollstreckungsschuldner zur Klarstellung gemäß § 766 ZPO im Wege der Erinnerung angefochten werden, um den von dem Beschluß ausgehenden Schein einer Rechtswirkung zu beseitigen. Einwendungen gegen die Wirksamkeit des Beschlusses kann der Drittschuldner auch im Einziehungsprozeß vor dem Prozeßgericht als ma-

---

[499]) Allgemeine Meinung, z.B. BGHZ 121, 98 (102 f); *Wieczorek*, § 704 ZPO, Rz. D I f; *Stein/Jonas/Münzberg*, vor § 704 ZPO, Rz. 129; *Bruns/Peters*, ZwangsvollstrR, § 20 III 1 a; *Rosenberg/Gaul/Schilken*, ZwangsvollstrR, § 31 II 2; *Gaul*, Rpfleger 1971, 1 (88) jew. m.w.N. Der Vollstreckungsakt ist zwar Staatsakt, so daß die Anlehnung an den Begriff der Schwere und Offenkundigkeit gerechtfertigt ist, jedoch nach Maßgabe des Zwangsvollstreckungsrecht, was eine Anwendung des § 44 VwVfG ausschließt; vgl. o. S. 52 ff.

[500]) *Bähr*, KTS 1969, 1 (2) m.w.N.

teriellrechtlichen Einwand geltend machen, da der Gläubiger seine Berechtigung zur Einziehung der Forderung gegenüber dem Drittschuldner aus diesem Beschluß herleitet.[501])

Falls dementsprechend die Pfändung der von § 852 ZPO erfaßten Forderungen als bedingte Pfändung vorgenommen wird, ist sie nichtig. Eine bedingte Pfändung läge dann vor, wenn der Pfändungsbeschluß so gefaßt wird, daß die Vornahme der Pfändung selbst vom Eintritt der Voraussetzungen des § 852 ZPO abhängt. Dann ist nicht der Anspruch bedingt, sondern die Pfändung. Wie dargelegt, muß deshalb eine Fassung des Beschlusses unterbleiben, die eine Pfändung "für den Fall des Eintritts von Rechtshängigkeit oder Anerkenntnis" vorsieht.[502]) Eine solche Pfändung wäre unwirksam. Vollstreckungsschuldner und Drittschuldner können dagegen vor Überweisung des Anspruchs mit der die Unwirksamkeit des Pfändungsbeschlusses klarstellenden Erinnerung vorgehen. Der Drittschuldner kann sich auch im Einziehungsprozeß auf die unzulässige bedingte Pfändung berufen.[503]) Dies bedeutet keine Rüge einer Pfändung ohne Vorliegen von Pfändungsvoraussetzungen, sondern ist ein materiellrechtlicher Einwand gegen die Einziehungsbefugnis des Vollstreckungsschuldners, die aus dem Beschluß folgen soll. Die Frage, ob ein Verstoß gegen die Pfändungseinschränkungen der §§ 850 ff., und in deren Rahmen gegen die Einschränkung des § 852 ZPO, lediglich im Erinnerungsverfahren oder auch im Einziehungsprozeß vorgenommen werden kann, ist hier ebenso wie die Frage der Konvaleszenzwirkungen nicht betroffen. Der Eintritt der Voraussetzungen des § 852 ZPO kann auch - wie grundsätzlich ein Nachholen der fehlenden Voraussetzungen bei unwirksamer Pfändung - nicht den Mangel der Pfändung heilen. Er führt hier nicht dazu, daß ein ursprünglich unverwertbarer Anspruch nunmehr verwertbar wird. Vielmehr ist eine Heilung bedingter Pfändungen grundsätzlich ausgeschlossen, der gesamte Pfändungsakt muß nachgeholt werden.

---

[501]) *Rosenberg/Gaul/Schilken*, ZwangsvollstrR, § 55 II 1 b cc a; *Gaul*, Zur Rechtsstellung der Kreditinstitute als Drittschuldner..., S. 28.

[502]) *Baumbach/Lauterbach/Hartmann*, § 852 ZPO, Rz. 3; *Kuchinke*, NJW 1994, 1769 (1770).

[503]) *MünchKomm/Smid*, § 852 ZPO, Rz. 3.

2. Der fehlerhafte anfechtbare Vollstreckungsakt

Die anderen Fälle der Mangelhaftigkeit eines Vollstreckungsaktes führen lediglich zur Anfechtbarkeit, jedoch nicht zur Nichtigkeit des Beschlusses.[504]) Einigkeit besteht insoweit darüber, daß eine Heilung dieser fehlerhaften Vollstreckungsakte in der Weise möglich ist, daß die Behebung des Mangels (z.b. durch Nachholen von Voraussetzungen) genügt, um der Pfändung endgültig unanfechtbaren Bestand zu verleihen; eine vollständige fehlerfreie Wiederholung ist nicht notwendig.[505])

Zweifelhaft ist, welcher Rechtsbehelf den Beteiligten zusteht, um sich gegen einen solchen fehlerhaften Vollstreckungsakt zu verteidigen.

Grundsätzlich gilt, daß mit der Erinnerung nach § 766 ZPO Einwendungen gegen die Art und Weise der Zwangsvollstreckung vorgebracht werden können. Dies sind Rügen gegen die formellen Voraussetzungen und das Vollstreckungsverfahren selbst, die deshalb in einem vollstreckungsinternen Rechtsbehelf geltend zu machen sind.[506]) Die Erinnerung ist insofern statthaft, falls Vollstreckungsvoraussetzungen fehlen, die zu pfändende Forderung mangelhaft bestimmt wurde, bei Unpfändbarkeit der gepfändeten Forderung und bei wirkungsloser Pfändung. Nach inzwischen allgemeiner Meinung kann auch der Drittschuldner erinnerungsbefugt sein, soweit er seine Rechte durch die Vornahme der unrechtmäßigen Zwangsvollstreckung verletzt glaubt.[507])

Im Einziehungsprozeß hingegen kann der Drittschuldner alle materiellen Einwendungen anbringen, die ihm zur Zeit der Pfändung auch gegen den Schuldner zustanden, so wegen Nichtbestehens der gepfändeten Forderung oder Nichtzugehörigkeit zum Schuldnervermögen sowie gegen die Wirksamkeit des Pfändungsbeschlusses.

Wird die Unpfändbarkeit einer Forderung gegen den Pfändungsbeschluß vorgebracht, kann im Falle, daß die Unpfändbarkeit aus dem

---

[504]) BGHZ 66, 79 (81).
[505]) St. Rspr., z.B. RGZ 125, 286 (288); *Stein/Jonas/Münzberg*, vor § 704 ZPO, Rz. 128; *Thomas/Putzo*, vor § 704 ZPO, Rz. 59; *Wieczorek*, § 750 ZPO, Rz. D I; *Rosenberg/Gaul/Schilken*, ZwangsvollstrR, § 31 IV 2; *Bruns/Peters*, ZwangsvollstrR, § 20 III 2; für den Fall des § 852 ZPO: OLG HRR 1930, Nr. 1164.
[506]) *Gaul*, ZZP 1985, 251 (255).
[507]) RGZ 93, 74 (77); OLG HRR 1930, Nr. 1164; *Lange/Kuchinke*, ErbR, § 37 VII 2 b mit FN 364 m.w.N.; *Rosenberg/Gaul/Schilken*, ZwangsvollstrR, § 37 III 3 a aa m.w.N.; einschränkend *A. Blomeyer*, ZwangsvollstrR, § 31 IV 3 a.

materiellen Recht, nämlich §§ 399 1. Alt. BGB, 851 I ZPO folgt, nicht nur im Wege der Erinnerung, sondern auch im Einziehungsprozeß vorgegangen werden, weil es dort um den Inhalt der Forderung selbst geht.[508]) Bei nach den §§ 850 ff. ZPO angeordneten Pfändungsverboten ist jedoch das Einwendungsrecht auf die Erinnerung beschränkt.[509]) Das ergibt sich daraus, daß es sich hier um speziell verfahrensrechtliche Einwendungen handelt. Es ist das Vollstreckungsgericht, das in seinem Beschluß die Pfändungsgrenze bestimmt. An diesen rechtsgestaltenden Akt des Vollstreckungsgerichts ist auch das Prozeßgericht im Einziehungsprozeß gebunden. Es ist deshalb eine Frage der funktionellen Zuständigkeit, daß lediglich die Erinnerung beim Vollstreckungsgericht zur Verfügung steht.[510]) Der Drittschuldner wendet sich nicht gegen die Einziehungsbefugnis des Vollstreckungsgläubigers.

Die Pfändung der von § 852 ZPO erfaßten Ansprüche ist fehlerhaft und anfechtbar im oben beschriebenen Sinne, wenn der Hinweis auf die Beschränkung der Verwertbarkeit durch Rechtshängigkeit oder Anerkenntnis im Pfändungsbeschluß fehlt.

So wurde ausgeführt, daß zur ausreichenden Bestimmtheit der Forderung in Pfändungsantrag und Pfändungsbeschluß auch Angaben über den Inhalt der Forderung gehören. Zur Bestimmung des Anspruchs gehört deshalb der Hinweis auf die Beschränkung der Verwertbarkeit.[511]) Fehlt die Bestimmtheit der Forderung, so ist dagegen im Verfahren der Erinnerung vorzugehen.[512]) Der Hinweis auf die mangelnde Verwertbarkeit bedeutet gleichzeitig, daß die Regelung des § 852 ZPO bei der Pfändung nicht beachtet wurde. § 852 ZPO ist zwar nunmehr nicht Pfändungs-, sondern Verwertungsvoraussetzung, als solche genügt die Norm jedoch weiterhin dem Schutzzweck, den sie als Pfändungsbeschränkung vorsah und bestimmt den Umfang der Pfändung. Das bedeutet, wenn der Hinweis fehlt, daß die Verwertbarkeit der gepfändeten Ansprüche durch Rechtshängigkeit und Anerkenntnis eingeschränkt ist, führt dies zur Mangelhaftigkeit schon des Pfändungsbeschlusses mit entsprechender Anfechtungsbefugnis von

---

[508]) BGH Rpfleger 1978, 248 (249).
[509]) *Pohle*, JZ 1962, 344 ff.
[510]) *Gaul*, Rpfleger 1971, 1 (89).
[511]) *Kuchinke*, NJW 1994, 1769 (1770).
[512]) *Gaul*, Zur Rechtsstellung der Kreditinstitute als Drittschuldner..., S. 22.

Vollstreckungsschuldner und Drittschuldner nach § 766 ZPO.[513]) Wird der gepfändete Anspruch überwiesen, ohne daß die Voraussetzungen des § 852 ZPO eingetreten sind, so bedeutet das gleichfalls einen Verstoß gegen die Pfändungsbeschränkung der ZPO.

In diesen Fällen wird nun die Frage relevant, ob gegen Pfändungen unter Verstoß gegen § 852 ZPO nur mit der Erinnerung oder auch im Einziehungsprozeß vorgegangen werden kann. Oben wurde dargelegt, daß Verstöße gegen die §§ 850 ff. ZPO lediglich mit der Erinnerung geltend gemacht werden können. Dennoch wird vertreten, der Drittschuldner sei bei Verstößen gegen § 852 ZPO - entgegen verbreiteter anderer Auffassung[514]) - nicht auf die Erinnerung beschränkt, sondern könne dies auch als materiellrechtlichen Einwand im Einziehungsprozeß vorbringen.[515]) Diese Ansicht legt jedoch zu Grunde, daß ein Verstoß gegen die Voraussetzungen des § 852 ZPO gleichzeitig eine bedingte Pfändung bedeutet.[516]) Richtigerweise wurde daraus geschlossen, daß der Drittschuldner dies auch im Einziehungserkenntnisverfahren als materiellen Einwand gegen die Kompetenz des Gläubigers anführen kann. Eine Pfändung der von § 852 ZPO erfaßten Ansprüche als in ihrer Verwertbarkeit bedingte stellt jedoch keine bedingte Pfändung dar, obwohl sie vor Eintritt von Rechtshängigkeit oder Anerkenntnis erfolgt. Die Pfändung ist also nicht nichtig. Dies spricht dafür, daß auch bei § 852 ZPO lediglich das Erinnerungsverfahren einen statthaften Rechtsschutz darstellt.

Fraglich ist, ob sich etwas anderes aus dem speziellen Charakter des § 852 ZPO ergibt, der nicht ohne weiteres in die Pfändungsschutzvorschriften zum Arbeitsentgelt nach § 850 ff. ZPO eingeordnet werden kann. Es wurde ausgeführt, daß ein Verstoß gegen Pfändungsbeschränkungen dann auch im Einziehungsprozeß als materiellrechtlicher Einwand geltend gemacht werden kann, wenn sich die Unpfändbarkeit des Anspruchs aus dem materiellen Recht ergibt[517]), weil es dort um den Inhalt der Forderung selbst geht. Da auch bei den von § 852 ZPO erfaßten Forderungen eine inhaltliche Einschränkung vor Rechtshängigkeit und Anerkenntnis besteht, könnte man schließen, daß diese Forderungen den dem Pfändungsverbot nach §§ 399 1. Alt BGB,

---

[513]) *Kuchinke*, NJW 1994, 1769 (1770).
[514]) RGZ 93, 74 (77); *Stein/Jonas/Brehm*, § 852 ZPO, Rz. 6.
[515]) *MünchKomm/Smid*, § 852 ZPO, Rz. 3.
[516]) *MünchKomm/Smid*, § 852 ZPO, Rz. 3
[517]) RGZ 93, 74 (78); BGH Rpfleger 1978, 248 (249); s.o. S. 188/119.

851 I ZPO unterliegenden Forderungen ähneln und ein Verstoß deshalb im Einziehungsprozeß geltend gemacht werden kann. Dafür spricht, daß die Pfändungsbeschränkung des § 852 ZPO aus im materiellen Familienrecht gründenden Erwägungen geschaffen wurde. Dennoch muß man sagen, daß aus der funktionalen Aufgabenteilung zwischen Vollstreckungsgericht und Prozeßgericht auch bei § 852 ZPO folgt, daß lediglich das Vollstreckungsgericht - im Erinnerungsverfahren - zuständig sein kann. Die Pfändungsbeschränkung der §§ 399 1. Alt. BGB, 851 I ZPO unterscheidet sich insoweit von § 852 ZPO, als hier per Verweis aus dem materiellen Recht eine Einschränkung der Pfändbarkeit folgt. Bei § 852 ZPO sind zwar materiellrechtliche Erwägungen maßgeblich, was den Schutzcharakter der Norm betrifft. Ein Rückgriff auf das materielle Recht ist jedoch zur Herleitung der Pfändungsbeschränkung selbst nicht notwendig. Die Pfändungsbeschränkung ergibt sich allein aus dem Zwangsvollstreckungsrecht, das zwar familienrechtliche Belange berücksichtigen will, jedoch keine verweisende Norm im materiellen Recht als Gegenüber hat. Das Pfändungsverbot des § 852 ZPO ist im wesentlichen als ein prozessuales anzusehen.[518] Bei § 399 1. Alt BGB ist das Abtretungsverbot aus denselben Gründen angeordnet, aus denen § 851 I ZPO auf die Unpfändbarkeit schließt, nämlich weil die Forderungen nach ihrem Inhalt weder für eine Abtretung noch für eine Pfändung geeignet sind. Die von § 852 ZPO erfaßten Ansprüche sind jedoch abtretbar. Allein eine die mangelnde Verwertbarkeit unberücksichtigt lassende Pfändung würde in persönliche Belange des Gläubigers eingreifen. Deshalb folgt die Unpfändbarkeit nicht aus dem materiellen Recht, sondern aus speziellen, lediglich im Zwangsvollstreckungsrecht bedeutsamen schuldnerschützenden Erwägungen. Es ist Sache des Vollstreckungsgerichts, diese Beschränkung zu beachten und im Überweisungsbeschluß die Einziehungsbefugnis des Vollstreckungsgläubigers zu begründen. An diesen rechtsgestaltenden Akt ist ebenso wie an die Bestimmung der Unpfändbarkeit nach §§ 850 ff. ZPO das Prozeßgericht im Einziehungsprozeß gebunden. Die Prüfung, ob die Vollstreckungsorgane die Pfändungsgrenzen eingehalten haben, obliegt nach der Regelung der ZPO funktionell ausschließlich dem Vollstreckungsgericht; dies allein ist zur Abänderung oder Aufhebung des Beschlusses befugt (§ 766 ZPO). Wird deshalb ohne Hinweis auf die Beschränkung der

---

[518]   RGZ 93, 74 (78).

Verwertbarkeit durch § 852 ZPO gepfändet, können Schuldner und Drittschuldner dies lediglich mit der Erinnerung geltend machen.[519])

XIII. Zusammenfassung

Insgesamt wird der Pfändungsablauf demnach folgendermaßen modifiziert. Ein Vortrag und Nachweis von Anerkennung oder Rechtshängigkeit als Pfändungsvoraussetzung durch den Gläubiger im Pfändungsantrag und Erinnerungsverfahren ist nicht mehr notwendig. Jedoch ist in dem Antrag zusätzlich zur Bezeichnung des Anspruchs auf die Beschränkung der Verwertbarkeit durch die Voraussetzungen des § 852 ZPO hinzuweisen.[520]) Rechtshängigmachen und Anerkenntnis sind dem Vollstreckungsschuldner auch nach Eintritt des Verfügungsverbots nach § 829 I S.2 ZPO erlaubt. Zulässig im Rahmen des § 242 BGB ist auch ein Erlaß der gepfändeten Forderung sowie ein Vergleich mit dem Drittschuldner. Der Rang des Pfandrechts bestimmt sich nach dem Zeitpunkt der Pfändung und sichert im Sinne des § 804 ZPO von der Pfändung an den beschlagnahmten Anspruch. Das Arrestatorium an den Drittschuldner nach § 829 I S.2 ZPO tritt ein. Dies entspricht der auch vor der Pfändung eingeschränkten Position des Drittschuldners. Der Drittschuldner ist nicht zur Auskunftserteilung nach § 840 I ZPO verpflichtet. Die Verwertung des Anspruchs ist erst mit Eintritt der Voraussetzungen des § 852 ZPO möglich. Die Überweisung kann deshalb erst mit Eintritt von Rechtshängigkeit oder Anerkenntnis stattfinden. Die Auskunftspflicht des Vollstreckungsschuldners nach § 836 III ZPO entsteht erst nach Überweisung der Forderung. Wird die Pfändung der von § 852 ZPO erfaßten Ansprüche als bedingte Pfändung vorgenommen, ist sie unzulässig. Dagegen kann im Wege der Erinnerung sowie vor dem Prozeßgericht vorgegangen werden. Unterbleibt der Hinweis auf die Beschränkung der Verwertbarkeit, ist die Pfändung im Erinnerungsverfahren anfechtbar.

---

[519]) Anders jedoch *Greve*, ZIP 1996, 699 (701), der den Einziehungsprozeß als einzige Möglichkeit der Überprüfung der Voraussetzungen des § 852 ZPO ansieht, dies jedoch unter der fälschlichen Annahme, die Überweisung sei schon vor Nachweis der Verwertbarkeitsvoraussetzungen möglich, vgl. dazu oben S. 109 ff.

[520]) S.o. S. 71.

Teil D: Wahrung der Entscheidungsfreiheit des Berechtigten durch eine Pfändung vor Rechtshängigkeit und Anerkenntnis - Zusammenfassende Wertung der Interessen des Vollstreckungsschuldners, Vollstreckungsgläubigers, Drittschuldners

Ohne die genannten Einschränkungen der Wirkungen der Beschlagnahme konnten das Gläubigerinteresse an einer alsbaldigen Zugriffsmöglichkeit und das Interesse des Anspruchsberechtigten, entscheiden zu können, ob, wann und inwieweit der Anspruch geltend gemacht wird, nicht miteinander in Einklang gebracht werden. Dennoch stellt sich die Frage, ob diese Einschränkungen der Pfändungswirkungen ausreichen, um den Normzweck des § 852 ZPO zu wahren.

Macht nämlich der Berechtigte seinen Anspruch geltend, setzt sich sofort das vom Zeitpunkt der Pfändung an bestehende Pfandrecht als Recht am verwertbaren Anspruch fort und die Verwertung durch den Vollstreckungsgläubiger wird möglich. Wird der Anspruch nicht geltend gemacht, ist er dennoch bereits von schwebenden Pfändungswirkungen erfaßt. Deshalb wird Grund für ein Nichtgeltendmachen im Zweifel nicht mehr Rücksicht auf die Person des Drittschuldners und die familiäre oder persönliche Verbundenheit mit diesem sein. Vielmehr mag allein mangelndes Interesse an einem Anspruch, der bereits beschlagnahmt ist und dessen Durchsetzung allein den Interessen des Vollstreckungsgläubigers dient, bestimmend sein. Dementsprechend ist auch das wirtschaftliche Interesse des Berechtigten am gepfändeten Anspruch zweifelhaft. Was bleibt dann noch von der Entscheidungsfreiheit und den "anerkennenswerten Motiven[521]", die den Berechtigten davon abhalten können sollen, den Anspruch geltend zu machen?

---

[521]) Mot. *Mugdan* V, Seite 222.

Auch die Situation des am Verhältnis Vollstreckungsschuldner-Vollstreckungsgläubiger an sich unbeteiligten Drittschuldners könnte problematisch sein. Dieser wird durch die Zustellung des Pfändungsbeschlusses, das Zahlungsverbot und ein eingeschränktes Pfandrecht belastet und zwar zu einem Zeitpunkt, zu dem unter Umständen der Berechtigte seine Ansprüche gar nicht geltend machen will, der Drittschuldner also von der Verpflichtung noch frei ist.

Es stellt sich insofern die Frage nach Inhalt, Sinn und Ausmaß der von § 852 ZPO geschützten Entscheidungsfreiheit des Berechtigten der von der Norm erfaßten Ansprüche, wenn die Forderung bereits von schwebenden Pfändungswirkungen erfaßt ist. Zu überprüfen sind auch die Positionen der einzelnen am Pfändungsvorgang Beteiligten, um klarzustellen, ob es einem gerechten Interessenausgleich genügt, die Verwertung des Anspruchs anstelle der Pfändung an die Voraussetzungen des § 852 ZPO zu koppeln, wodurch die Pfändungsvoraussetzungen quasi zu Verwertungsvoraussetzungen werden.

I. Entscheidungsfreiheit des Vollstreckungsschuldners

Die Entscheidungsfreiheit eines Pflichtteils-, Zugewinnausgleichs- oder Rückforderungsberechtigten darf entsprechend dem Schutzzweck des § 852 ZPO erst mit Rechtshängigkeit und Anerkenntnis aufgehoben werden, weil erst dann die beschriebene inhaltliche Wandlung des Anspruchs vom persönlichkeitsrechtlich geprägten unverwertbaren zum verwertbaren Anspruch stattfindet. Der Anspruch kann jedoch nach der hier dargelegten Auslegung gepfändet werden, bevor er anerkannt oder rechtshängig wurde oder eine Abtretung stattgefunden hat. Der Berechtigte hat zu diesem Zeitpunkt noch keine Entscheidung darüber getroffen, ob er den Anspruch geltend machen will oder nicht.

1. Interesse des Vollstreckungsschuldners, sich für eine Geltendmachung zu entscheiden

Falls nun den Berechtigten persönliche Erwägungen nicht davon abhalten, den Anspruch geltend zu machen, führt seine Entscheidung zugunsten der Inanspruchnahme des Drittschuldners allein dazu, daß der Vollstreckungsgläubiger Zugriff auf den verwertbaren Anspruch erlangt und diesen durchsetzen kann. Damit ist der Nutzen für den Vollstreckungsschuldner, den Anspruch nunmehr geltendzumachen, zweifelhaft. Sobald er nämlich seine Forderung per Anerkenntnis oder Rechtshängigkeit in Anspruch nimmt, tritt die Verwertbarkeit zugunsten des Vollstreckungsgläubigers ein und dem Berechtigten können die positiven Auswirkungen seiner Entscheidung, nämlich Auszahlung des Anspruchsbetrags durch den Drittschuldner, nicht zu Gute kommen. Dies hat zur Folge, daß nicht länger eine Entscheidung basierend auf persönlichen Erwägungen vorliegt, sondern allein auf der Frage, inwieweit die Geltendmachung noch lohnend ist. Unter Umständen ist also der Berechtigte durch die Pfändung schon so weitgehend in seiner Entscheidung eingeschränkt, daß für freie persönliche Überlegungen kein Raum mehr ist.

Zunächst ist jedoch die Folge, daß der geltend gemachte Anspruch tatsächlich an den Vollstreckungsschuldner ausgezahlt werden muß, nicht als Konsequenz der ausgeübten Entscheidungsfreiheit von § 852 ZPO geschützt. Da es sich bei den von § 852 ZPO erfaßten Ansprüchen nicht um höchstpersönliche handelt, besteht keine Bindung der Forderung an die Person des Berechtigten.[522] Auch ist § 852 ZPO nicht im Sinne einer Existenzsicherung des Anspruchsberechtigten zu verstehen mit der Folge, daß allein dieser den ausgezahlten Betrag erhält, um nicht mittellos zu werden bzw. der Allgemeinheit zur Last zu fallen.[523] Zudem muß der Berechtigte in jedem Fall damit rechnen, daß seine Gläubiger nach Eintritt der Voraussetzungen der Norm auf den ausgezahlten Anspruch zugreifen können.[524] Die Belastung und auch den Entzug der Forderung hat ein verschuldeter Berechtigter einzubeziehen. Es besteht also kein rechtliches Interesse daran, daß der Berechtigte selbst den ausgezahlten Betrag erhält. Falls die Norm das Interesse schützen würde, auch in den tatsächlichen Genuß der ausgezahlten Forderung zu gelangen, hätte dies zur Folge, daß sich der Berechtigte einerseits grundsätzlich den Anspruch selbst sichern könnte, ihn andererseits seinen Gläubigern endgültig entziehen könnte. Das ist jedoch nicht der Sinn und Zweck des § 852 ZPO. Die Norm bezweckt keinen Entzug aus der Haftungsmasse des Berechtigten.[525]

Die Freiheit des Berechtigten in positiver Hinsicht, das heißt, den Anspruch geltend zu machen, ist also nur in dem Rahmen geschützt, daß allein der Vollstreckungsschuldner durch seine Geltendmachung

---

[522]) S.o. S. 32 ff.
[523]) S.o. S. 37 ff. und u. S. 137 ff.
[524]) BGHZ 123, 183 (187).
[525]) S.o. S. 32 - 47.

entscheidet, ob der Drittschuldner auszahlen muß, und nicht in der Hinsicht, daß der Vollstreckungsschuldner auch in den Genuß der ausgezahlten Forderung gelangt, ohne daß sie ihm durch seine Gläubiger entzogen werden könnte. Ob der Anspruch überhaupt geltend gemacht wird, muß allein der Berechtigte entscheiden können und zwar bis zum Eintritt der Voraussetzungen des § 852 ZPO. Nach dem Geltendmachen durch den Berechtigten darf der Anspruch jedoch zugunsten Dritter durchgesetzt werden.

Durch eine Pfändung schon vor Eintritt der Pfändungsvoraussetzungen ist die Zugriffsmöglichkeit der Gläubiger in dieser Hinsicht nicht nach vorne verlagert. Eine Auszahlung an den Vollstreckungsgläubiger ist nach wie vor erst nach Eintritt der Voraussetzungen des § 852 ZPO möglich. Das bisher als Sicherungsrecht bestehende Pfandrecht wandelt sich erst in diesem Zeitpunkt zum umfassenden Recht am verwertbaren Anspruch. Da ein vollwertiges Pfandrecht erst und nur im Falle der Rechtshängigkeit oder des Anerkenntnisses entsteht und die Möglichkeit, Zahlung zu verlangen, dem Vollstreckungsgläubiger erst dann gegeben ist, hat der Anspruchsberechtigte seine Hand weiterhin auf dem Anspruch. Ohne sein Zutun ist ein Eintritt der Verwertungsvoraussetzungen nicht möglich. Vor Eintritt der Verwertbarkeit werden dem Vollstreckungsgläubiger Rechte nur im Umfang der Pfändung verliehen. Er kann also den Anspruch erst mit Eintritt der Voraussetzungen des § 852 ZPO durchsetzen.[526]

Zudem kann auch die Geltendmachung des Anspruchs trotz Pfandbeschlags durchaus wirtschaftlich lohnend sein. Aussicht auf Erfolg hat ein Geltendmachen einer bereits gepfändeten Forderung, wenn diese Forderung von höherem Betrag ist als die dem pfändenden Gläubiger nach dem Pfändungsbeschluß zustehenden Ansprüche. Hier betrifft dies den Fall, daß die titulierte Forderung des Vollstreckungsgläubigers geringer ist als die Höhe des Pflichtteils-, Zugewinnausgleichs- oder Rückforderungsanspruchs. Insoweit läßt sich die Situation mit einer Mehrfachpfändung vergleichen. Wird allerdings in einem solchen Fall lediglich der überschießende Betrag im Wege der Teilklage geltend gemacht, so kann das die Verwertung des gesamten Anspruchs nicht hindern.[527] Zum einen deshalb, weil das Pfändungspfandrecht die ge-

---

[526] *Stöber*, ZAP 1993, 923 (924).
[527] *Wax*, LM § 852 ZPO, Nr. 1; a.A. *Stöber*, Forderungspfändung, Rz. 270.

samte gepfändete Forderung erfaßt[528]), zum anderen, weil der Schuldner mit einem solchen Vorgehen zeigt, daß er seine Entscheidungsfreiheit ausgeübt hat.[529]) Einziehungsberechtigt wird der Pfändungsgläubiger jedoch nur in Höhe seiner titulierten Forderung. Im Einzelfall besteht also durchaus noch ein wirtschaftliches Interesse an den Ansprüchen.

Hinzu kommt, daß sich auch ein Gläubiger überlegen wird, ob der frühzeitige Zugriff auf die von § 852 ZPO erfaßten Ansprüche lohnt oder ob nicht eher ein Abwarten bis zur Geltendmachung der Ansprüche vorteilhaft ist, um den Berechtigten nicht von Rechtshängigkeit und Anerkenntnis abzuhalten.

Der Schuldner kann im übrigen auch seine Schulden gegenüber dem Vollstreckungsgläubiger auslösen mit der Folge, daß das Pfändungspfandrecht ohne weiteres erlischt und er sofort in den Genuß der gesamten Forderung gelangt. Beim Rückforderungsanspruch, der durch Wahrnehmung der Abwendungsbefugnis auch in Form einer Unterhaltsgeldrente (§§ 528 S. 2, 3, 760 BGB) erfüllt werden kann, wird nach Befriedigung des pfändenden Gläubigers die Rente anschließend an den Berechtigten gezahlt.

2. Interesse des Vollstreckungsschuldners, aus persönlichen Erwägungen auf ein Geltendmachen zu verzichten

Angenommen, der Vollstreckungsschuldner hat es bisher unterlassen, seinen Anspruch gegen den Drittschuldner geltend zu machen. Grund mag z.B. die Bindung an ein Berliner Testament mit Verfallklausel sein, so daß sowohl wirtschaftliche als auch moralische Erwägungen gegen eine Geltendmachung des Anspruchs sprechen. Wird der Anspruch beschlagnahmt, treten die schwebenden Pfändungswirkungen ein. Will der Berechtigte nunmehr bei seinem Entschluß bleiben, auf den Anspruch durch Nichtgeltendmachen faktisch zu verzichten, so steht ihm diese Möglichkeit weiterhin offen. Dem Berechtigten wird durch die Pfändung der Anspruch nicht aufgedrängt. Seine Entscheidung, den Anspruch nicht geltend zu machen, bleibt bestehen. Seine Situation ist in diesem Punkt vor und nach der Pfändung

---

[528]) BGH NJW 75, 738; *MünchKomm/Smid*, § 829 ZPO, Rz. 36 m.w.N.; *Stein/Jonas/Brehm*, § 829 ZPO, Rz. 74; *Zunft*, NJW 1955, 441 (443).
[529]) *Wax*, LM § 852 ZPO, Nr. 1.

identisch. Er kann bis zum Eintritt der Verjährung[530]) den Anspruch nicht geltendmachen. Ist schließlich die Verjährung eingetreten, so darf im Interesse der Rechtssicherheit der Schwebezustand der Pfändungswirkungen ungeachtet der Vorschriften der §§ 222, 813 I S. 1 BGB nicht fortgesetzt werden.[531])

Auch das Inhibitorium bedeutet für den Berechtigten keine Einschränkung, falls er im Interesse der persönlichen Verbundenheit den Anspruch weder anerkennen, rechtshängig machen oder abtreten will. Zudem bleibt dem Vollstreckungsschuldner trotz Inhibitorium die Möglichkeit des Vergleichs und Erlasses im Rahmen von Treu und Glauben.[532])

Der Pfändungsbeschluß würde auch nicht eine Verfallklausel eingreifen lassen, da eine Zahlungsverpflichtung der Erben allein durch die Pfändung gar nicht entsteht. Ein Pflichtteilsberechtigter kann deshalb im Fall des Todes des Letztversterbenden die ihm für seine Nichtgeltendmachung im Testament zugebilligten Vergünstigungen wahrnehmen bzw. unterfällt einer im Testament festgelegten Strafsanktion für den Fall der Geltendmachung nicht.

Die Möglichkeit, auf die Forderung durch Nichtgeltendmachen oder durch vertragliche Vereinbarung zu verzichten, bleibt deshalb gewahrt.

3. Zusammenfassung

Der Vollstreckungsschuldner entscheidet deshalb weiterhin sowohl in positiver als auch in negativer Hinsicht allein, ob der anspruchsverpflichtete Drittschuldner zahlen muß. Seine Entscheidung von persönlichen Erwägungen leiten zu lassen, wird er nicht gehindert.

---

530) Gemäß § 2332 BGB tritt Verjährung des Pflichtteilsanspruchs drei Jahre nach Kenntniserlangung des Berechtigten vom Erbfall und der beeinträchtigenden Verfügung (z.B. Enterbung, Einschränkung des Erbrechts, Schenkung bei § 2325 BGB) bzw. ohne Rücksicht auf diese Kenntnis in 30 Jahren von dem Eintritt des Erbfalls ein; für den Zugewinnausgleichsanspruch gilt die Verjährungsfrist des § 1378 IV BGB von drei Jahren, sie beginnt mit dem Zeitpunkt, in dem der Ehegatte von der Beendigung des Güterstandes erfährt.
531) *Lange/Kuchinke*, ErbR, § 37 VII 2 b mit FN 269.
532) S.o. S. 82 ff.

II. Position des Vollstreckungsgläubigers bei Pfändung eines in seiner Verwertbarkeit bedingten Anspruchs

Die Möglichkeit des Berechtigten, den Anspruch durch manipulatorische Ausnutzung seiner Berechtigung dem Gläubigerzugriff zu entziehen, wird durch die Pfändung eines in seiner Verwertbarkeit bedingten Anspruchs ausgeschlossen. Bisher wurde es als notwendige Folge hingenommen, daß der Anspruch ohne gerichtliche Geltendmachung oder vertragliches Anerkenntnis nicht für die Schulden des Berechtigten haftet. Grund der dem Berechtigten eingeräumten Entscheidungsfreiheit war dies aber nicht.[533]) Es wurde ausgeführt[534]), daß zwar die Kreditfähigkeit des anspruchsberechtigten Schuldners durchaus geschmälert werden darf, jedoch ein Haftungsentzug für bereits entstandene Schulden nicht bezweckt ist. Entscheidungsfreiheit bedeutet freie Entscheidung darüber, ob die gesetzlich gebotenen Möglichkeiten wahrgenommen werden; nicht aber Manipulation unter Ausnutzung der gesetzlich gebotenen Möglichkeiten, um einerseits den Anspruch sich selbst zu sichern, ihn andererseits aber dem Gläubigerzugriff zu entziehen.[535]) Derartige Manipulationsmöglichkeiten sind dem Berechtigten - falls eine Pfändbarkeit nicht schon von Forderungsentstehung an eingeräumt wird - durchaus möglich.[536]) Der Berechtigte könnte das Pfändungsverbot ausnutzen, indem er seine Rechte auf einem Umweg durchsetzt. So könnte er den Anspruch nur zum Schein abtreten, so daß der Anspruch aus Sicht des Gläubigers in der Hand des Zessionars besteht, bei dem - mangels Anwendbarkeit des Anfechtungsgesetzes - keine Zugriffsmöglichkeit bestände. Inhaber des Anspruchs wäre weiterhin der Schuldner. Auch wäre die Möglichkeit gegeben, den Anspruch zwar tatsächlich abzutreten, eine Gegenleistung dafür jedoch nur "heimlich" zu vereinbaren. Auch hier hätte der Gläubiger keine Zugriffsmöglichkeit beim Zessionar. Es wäre zusätzlich eine Inanspruchnahme des für die Abtretung vom Zessionar Erlangten unmöglich. Der Berechtigte hätte es zudem in der Hand, bestimmte Gläubiger durch die Einräumung vertraglicher Pfandrechte oder Sicherungsabtretungen zu bevorzugen. Dabei führt die Abtretung

---

533) BGHZ 123, 183 (186).
534) S.o. S. 16 ff., 40 ff.
535) S.o. S. 32-45.
536) Vgl. BGHZ 123, 183 (189); *Stöber*, ZAP 1993, 923; *Wax*, LM § 852 ZPO, Nr. 1; *Kuchinke*, NJW 1994, 1769 (1770).

der von § 852 ZPO erfaßten Ansprüche zwar zur Pfändbarkeit beim Zessionar. Eine Anfechtung der Abtretung oder Verpfändung wäre jedoch ausgeschlossen und ein Zugriff beim Zessionar nur dessen Gläubigern möglich. Selbst wenn keine "böse Absicht" hinter einer Abtretung oder Verpfändung steckt, weil z.b. tatsächlich keine Gegenleistung vereinbart wurde, wäre ein endgültiger Entzug aus der Haftungsmasse möglich.[537])

Solche Geschäfte sind der Einsicht des Gläubigers entzogen und insofern trotz rechtlicher Unzulässigkeit schwer beweisbar. Weder ein Prozeß um die Aufklärung manipulatorischer Handhabe des Anspruchs noch die Unmöglichkeit eines Zugriffs können dem Gläubiger zugemutet werden, wenn man richtig annimmt, daß § 852 ZPO nicht der Gläubigerbenachteiligung dient noch eine solche zwingend nach sich zieht. Der Zessionar und dessen Gläubiger würden vor den Gläubigern des Berechtigten bevorzugt. Der Beseitigung einer derartigen Bevorzugung dient an sich das Anfechtungsgesetz, das jedoch hier mangels Pfändbarkeit der Ansprüche vor der Zession nicht anwendbar wäre.

Daß eine Pfändung vor Eintritt der Voraussetzung andererseits die Abtretung eines unbelasteten Anspruchs verhindern kann, ist mit dem Normzweck des § 852 ZPO vereinbar.[538]) Indem der Gesetzgeber die Abtretung zuließ, bevor die Voraussetzungen für eine unbeschränkte Pfändbarkeit vorliegen, hat er nicht das Ziel verfolgt, es dem Berechtigten zu ermöglichen, den Anspruch dem Zugriff seiner Gläubiger zugunsten des Zessionars und dessen Gläubiger zu entziehen.[539]) Bei den Forderungen, bei denen Abtretbarkeit und Pfändbarkeit miteinander einhergehen, geschieht dies nämlich nicht zum Gläubigerschutz, sondern aus jeweils im Prozeßrecht oder materiellem Recht wurzelnden eigenen Gründen. Das Auseinanderfallen der beiden Rechtsvorgänge bei den von § 852 ZPO erfaßten Forderungen geschieht deshalb nicht zur Gläubigerbenachteiligung.[540])

Daraus ergibt sich, daß eine Entscheidungsfreiheit, die zu derartigen Manipulationen berechtigt, vom Sinn und Zweck des § 852 ZPO nicht

---

[537]) U.U. wäre jedoch ein Zugriff auf einen Schenkungsrückforderungsanspruch für die unentgeltliche Zession möglich.
[538]) Teils a.A. *Schubert*, JR 1994, 416 (419, 420).
[539]) BGHZ 123, 183 (187).
[540]) S.u. S. 137 ff.

umfaßt ist. Mit dem Sinn, Rücksicht auf die Person des Drittschuldners zu nehmen, hat die Folge, den Gläubiger zu benachteiligen, nichts gemein. Wenn dabei eine Pfändung dazu führt, daß im Einzelfall der Berechtigte - selbst wenn ihn sonst moralische Erwägungen nicht davon abgehalten hätten - den Anspruch nicht geltend macht, so ist dies vom Normzweck umfaßt. In die Abwägung des Berechtigten dürfen insoweit auch die Folgen der Geltendmachung einbezogen worden sein, ohne daß damit die Entscheidungsfreiheit aufgehoben wäre. Das werden sie ja auch dann, wenn der Vollstreckungsschuldner erwarten muß, daß auf den geltend gemachten und ausgezahlten Anspruch sofort zugegriffen wird.

Die eingeschränkte Pfändbarkeit macht es also möglich, eine vom Gesetzeszweck nicht geforderte und nicht gerechtfertigte Benachteiligung der Gläubiger des Berechtigten zu verhindern.[541])

Die am Anfang zitierte Entscheidung des OLG Naumburg[542]) sagt dazu, die Pfändungsbeschränkungen seien Ausnahmen von der Regel, daß der Gläubiger Anspruch darauf habe, das Vermögen des Schuldners zu seiner Befriedigung zu verwenden. Diese Ausnahmen könnten nicht weiter ausgedehnt werden, als es nach dem Wortlaut und dem Sinn des Gesetztes nötig erscheine. Zwar ist dieser Satz in der Hinsicht zu relativieren, daß es nicht um ein Regel-Ausnahme-Verhältnis, sondern um eine Abwägung des berechtigten Gläubigerinteresses an einer wirkungsvollen Zwangsvollstreckung und dem Interesse des Schuldners an der Wahrung seiner Rechte geht. Eine Ausnahmevorschrift ist § 852 ZPO jedoch insofern, als die Norm eine an sich dem Vollstreckungszugriff unterfallende Forderung diesem Zugriff aus persönlichkeitsrechtlichen Erwägungen entzieht. Bei den von § 852 ZPO erfaßten Forderungen ist insoweit aus dem Charakter der Forderungen eine Pfändungseinschränkung geboten. Dies jedoch nur in Gegenüberstellung mit dem Interesse des Gläubigers an einem frühzeitigen Beschluß, um sich den Vorrang im Pfandrecht zu sichern. Auch die Kammergerichtsentscheidung von 1935[543]) sah das Rangsicherungsinteresse des Gläubigers, ließ dieses jedoch zurücktreten hinter dem öffentlichen Interesse, aus dem heraus die Pfändungsbeschränkung angeordnet ist, und dem Interesse des Drittschuldners. Da dieses

---

[541]) BGHZ 123, 183 (189).
[542]) OLG Naumburg, OLGE 40, 154.
[543]) KG JW 1935, 3486 (3487).

öffentliche Interesse - also die Möglichkeit des Berechtigten zur freien Entscheidung über die Geltendmachung des Anspruchs - ihre Grenze im Gläubigerinteresse findet, bzw. eine normzweckgerechte eingeschränkte Auslegung der Pfändungsbeschränkung mit dem Interesse an der Entscheidungsfreiheit vereinbar ist, gibt es auch nach der Argumentationsweise des Kammergerichts keinen Grund, das Interesse des Vollstreckungsgläubigers an der Rangwahrung nicht anzuerkennen.

Jeder Zugriff des Gläubigers, der die Entscheidungsfreiheit nicht ausschaltet, ist deshalb zu gestatten. Die dem § 852 ZPO zugrunde liegenden persönlichkeitsrechtlichen Erwägungen finden auch dann ihren Platz, wenn die Verwertbarkeit der Forderungen an die Voraussetzungen des § 852 ZPO gekoppelt wird. Insofern ist es geboten, das in § 852 ZPO angeordnete Pfändungsverbot in einem an diesem Normzweck ausgerichteten eingeschränkten Sinn zu verstehen[544]), indem die von § 852 ZPO erfaßten Ansprüche als in ihrer Verwertbarkeit bedingte Ansprüche von Entstehung an gepfändet werden können.

III. Position des Drittschuldners

Zu untersuchen ist schließlich, ob sich etwas anderes aus der Belastung des an sich am Verhältnis Vollstreckungsgläubiger - Vollstreckungsschuldner unbeteiligten Drittschuldners ergibt. Eine Pfändung, die unangemessen in dessen Rechtsposition eingreift, könnte dem Anliegen, den Drittschuldner nur auf Entscheidung des Berechtigten hin zu belasten, widersprechen. Es werden nämlich, ohne daß der Berechtigte den Anspruch geltend macht, als Folge einer solchen Pfändung sofort das Zahlungsverbot des § 829 I S.1 ZPO und ein eingeschränktes Pfandrecht wirksam. Der Drittschuldner könnte insofern durch eine frühzeitige Pfändung - über den bei jeder Forderungspfändung gegebenen Eingriff in die eigene Rechtsposition hinaus[545]) - in ungerechtfertigter Weise belastet werden. Dies geschieht zu einem Zeitpunkt, zu dem unter Umständen der Berechtigte seine Ansprüche gar nicht geltendmachen will, der Drittschuldner insofern von der Verpflichtung noch frei ist. Die "Rücksichtnahme" des Berechtigten käme dann dem Drittschuldner gar nicht zu Gute.

---

[544]) BGHZ 123, 183 (189).
[545]) Vgl. dazu insgesamt *Gaul*, Zur Rechtsstellung der Kreditinstitute als Drittschuldner..., S. 11 ff. m.w.N.

Hinzu kommt, daß der Drittschuldner infolge der Pfändung ständig der Erwartung und damit Unsicherheit ausgesetzt ist, daß der Anspruch verwertbar wird. Eine solche andauernde Belastung durch Verstrickung und Pfandrecht könnte unangemessen in die Rechtsposition des Drittschuldners eingreifen. So ist auch der Grund, warum bedingte Pfändungen ausgeschlossen sind, daß sie zu einer bei einem staatlichen Zugriff unerträglichen Rechtsunsicherheit führen würden. Falls diese Rechtsunsicherheit auch bei Pfändung eines in seiner Verwertbarkeit bedingten Anspruchs zu erwarten ist, könnte dies insbesondere die Interessen des Drittschuldners maßgeblich beeinträchtigen. Entsprechend wird auch vorgebracht, Regelungsgrund des § 852 ZPO sei unter anderem, das Auftreten von Ungewißheiten über die Rechtslage durch die Pfändung der Forderungen auszuschließen, die auftreten können, sofern diese Forderungen noch nicht vertraglich anerkannt oder rechtshängig geworden sind.[546])

Was zunächst das Zahlungsverbot angeht, so bedeutet dies keine zusätzliche Belastung des Drittschuldners. Denn auch ohne Pfändungsbeschluß war es ihm nicht möglich, den Anspruch dem Berechtigten aufzudrängen, gegen dessen Willen durch Hinterlegung zu erfüllen oder den Berechtigten in Gläubigerverzug zu setzen. Seine Rechtsposition gleicht also in dieser Hinsicht derjenigen vor der Pfändung. Das Pfandrecht als solches belastet den Drittschuldner nicht. Es hat allein die Gestalt eines Sicherungsrechtes, vergleichbar dem Vertragspfandrecht vor der Pfandreife. Da eine vertragliche Verpfändung der von § 852 ZPO erfaßten Ansprüche ohnehin möglich ist (§§ 2317 II, 1378 III S. 1, 1274 II BGB), tritt insoweit keine Änderung der Drittschuldnerposition ein. Jede tatsächliche Belastung des Drittschuldners, nämlich die Auszahlungspflicht, findet nach wie vor erst auf Handeln des Vollstreckungsschuldners hin statt. Auch die Auskunftspflicht des Drittschuldners tritt mit Pfändungsbeschluß noch nicht ein.

Desweiteren belastet auch eine dauernde Beschlagnahme mit Erwartung künftigen Verwertbarkeitseintritts den Drittschuldner nicht unangemessen. Die Rechtsordnung mutet in anderen Fällen dem Drittschuldner derartige Belastungen und Unsicherheiten in vergleichbarer Weise zu.

---

[546]) *MünchKomm/Smid*, § 852 ZPO, Rz. 2.

So ist in dem Fall, daß eine Forderung nur insoweit pfändbar ist, als sie einen bestimmten Betrag übersteigt, §§ 850 c, d ZPO, die Pfändung zwar zunächst gegenstandslos, solange die Forderung die Pfändungsgrenze nicht übersteigt, aber bei richtiger Fassung des Beschlusses (vgl. § 850 c III S. 2 ZPO) zulässig.[547]) Die Wirkungen der Pfändung treten insoweit ein, sobald die Pfändungsgrenze überschritten wird, § 832 ZPO, und gewähren den Vorrang vor späteren Pfändungen.[548]) Obwohl im Zeitpunkt der Pfändung die Pfändungsvoraussetzungen noch nicht vorliegen, wird also der Drittschuldner mit Zustellung, Arrestatorium und Pfandrecht belastet. Hier gilt zwar die Grenze unzumutbarer Belastung des Drittschuldners. Sie wird aber nur überschritten, wenn völlig sicher ist, daß die Pfändbarkeit in den nächsten Jahren nicht eintreten wird.[549]) Bei der Pfändung der von § 852 ZPO erfaßten Forderungen ist nicht sicher, daß die Verwertbarkeit ausbleiben wird. Es wird insofern nicht auf einen Verdacht hin gepfändet.

Weiterhin erstreckt sich im Falle des § 832 ZPO bei wirksamer Pfändung einer Rate die Pfändung auf die künftig fällig werdenden Raten, auch wenn sie im Pfändungsausspruch nicht erwähnt sind.[550])

Auch bei künftigen Forderungen erfolgt ein Pfändungsbeschluß mit Zustellung an den Drittschuldner. Zwar treten die Wirkungen des Beschlusses einschließlich der Verstrickung und des Pfandrechts erst mit Entstehung der Forderung ein, jedoch ist auch in diesem Falle eine Überwachung der künftigen Rechtsänderung von Seiten des Drittschuldners erforderlich. Lediglich Verdachtspfändungen erhoffter Rechte sind zum Schutze des Drittschuldners vor Belästigungen ausgeschlossen.[551]) Eine solche Verdachtspfändung liegt im Falle des § 852 ZPO nicht vor.

Stärker als durch diese von der Rechtsordnung gebilligten Belastungen wird der Drittschuldner auch bei Pfändung eines in seiner Verwertbarkeit bedingten Anspruchs nicht belastet. Deshalb ist auch zuläs-

---

547) OLG Celle, Nds Rpfleger 1953, 108; LG Hannover, Rpfleger 1978, 388; *Stein/Jonas/Brehm*, § 829 ZPO, Rz. 18 m.w.N.
548) *Stein/Jonas/Brehm*, § 829 ZPO, Rz. 18.
549) OLG Celle, Nds Rpfleger 1953, 108; LG Hannover, Rpfleger 1978, 388 (Frage des Rechtsschutzbedürfnisses des Gläubigers); *Stein/Jonas/Brehm*, § 829 ZPO, Rz. 18 mit FN 110 m.w.N.
550) *Thomas/Putzo*, § 832 ZPO, Rz. 2; *Rosenberg/Gaul/Schilken*, ZwangsvollstrR, § 21 I 3 b.
551) *Stein/Jonas/Brehm*, § 829 ZPO, Rz. 7; *Stöber*, Forderungspfändung, Rz. 28.

sig, eine zur Zeit unpfändbare Forderung für den künftigen Fall der Pfändbarkeit (Verwertbarkeit) zu pfänden, also einen Pflichtteils-, Zugewinnausgleichs- oder Rückforderungsanspruch für den Fall der Anerkennung oder Rechtshängigkeit,[552]) ohne daß dem Drittschuldner eine unzumutbare Rechtsunsicherheit beim Abwarten des Eingreifens der vollen Pfändungswirkungen aufgebürdet wird. Die Rechtsunsicherheit endet mit Eintritt der Verjährung. Mit Verjährung der von § 852 ZPO erfaßten Ansprüche wird der Schwebezustand der Pfändungswirkungen spätestens beendet.[553])

Hinzu kommt folgendes. Nimmt man an, § 852 ZPO wolle die persönliche Bindung zwischen Drittschuldner und Berechtigtem schützen, so könnte sich daraus ergeben, daß auch eine Vorauspfändung unangemessen in dieses Verhältnis eingreift.[554]) Zum Beispiel erfährt der Drittschuldner durch die Zustellung des Pfändungsbeschlusses von den Schulden des Berechtigten.[555]) Durch die Pfändung mag zwar dann die Entscheidungsfreiheit gewahrt sein, der Grund für ihre Einräumung, die persönliche Beziehung zwischen Berechtigtem und Verpflichtetem, wäre dennoch unangemessen gestört. Nun wurde aber schon bei der Auslegung des Schutzzwecks der Norm und in obigen Erläuterungen deutlich, daß § 852 ZPO nicht den Schutz des persönlichen Verhältnisses zwischen Berechtigtem und Verpflichtetem als solchen bezweckt[556]), sondern allein die Freiheit des Berechtigten, mit Rücksicht auf diese Verbundenheit unter Umständen auf ein Geltendmachen von gesetzlich vorgesehenen Ansprüchen zu verzichten. Diese Freiheit fand zudem ihre Grenze im berechtigten Gläubigerinteresse an wirkungsvoller Zwangsvollstreckung. Wird somit die Beziehung zwischen Drittschuldner und Vollstreckungsschuldner schon durch die persönliche Belastung des Drittschuldners durch Zustellung eines Pfändungsbeschlusses, Erlaß des Arrestatoriums und Eingriff eines Sicherungspfandrechts gestört, so mag es sein, daß Unstimmigkeiten zwischen Drittschuldner und Vollstreckungsschuldner entstehen. Hinsichtlich des Schutzzwecks des § 852 ZPO ist dies jedoch nicht bedeutsam. Zunächst ist es nicht Ziel des § 852 ZPO, zu verhindern, daß

---

552) *Stein/Jonas/Brehm*, § 829 ZPO, Rz. 18.
553) Vgl. o. S. 127 f.
554) *Schuschke*, § 852 ZPO, Rz. 5; ähnlich *Harder*, WuB VI E. § 852 ZPO 1.1994, 220 (222).
555) *Harder*, WuB VI E. 1/94, 220 (222).
556) S.o. S. 32 ff.

der anspruchsverpflichtete Drittschuldner von den Schulden des Berechtigten erfährt. Es geht der Norm nicht darum, jedwede Belastung der persönlichen Verbundenheit zwischen Vollstreckungsschuldner und Drittschuldner zu verhindern, sondern allein darum, daß eine Durchsetzung der Forderung, die das persönliche Verhältnis belastet, nur auf Entscheidung des Vollstreckungsschuldners hin ermöglicht wird. Läßt der verschuldete Berechtigte von sich aus eine solche Belastung zu, will auch das Gesetz sie nicht verhindern. Diesem Anliegen der Norm wird eine Pfändung des in seiner Verwertbarkeit bedingten Anspruchs gerecht.

IV. Ergebnis der Interessenabwägung

Im Ergebnis bedeutet dies, daß die Entscheidungsfreiheit des Berechtigten auch dann gewahrt ist, wenn nicht die Pfändung, sondern die Verwertung des Anspruchs vom Eintritt der Rechtshängigkeit oder des Anerkenntnisses abhängig gemacht wird. Weder Vollstreckungsschuldner noch Drittschuldner werden unangemessen belastet. Lediglich die Position des Vollstreckungsgläubigers wird gestärkt, deren Schwächung weder Grund noch zwingende Folge des Sinn und Zwecks von § 852 ZPO ist.

Teil E: § 852 ZPO im Zusammenhang der Regelungen zur Abtretbarkeit und Pfändbarkeit von Forderungen

Die Benachteiligung der Gläubiger des Pflichtteils-, Zugewinnausgleichs- und Rückforderungsberechtigten entstand dadurch, daß die von § 852 ZPO erfaßten Forderungen von ihrer Entstehung an abtretbar sind, eine Pfändung jedoch erst mit Eintritt von Rechtshängigkeit und Anerkenntnis möglich sein sollte. Dies hatte zur Folge, daß dem Berechtigten der Forderungen ein Entzug seines Anspruchs aus der Haftungsmasse möglich war, und dem Gläubiger auch die Anfechtung der diesem Entzug zugrunde liegenden Verfügung über die Forderung verwehrt war. Das Fehlen einer Korrespondenz zwischen der Möglichkeit abzutreten und derjenigen zu pfänden eröffnete dem Berechtigten eine vom Normzweck des § 852 ZPO nicht geforderte und nicht gerechtfertigte Manipulationsmöglichkeit über den entstandenen Anspruch. Durch eine Auslegung des § 852 ZPO derart, daß die von der Norm erfaßten Ansprüche als in ihrer Verwertbarkeit aufschiebend bedingt von Entstehung an gepfändet werden können, wurde diese Gläubigerbenachteiligung beseitigt.

Es stellt sich jedoch die Frage, warum das Gesetz ein solches Auseinanderfallen von Pfändbarkeit und Abtretbarkeit zuläßt bzw. ob die dadurch ermöglichte Gläubigerbenachteiligung mit dem Ziel des Gesetzes bei der Regelung des Zusammenspiels zwischen beiden Rechtsvorgängen vereinbar ist. Es soll deshalb hier darauf eingegangen werden, welcher grundsätzliche Zusammenhang zwischen Pfändbarkeit und Abtretbarkeit von Forderungen nach materiellem Recht und Prozeßrecht besteht und wie eine Konstellation wie die vom BGH im Jahre 1993 entschiedene in dieses System einzuordnen ist.

I. § 852 ZPO als Systemwidrigkeit in dem von §§ 400 BGB, 851 ZPO geregelten Bereich

Im Rahmen des Zusammenhangs zwischen Pfändbarkeit und Abtretbarkeit sind relevante Normen die §§ 400 BGB und 851 ZPO. § 400 BGB besagt, daß Forderungen, die nach Prozeßrecht unpfändbar sind, nicht abgetreten werden dürfen. § 851 I ZPO schließt von der Unabtretbarkeit einer Forderung auf ihre Unpfändbarkeit, macht jedoch in § 851 II ZPO Ausnahmen von dieser Festsetzung.

Dem Wortlaut der §§ 852 ZPO, 400 BGB nach dürften deshalb der Pflichtteils-, Zugewinnausgleichs- und der Rückforderungsanspruch nicht abtretbar sein, bevor sie rechtshängig gemacht oder anerkannt worden sind. Die §§ 2317 II und 1378 III S. 1 BGB scheinen also Ausnahmevorschriften zu § 400 BGB zu sein, der an sich vom seinem Regelungsgehalt her anwendbar sein müßte. Insofern wird vertreten, der in § 400 BGB aufgestellte Grundsatz des Gleichlaufs von Pfändbarkeit und Abtretbarkeit werde durch § 2317 II, 1378 III S. 1 BGB durchbrochen.[557] Da das Gesetz entgegen der allgemeinen Vorschrift des § 400 BGB die Abtretung ermögliche, wird von einer - systemwidrigen - Gesetzeslücke gesprochen.[558] Teilweise wird auch vorgebracht, da die §§ 1378 III S. 1, 2317 II BGB eine Übertragbarkeit vorsähen, müßte daraus auch die Pfändbarkeit nach § 851 I ZPO folgen.[559] § 852 ZPO wäre dann als andere Vorschrift i.S.d. § 851 I ZPO anzusehen.[560]

Zudem wird vertreten, die wechselseitigen Verweisungen der ZPO auf das BGB und umgekehrt sollten sicherstellen, daß der jeweilige Anwendungsbereich von Pfändbarkeit und Abtretbarkeit identisch ist.[561] Aus §§ 400 BGB, 851 ZPO wird also die Grundwertung des Gesetzes abgeleitet, daß der Abstand zwischen Pfändbarkeit und Abtretbarkeit möglichst gering gehalten werden soll[562] und im Zweifel Unpfändbarkeit und Unabtretbarkeit zusammentreffen sollen.[563] Anders als im Regelfall der §§ 400 BGB und 851 I ZPO habe die Unzulässigkeit der Pfändung beim Anspruch auf den Pflichtteil, Zugewinnausgleich und

---

[557] *Staudinger/Ferid/Cieslar*, § 2317 BGB, Rz. 11.
[558] *Kuchinke*, NJW 1994, 1769 (1770).
[559] *Sydow/Busch*, § 852 ZPO, Anm. 1; *Behr*, JurBüro 1996, 65.
[560] *Schmidt*, ZivilprozeßR, § 147 II; *Wüllenkemper*, JR 1988, 353 (356).
[561] *Gerhardt*, VollstrR, § 9 I 1 2.
[562] *Stein/Jonas/Brehm*, § 829 ZPO, Rz. 3; *Gerhardt*, VollstrR, § 9 I 1.
[563] *Schmidt*, ZivilprozeßR, § 147 II.

die Rückgabe des Geschenks keine Einschränkung der Abtretbarkeit zur Folge.[564]) § 852 ZPO enthalte deshalb Sonderregeln für die Unpfändbarkeit.[565]) Gleichzeitig scheint die Regelung des § 852 ZPO dem Grundsatz der freien Verfügbarkeit über Pflichtteils-, Zugewinnausgleichs- und Rückforderungsanspruch zu widersprechen. Es wird insofern vorgebracht, die ZPO mache sich dabei vom BGB unabhängig, indem sie die Pfändbarkeit ausschließe, wo Übertragbarkeit besteht.[566]) Daraus ergäben sich Ungereimtheiten und eine Gesetzeslücke.[567])

Zu untersuchen ist also die Frage, ob eine Auslegung der Vorschriften zur Pfändbarkeit und Abtretbarkeit von Pflichtteils-, Zugewinnausgleichs- und Rückforderungsanspruch in dem Sinne erforderlich ist, daß diese angebliche Gesetzeslücke geschlossen und ein Gleichlauf von Pfändbarkeit und Abtretbarkeit (wieder-) hergestellt wird. Dabei ist zu beachten, daß die dargelegte Pfändung der von § 852 ZPO erfaßten Ansprüche als in der Verwertbarkeit bedingte dazu führt, daß von Entstehung der Ansprüche an ein Gleichlauf von Abtretbarkeit und Pfändbarkeit besteht. Fraglich ist jedoch, ob sich dies aus einem allgemeinen das Prozeßrecht und das materielle Recht erfassenden Grundsatz ableiten läßt, der eine Gläubigerbenachteiligung durch Abtretung vor Eintritt der Pfändbarkeit verhindern will.

1. Historische Auslegung der Vorschriften zur Pfändbarkeit und Abtretbarkeit der von § 852 ZPO erfaßten Forderungen

Zu klären ist, ob der Gesetzgeber bedacht hat, daß die Rechtsfolgen seiner Regelungen zur Pfändbarkeit und Abtretbarkeit der von § 852 ZPO erfaßten Forderungen dem Berechtigten die Möglichkeit eröffnen, die Ansprüche durch Abtretung vor Eintritt der Pfändbarkeit dem Gläubigerzugriff zu entziehen. Dies würde dafür sprechen, daß ein Auseinanderfallen von Pfändbarkeit und Abtretbarkeit bei den von § 852 ZPO erfaßten Forderungen bewußt angeordnet wurde. Aus den Gesetzgebungsmaterialien ergibt sich aber derartiges nicht. So sollte der Pflichtteilsanspruch zunächst vererblich, übertragbar, pfändbar und

---

564) *Wax*, LM § 852 ZPO, Nr. 1.
565) *Gerhardt*, VollstrR, § 9 I 2.
566) *Schmidt*, ZivilprozeßR, § 147 II 3.
567) *Wax*, LM § 852 ZPO, Nr. 1; *Kuchinke*, NJW 1994, 1769 (1770).

der Konkursmasse zugehörig sein.[568]) Später wurde vorgesehen, daß der Anspruch dem vollstreckbaren Vermögen und der Konkursmasse nur zugehörig sein soll, wenn er vom Berechtigten gerichtlich oder außergerichtlich geltend gemacht worden ist.[569]) Dann werden Anerkenntnis oder Rechtshängigkeit als Voraussetzungen für die Pfändbarkeit und Massezugehörigkeit vorgesehen.[570]) Schließlich wurde die diesbezügliche Regelung im Konkursrecht gestrichen, weil die Frage, ob der noch nicht rechtshängige und anerkannte Anspruch der Konkursmasse angehören solle, für die Wissenschaft offenbleiben sollte.[571]) Die Materialien zur ZPO-Novelle zeigen zwar, daß dem Gesetzgeber bewußt war, daß Pfändbarkeit und Abtretbarkeit beim Pflichtteilsanspruch unterschiedliche Wege gehen. Hier wird deutlich, daß aufgrund der Abtretbarkeit des Anspruchs an sich aus § 851 I ZPO nichts gegen die Pfändbarkeit spricht.[572]) Jedoch ist auch dies kein Anhaltspunkt dafür, daß mit der Regelung des § 852 ZPO eine Ausnahme zu einer allgemeinen im BGB und der ZPO verankerten Pfändungs- und Abtretungsregel, die dem Gläubigerschutz dient, geschaffen werden sollte. Vielmehr wurden ausschließlich spezifisch für den Pflichtteils-, Zugewinnausgleichs- und Rückforderungsanspruch geltende Aspekte berücksichtigt. So wird lediglich erwähnt, daß es dem Wesen des Rechts und dem Verhältnis des Erben zum Berechtigten (des Beschenkten zum Schenker) widerspricht, wenn die Ansprüche gegen den Willen des Berechtigten geltend gemacht werden.[573]) Dies bedeutet insgesamt, daß die Regelungen zur Pfändbarkeit und Abtretbarkeit der von § 852 ZPO erfaßten Ansprüche vom Gesetzgeber weder einem bestimmten System eingeordnet wurden, noch bewußt entgegen diesem normiert werden sollten.[574])

---

568) *Schubert*, Vorentwurf Erbrecht 1, Seite 55, 807; vgl. *Schubert*, Anlagen: Entwürfe, Seite 576.
569) *Schubert*, Anlagen: Entwürfe, Seite 1238.
570) *Achilles/Gebhard/Spahn*, Prot. V, Seite 525, 527; vgl. Mot. *Mugdan* V, Seite 222.
571) *Achilles/Gebhard/Spahn*, Prot. VI, Seite 726, 753, 802.
572) Materialien zur ZPO Novelle *Hahn/Mugdan* VIII, Seite 159.
573) Materialien zur ZPO Novelle *Hahn/Mugdan* VIII, Seite 159.
574) Vgl. BGHZ 123, 183 (188).

2. Gleichlauf von Pfändbarkeit und Abtretbarkeit in den Fällen der
§§ 400 BGB, 851 ZPO

Zunächst wird darauf eingegangen, in welchen Fällen die Pfändungs- und Abtretungsbeschränkungen nach der Gesetzeslage einander entsprechen, und was der Grund für diese Entsprechung ist.

a) Anwendungsbereich des § 400 BGB

Unter den Pfändungsverboten und -beschränkungen, an die
§ 400 BGB das Abtretungsverbot knüpft, sind vor allem die auf sozialpolitischen Erwägungen beruhenden Verbote und Beschränkungen
der Pfändung des Arbeitseinkommens und gleichgestellter Ansprüche
nach §§ 850 a-k ZPO sowie der Pfändung von Ansprüchen nach den
Sozialversicherungs-, Versorgungs- und ähnlichen Gesetzen zu verstehen.[575] Auch das Vollstreckungsverbot des § 14 KO wird angeführt, da
es wie ein Pfändungsverbot einer Abtretung entgegenstehe.[576] Die
§§ 850 a-k ZPO normieren Pfändungsbeschränkungen beim Arbeitseinkommen und anderen Bezügen. Je nach Höhe, Grundlage des Einkommens und Unterhaltsverpflichtung des Berechtigten werden Pfändungsgrenzen oder Unpfändbarkeit der Forderungen angeordnet.
Genau gleichlaufend damit ist die Abtretbarkeit dieser Forderungen
durch § 400 BGB geregelt. Ist die Pfändungsgrenze von bestimmten
Tatsachen abhängig, so kann die Abtretbarkeit nur nach den im Zeitpunkt der Fälligkeit der Forderung gegebenen Tatsachen beurteilt werden.[577] Ist eine Forderung nur bis zu einer gewissen Höhe unpfändbar, so ist der darüber hinausgehende Teil der Forderung pfändbar,
daher auch abtretbar.[578] Ist die Pfändbarkeit bestimmten Personen
gegenüber erweitert, z.B. gegenüber den Unterhaltsberechtigten, so ist
im gleichen Umfang auch die Abtretbarkeit an diese Personen erweitert.[579] Bei einer Abtretung hat das Vollstreckungsgericht und nicht

---

[575] *BGB/RGRK/Weber*, § 399 BGB, Rz. 4, § 400 BGB, Rz. 2; *Gerhardt*, VollstrR, § 9 I 3; *Schmidt*, ZivilprozeßR, § 147 II 2; *Rosenberg/Gaul/Schilken*, ZwangsvollstrR, § 56 I - VI; *Fikentscher*, SchuldR, § 57 II 4 d; *Riedel*, Abtretung und Verpfändung..., S. 670 ff.

[576] LG Tübingen NJW 1970, 349; einschränkend: *Erman/Westermann*, § 400 BGB, Rz. 1; *Staudinger/Kaduk*, § 400 BGB, Rz. 4; a.A. LG Krefeld MDR 1967, 761.

[577] *Staudinger/Kaduk*, § 400 BGB, Rz. 6 m.w.N.

[578] *Staudinger/Kaduk*, § 400 BGB, Rz. 5 m.w.N.

[579] *BGB/RGRK/Weber*, § 400 BGB, Rz. 3.

das Prozeßgericht[580]) konstitutiv zu entscheiden, ob die Voraussetzungen ausnahmsweiser Pfändbarkeit nach § 850 b II ZPO gegeben sind.[581]) In diesem Fall ist an die Stelle formalisierten Vollstreckungsrechts eine an die Umstände im Einzelfall angepaßte Billigkeitsregelung getreten[582]), die auch bei der Prüfung der Abtretbarkeit zu beachten ist.[583])

§ 400 BGB führt also zu einem Gleichlauf von Pfändbarkeit und Abtretbarkeit bei den von dieser Norm erfaßten Forderungen. Das bedeutet, sobald das Prozeßrecht in diesen Fällen eine Unpfändbarkeit vorsieht, korrespondiert damit die Unabtretbarkeit nach materiellem Recht. Zwischen Pfändbarkeit und Abtretbarkeit besteht also bei solchen Forderungen ein strikter Gleichlauf.[584]) Grund dafür ist, daß die Pfändungsbeschränkungen der §§ 850 a-k ZPO auf sozialpolitischen Erwägungen beruhen.[585]) Sie sind gesetzlich normierte Folge einer Abwägung zwischen dem Recht des Gläubigers auf wirkungsvolle Zwangsvollstreckung und dem des Schuldners auf eine existentielle Sicherung seiner (Grund-) Rechte unter zusätzlicher Einbeziehung sozialstaatlicher Grundsätze.[586]) Dem Vollstreckungsschuldner muß der Schutz seiner existenzsichernden Einkünfte gewährt sein und zwar auch im Interesse der Erhaltung seiner Erwerbstätigkeit und Leistungsfähigkeit.[587]) Gesichert werden durch das Pfändungsverbot auch jene,

---

580) Zuständig ist ausschließlich das Vollstreckungsgericht und damit nach § 20 Nr. 17 RpflG der Rechtspfleger; § 850 b II ZPO räumt jedoch dem Gericht einen gewissen Ermessensspielraum ein, so daß die Entscheidung zuweilen rechtlich schwierig wird und dann die Sache dem Richter vorzulegen ist (§ 5 I Nr. 2 RpflG), *Stein/Jonas/Brehm*, § 850 b ZPO, Rz 30.
581) BGH NJW 1970, 282.
582) *Gaul*, JZ 1973, 473 (474).
583) Es gibt dabei allerdings keine isolierte Entscheidung über die Abtretbarkeit. Vielmehr ist die Abtretung wegen grundsätzlicher Unpfändbarkeit unwirksam. Sie ist erst nach einer Pfändung durch das Vollstreckungsgericht wirksam und nur soweit diese reicht. Eine Zulassung der Abtretung durch gesonderten Beschluß wäre gesetzwidrige Überschreitung der Zuständigkeit, ganz h.M. z.B. *Stein/Jonas/Brehm*, § 850 b II ZPO, Rz. 34 m.w.N.
584) Ausnahmen im Bereich der Fälle der §§ 850 ff. ZPO schlägt *Henckel*, ProzeßR u. materielles Recht, S. 399 vor.
585) RGZ 139, 289 (293) m.w.N.; *BGB/RGRK/Weber*, § 400 BGB, Rz. 2, 6; *Larenz*, SchuldR I, § 34 II 4; *Rosenberg/Gaul/Schilken*, ZwangsvollstrR, § 56.
586) *Rosenberg/Gaul/Schilken*, ZwangsvollstrR, §§ 52 I, 56.
587) *Rosenberg/Gaul/Schilken*, ZwangsvollstrR, § 56; *Larenz*, SchuldR I, § 34 II 4; *A. Blomeyer*, ZwangsvollstrR, § 54 I; *Riedel*, Abtretung und Verpfändung..., S. 66.

die den Unterhalt des Pfändungsschuldners zu übernehmen hätten, wenn er sich selbst nicht mehr unterhalten könnte, so seine Verwandten und letztlich der Träger der Sozialhilfe.[588]) Derartige Pfändungsverbote erfüllen nur dann ihren Sinn, zum tatsächlichen Empfang der benötigten Beträge zu führen und damit das Existenzminimum zu gewährleisten, wenn es dem Berechtigten der unpfändbaren Forderungen gleichzeitig untersagt ist, von sich aus über die Forderungen zu verfügen, sich ihrer durch Abtretung zu entäußern.[589]) Wäre eine Abtretung der unpfändbaren Gehaltsteile möglich, wären Existenzsicherung und Schutz des Unterhaltsverpflichteten nicht mehr gewahrt.[590]) Ein Verzicht auf die Unpfändbarkeit einer Forderung ist deshalb unwirksam, weil eine solche Forderung zum Schutz des Schuldners auch nach materiellem Recht nicht verfügbar ist.[591]) § 400 BGB hat somit soziale Bedeutung, indem die für unpfändbar erklärten Forderungen dem Gläubiger unter allen Umständen erhalten bleiben.[592])

Bei den nach § 400 BGB unabtretbaren Forderungen handelt es sich insofern um solche, deren Übertragbarkeit aus denselben Gründen zu beanstanden ist, welche den Gesetzgeber dazu veranlaßt haben, dieselben der Zwangsvollstreckung zu entziehen.[593]) Dies ergibt sich allein aus § 400 BGB, nicht jedoch aus einem Zusammenspiel der §§ 400 BGB, 851 I ZPO. Die Vorschrift des § 400 BGB ist zwingendes Recht, auf sie kann nicht verzichtet werden.[594]) Ein Verstoß führt zur Unwirksamkeit der Abtretung.[595])

b) Anwendungsbereich des § 851 ZPO

§ 851 I ZPO meint die nach Zivilrecht unabtretbaren und deshalb auch unpfändbaren Forderungen.[596]) So fallen die §§ 586, 613 S.2, 664

---

[588]) *BGB/RGRK/Weber*, § 400 BGB, Rz. 6; *Gernhuber*, SchuldR III, § 12 VI 4b.

[589]) *Larenz*, SchuldR I, § 34 II 4; *Riedel*, Abtretung und Verpfändung..., S. 66.

[590]) Vgl. RGZ 139, 289 (293); *MünchKomm/Roth*, § 400 BGB, Rz. 2; *Staudinger/Kaduk*, § 400 BGB, Rz. 3.

[591]) *Rosenberg/Gaul/Schilken*, ZwangsvollstrR, § §§ IV 1 c, § 56 VII 3; *Larenz*, SchuldR I, § 34 II 4.

[592]) *Staudinger/Kaduk*, § 400 BGB, Rz. 3.

[593]) Mot. *Mugdan* II, Seite 68.

[594]) *Erman/Westermann*, § 400 BGB, Rz. 1; *BGB/RGRK/Weber*, § 400 BGB, Rz. 6; *Staudinger/Kaduk*, § 400 BGB, Rz. 3; *Larenz*, SchuldR I, § 34 II 4.

[595]) *Erman/Westermann*, § 400 BGB, Rz. 1; *BGB/RGRK/Weber*, § 400 BGB, Rz. 6.

[596]) *Schmidt*, ZivilprozeßR, § 147 II 1; *A. Blomeyer*, ZwangsvollstrR, § 54 I; *Lippross*, VollstrR 14, § 23 I.

II, 717 S.1, 1059 S.1, 1427, 847 I s. 2 a.F., 1300 II BGB unter diese Norm.
Bei §§ 613, 664, 717 BGB gilt, daß diese Forderungen ihrem Inhalt nach
für eine Abtretung und Pfändung ungeeignet sind. So sind von den Ansprüchen der Gesellschafter gegeneinander aus dem Gesellschaftsver-
hältnis die Ansprüche unabtretbar, welche das Vertrauensverhältnis der
Gesellschafter voraussetzen, wie z.B. die Rechte auf Mitwirkung bei Er-
teilung oder Entziehung der Geschäftsführungsbefugnis.[597]) Wegen
§§ 851 I, 793, 857 ZPO, 1369 I BGB ist die Zwangsvollstreckung in
Hausratsgegenstände, die im Miteigentum des Schuldners und seines
Ehegatten stehen, unzulässig.[598]) Bei §§ 847 a.F., 1300 BGB gründete
die Unabtretbarkeit im Zweck des Anspruchs, der so bestimmt war, daß
er nur durch Leistung gerade an den Berechtigten erreicht werden
kann.[599]) Diese Forderungen auf Ersatz des immateriellen Schadens
waren als höchstpersönliche nicht übertragbar und deshalb nicht
pfändbar.[600]) Sonstiger Grund für ein Abtretungsverbot kann die
treuhänderische Gebundenheit einer Forderung sein.[601]) Zweckbin-
dung eines Anspruchs besteht bei den unabtretbaren Baugelddarlehen
(§ 1 Bau-FG), Schadensversicherungsforderungen (§§ 15, 98 VVG),
Staatssubventionen, Prozeßkostenvorschüssen (§ 1360 a BGB).[602])

§ 851 I ZPO dient also dem Zweck, zu verhindern, daß ein Gläubiger etwas pfändet, worüber nicht einmal der Schuldner selbst verfügen
darf. Die Forderungen sind von ihrem Inhalt her nicht für eine Abtretung und deshalb auch nicht für eine Pfändung geeignet. Die Norm soll
verhindern, daß die gesetzliche Ausschließung der Verfügbarkeit einer
Forderung umgangen wird, indem ein Gläubigerwechsel durch Pfändung eröffnet wird. Ist dem Gläubiger der Forderung die Abtretung
versagt, so sollte auch ihre Verwertung durch andere ausgeschlossen
sein; das Prozeßrecht folgt insoweit dem materiellen Recht.[603]) Abtretbarkeit und Pfändbarkeit der Forderungen laufen Hand in Hand. Ausnahme ist die Regelung des § 851 II ZPO, die für die kraft Vereinbarung
nach § 399 2. Alt. BGB unabtretbaren Forderungen eine Pfändbarkeit

---

[597]) *A. Blomeyer*, ZwangsvollstrR, § 54 I 2.

[598]) LG Krefeld, NJW 1973, 2304 ff. m. Anm. *Karsten Schmidt*, NJW 1974, 323; *Rosen-
berg/Gaul/Schilken*, ZwangsvollstrR, § 20 III 1.

[599]) *Larenz*, SchuldR I, § 34 II 3.

[600]) *Gerhardt*, VollstrR, § 9 I 2 a.

[601]) *Gerhardt*, VollstrR, § 9 I 2 a.

[602]) *A. Blomeyer*, ZwangsvollstrR, § 54 I 1 a; *Gerhardt*, VollstrR, § 9 I 2 mit FN 14; *Ro-
senberg/Gaul/Schilken*, ZwangsvollstrR, § 34 II 1 a; *Lippross*, VollstrR 14, § 23 I 2.

[603]) *A. Blomeyer*, ZwangsvollstrR, § 54 I; *Gaul*, Rpfleger 1971, 1 (8).

zuläßt, damit die Parteien nicht künstliche Pfändungsverbote dispo-
nieren.[604]) Die Ausnahmeregel des § 851 II ZPO greift jedoch bei den
Ansprüchen gemäß § 399 1. Alt. BGB - entgegen dem zu weit gefaßten Wortlaut - nicht ein.[605])

c) Zusammenhang zwischen den Regelungen der §§ 400 BGB, 851 ZPO

Jede der Regelungen des § 400 BGB und des § 851 ZPO hat danach
ihren eigenen Sinn und Zweck, der einmal aus dem materiellen Recht
und einmal aus dem Prozeßrecht stammt.

§ 851 I ZPO normiert, daß eine Forderung der Pfändung nur insoweit unterworfen ist, als sie übertragbar ist. Damit wird lediglich aus-
gesagt, daß nicht gepfändet werden könne, was nicht übertragbar sei.
Eine Umkehrung des Satzes in die positive Formulierung, was abtretbar sei, sei pfändbar, ist nicht möglich.[606]) Es wird also eine Pfändungsbeschränkung normiert, nicht die Eröffnung der Pfändung abtretbarer Forderungen. Aus der in §§ 2317 II, 1378 III S. 1 BGB
normierten Abtretbarkeit kann deshalb die Zulässigkeit einer unbe-
schränkten Pfändung nicht gefolgert werden. Also ist § 852 ZPO keine
Ausnahmeregel zu §§ 851 I ZPO i.V.m. 2317 II, 1378 III S. 1 BGB, oder
eine "besondere Vorschrift" im Sinne des § 851 I ZPO.[607]) Ebenso
schließt § 400 BGB lediglich von der Unpfändbarkeit auf die Unübertragbarkeit, nicht jedoch von der Pfändbarkeit auf die Übertragbarkeit.
Schon vom Wortlaut her ist also lediglich gesagt, daß unpfändbare Forderungen nicht abgetreten, unabtretbare nicht gepfändet werden können, nicht aber, daß aus der Abtretbarkeit auf die Pfändbarkeit und
umgekehrt geschlossen werden kann.[608])

---

[604]) *Stein/Jonas/Brehm*, § 851 ZPO, Rz. 27, 28; *A. Blomeyer*, ZwangsvollstrR, § 54 I 3 a;
s. auch u. S. 151 ff.

[605]) Allg. Meinung, z.B. BGH, Rpfleger 1978, 248; Die Unpfändbarkeit ergibt sich aus
§ 851 I ZPO i.V.m. § 399 1. Alt. BGB - teleologische Reduktion des § 851 II ZPO -
dazu insbesondere *Gaul*, KTS 1989, 3 (12 f.), *Stein/Jonas/Brehm*, § 851 ZPO, Rz. 28;
s.u. S. 151 ff.

[606]) *Rosenberg/Gaul/Schilken*, ZwangsvollstrR, § 54 I 1 a; *A. Blomeyer*, ZwangsvollstrR,
§ 54 II 2; anders jedoch *Wüllenkämper*, JR 1988, 353 (356).

[607]) So jedoch *Wüllenkemper*, JR 1988, 353 (356) unter Zugrundelegung der fälschlichen
Annahme, § 851 I ZPO eröffne die Pfändbarkeit abtretbarer Forderungen; *Sy-
dow/Busch*, § 852 ZPO, Anm. 1.

[608]) *A. Blomeyer*, ZwangsvollstrR, § 54 II 2; *Rosenberg/Gaul/Schilken*, ZwangsvollstrR,
§ 54 I 1 a.

§ 400 BGB und § 851 ZPO verweisen nicht aufeinander, sondern jeweils auf einen Bereich des entsprechend anderen Rechtsgebiets. Sie sind nebeneinander, man könnte sagen parallel stehende Regelungen. Der Verweis auf das andere Rechtsgebiet zeigt bei § 400 BGB, daß dieselben Gründe gegen die Abtretbarkeit und gegen die Pfändbarkeit sprechen. An sich ist der Verweis nur eine "Abkürzung" für die Normierung bestimmter Abtretungsregeln im BGB, die zudem den Vorteil stetiger flexibler Anpassung an die Pfändungsbeschränkungen der ZPO hat. Denn insbesondere beim Vollstreckungsschutz im Rahmen der Forderungspfändung ist das Vollstreckungswesen immer komplizierter geworden[609]), so daß eine genaue Anpassung der Abtretungsbeschränkung des § 400 BGB sachdienlich ist.

Bei § 851 ZPO dient der Verweis ins materielle Recht dazu, daß eine Pfändbarkeit, die Abtretungsverbote umgehen würde (§ 851 I ZPO), sowie durch Parteidisposition "künstlich" herbeigeführte Unpfändbarkeit (§ 851 II ZPO) ausgeschlossen sein sollen.

Beide Normen bedienen sich also lediglich bestimmter Regelungen des anderen Rechtsgebiets, um in diesem strengen Bereich einen Gleichlauf zu begründen. Es geht nicht um wechselseitige Wirkung und Verweisung. Insofern wird nicht die Pfändbarkeit von der Abtretbarkeit, dann wieder die Abtretbarkeit von der Pfändbarkeit abhängig gemacht, woraus sich schließen ließe, daß im Zweifel beides zusammentreffen solle.[610]) So fallen unter § 851 I ZPO nicht die Forderungen, für welche § 400 BGB zutrifft.[611]) Es liegt kein Zirkelschluß vor. Es gibt keine Forderung, die über § 400 BGB i.V.m. § 851 I ZPO unpfändbar oder unabtretbar wäre. Die Normen regeln nicht in Verbindung miteinander Pfändbarkeit oder Abtretbarkeit von Forderungen.

§ 400 BGB soll allein Wirkungen für das materielle Recht entfalten. § 851 ZPO ist eine Norm des Zwangsvollstreckungsrechts. Über die Regelung im eigenen Rechtsgebiet hinaus wollen beide keine umfassend geltende Aussage treffen. Also soll durch die gleichzeitige Existenz der beiden Normen kein durchgängiges, beide Rechtsordnungen erfassendes Prinzip im Sinne eines schematischen Gleichlaufs aufgestellt werden.

---

[609]) Vgl. *Gaul,* JZ 1973, 473 (474).
[610]) So *Schmidt,* ZivilprozeßR, § 147 II.
[611]) So jedoch *Thomas/Putzo* (9. Auflage), § 851 ZPO, Anm. 2 a.

d) Verhinderung einer Gläubigerbenachteiligung durch Gleichlauf von Pfändbarkeit und Abtretbarkeit

Insbesondere ist Ziel der Regelungen nicht, durch Gleichlauf von Unpfändbarkeit und Unabtretbarkeit eine Gläubigerbenachteiligung zu vermeiden. Daß die von § 400 BGB oder § 851 I ZPO erfaßten Ansprüche beim Schuldner erhalten bleiben sollen, dient nicht dessen Gläubigern, sondern ihm selbst und den ihm gegenüber Unterhaltsverpflichteten bzw. folgt aus der Natur der Ansprüche. Die Forderungen, bei denen diese Interessen durch Pfändung oder Abtretung nicht berührt werden, können nicht unter den von § 400 BGB oder § 851 I ZPO gefaßten Bereich fallen. Bei der Gruppe der sowohl unpfändbaren als auch unabtretbaren Forderungen dient der Gleichlauf nicht dazu, eine Gläubigerbenachteiligung zu verhindern. Mag eine Gläubigerbenachteiligung - laufen Abtretbarkeit und Pfändbarkeit nicht gleich - auch (notwendige) Folge sein, ist sie nicht durch Rückschlüsse aus allgemeinen Pfändungs- und Abtretungsregeln behebbar. Letzterem Bereich sind die von § 852 ZPO erfaßten Forderungen zuzuordnen.

3. Einordnung des § 852 ZPO

Der Normzweck des § 852 ZPO und der Charakter der von dieser Norm erfaßten Forderungen hat insofern mit den Ausführungen zu § 400 BGB und § 851 ZPO nichts gemein.[612] Zugewinnausgleichs-, Rückforderungs- und Pflichtteilsanspruch sollen nicht der Sicherung des Existenzminimums in dem Sinne dienen, daß ein öffentliches Interesse daran besteht, daß die Forderungen beim Gläubiger erhalten bleiben sollen, damit dessen Lebensunterhalt sichergestellt ist und er nicht der Allgemeinheit zur Last fällt. Die Pfändungsbeschränkung des § 852 ZPO soll nicht erreichen, daß der Berechtigte das ihm Geschuldete tatsächlich erhält, ohne daß es ihm durch seine Gläubiger entzogen werden kann. Gerade der Verzicht auf die Ansprüche, die Entscheidung, sie nicht geltend zu machen, sollen durch das Gesetz gewährleistet werden. Es ist nicht eine Gläubigerbenachteiligung durch Nichterhalt der Forderungen beim Berechtigten, die die hier dargelegte Auslegung des § 852 ZPO verhindern soll, sondern eine solche durch Manipulation über den Anspruch, die zu einem Entzug aus der

---

[612]) Vgl. *BGB/RGRK/Weber*, § 400 BGB, Rz. 4 m.w.N.

Haftungsmasse führt, obwohl der Berechtigte seine Rechte ausüben will. Die Auslegung des § 852 ZPO in dem Sinne, daß die von der Norm erfaßten Ansprüche vor Rechtshängigkeit oder Anerkenntnis pfändbar, jedoch bedingt verwertbar sind, folgt nicht aus der Abtretbarkeit der betreffenden Forderungen, sondern aus der Tatsache, daß die Vorschrift ihren Sinn lediglich als Verwertungsregel erfüllt. Dadurch wird die in der Abtretbarkeit ungewollt begründete Gläubigerbenachteiligung verhindert.

a) Abtretbarkeit der von § 852 ZPO erfaßten Ansprüche als grundsätzliche rechtliche Befugnis

Handelt es sich insofern bei den von § 400 BGB erfaßten Forderungen um solche, deren Übertragbarkeit aus denselben Gründen zu beanstanden ist, welche den Gesetzgeber dazu erwogen haben, sie der Zwangsvollstreckung zu entziehen, so spricht bei den von § 852 ZPO erfaßten Forderungen, die der Zwangsvollstreckung entzogen sind, um die Entscheidungsfreiheit des Berechtigten zu wahren, dieses Argument nicht gegen eine Übertragbarkeit. Die Regelung des § 852 ZPO widerspricht also nicht einem Grundsatz der freien Verfügbarkeit der von dieser Norm erfaßten Forderungen. In der Regel ist jedes Recht übertragbar, soweit sich etwas anderes nicht aus dem Gesetz z.B. den §§ 399, 400, 514, 717, 847 a.F. BGB oder aus der besonderen Natur des Rechts ergibt. Einschränkungen der Abtretbarkeit von Forderungen sind also die Ausnahme. Die besondere Natur des Pflichtteils-, Zugewinnausgleichs- und Rückforderungsanspruchs, die nicht gegen den Willen des Berechtigten geltend gemacht werden dürfen, spricht nicht für eine Unabtretbarkeit dieser Forderungen, zumal der Berechtigte durch eine Abtretung gerade diesen Willen zur Geltendmachung deutlich machen kann. Daß darüber hinaus in den §§ 2317 II, 1378 III S. 1 BGB die Abtretbarkeit von Pflichtteils- und Zugewinnausgleichsanspruch explizit angeordnet wird, ist eher eine Klarstellung der selbstverständlichen Annahme, daß diese Forderungen mangels einer sich aus ihrer Natur ergebenden Unabtretbarkeit abtretbar sind. So erkannten zwar das preußische und das österreichische Recht die Abtretbarkeit der Ansprüche an, nicht aber das gemeine und sächsische Recht. Um Zweifeln vorzubeugen, hat die zweite Kommission die Abtretbarkeit ausdrücklich normiert.[613])

---

[613]) Mot. *Mugdan* V, Seite 222.

Dafür, daß §§ 2317 II, 1378 III S. 1 BGB keine Ausnahmeregelungen zu § 400 BGB darstellen, sondern unabhängig von dieser Norm im Charakter der von § 852 ZPO erfaßten Forderungen begründet sind, spricht auch folgendes. Beim Rückforderungsanspruch des verarmten Schenkers nach § 528 BGB gibt es keine die Abtretbarkeit anordnende Norm. Dennoch wird nach allgemeiner Ansicht § 400 BGB restriktiv ausgelegt in dem Sinne, daß trotz der von § 852 ZPO eingeschränkten Pfändbarkeit eine Abtretbarkeit des Schenkungsrückforderungsanspruchs - allerdings unter Einschränkung durch § 399 1. Alt BGB - bejaht wird.[614] Grund dafür ist zum einen, daß sich die Regelung des § 852 ZPO beim Rückforderungsanspruch erübrigen würde, wenn dieser unabtretbar wäre, da sich die Unpfändbarkeit bereits aus § 851 I ZPO ergäbe. Daß der Gesetzgeber den Rückforderungsanspruch in die Regelung des § 852 ZPO einbezogen hat, ergibt demnach nur Sinn, wenn von dessen Abtretbarkeit ausgegangen wird.[615] Zudem treffen beim Rückforderungsanspruch die sozialpolitischen Erwägungen, die bei den von § 400 BGB erfaßten Forderungen gegen eine Abtretbarkeit und Pfändbarkeit sprechen, sachlich nicht zu. Dieser dient nicht der Unterhaltsgarantie, sondern erhebt eine sittliche Pflicht zur Rechtspflicht. Weiterer Grund ist, daß aus der ausdrücklichen Regelung der Abtretbarkeit in den §§ 2317 II, 1378 III S. 1 BGB nicht der Umkehrschluß dahingehend gezogen werden kann, daß mangels einer ausdrücklichen Regelung beim Rückforderungsanspruch dieser bewußt unabtretbar sein solle. Anzunehmen ist vielmehr eine Rechtsanalogie zu §§ 2317 II, 1378 III S. 1 BGB, da der Rückforderungsanspruch ebenso wie Pflichtteils- und Zugewinnausgleichsanspruch in persönlichen Beziehungen gründet und Parallelen zu den pflichtteilsrechtlichen Regelungen aufwirft.[616] Der Anspruch aus § 528 BGB darf deshalb in der Frage der Abtretbarkeit nicht anders behandelt werden als die gleichfalls nur beschränkt pfändbaren Ansprüche auf den Pflichtteil und den Ausgleich des Zugewinns.[617] Die ausdrückliche Normierung in §§ 2317 II, 1378 III S. 1 BGB dient lediglich der Klarstellung der genannten Zweifel, die beim Rückforderungsanspruch

---

[614] LG Düsseldorf FamRZ 1984, 887 (889); *Baumbach/Lauterbach/Hartmann*, § 852 ZPO, Rz. 1; *A. Blomeyer*, ZwangsvollstrR, § 54 I 4; *Jauernig/Vollkommer*, §§ 528, 529 BGB, Anm. 2; ausführlich *Wüllenkemper*, JR 1988, 353 (357 f.); a.A. mit Hinweis auf den Wortlaut des § 400 BGB: *BGB/RGRK/Mezger*, § 528 BGB, Rz. 6.
[615] *Wüllenkemper*, JR 1988, 353 (356).
[616] *Wüllenkemper*, JR 1988, 353 (355).
[617] *Wüllenkemper*, JR 1988, 353 (354).

nicht bestanden, da bei diesem bezüglich der Abtretbarkeit keine Bedenken gegeben waren. Daß der Rückforderungsanspruch dadurch wegen § 852 ZPO nach dem Wortlaut des § 400 BGB nur beschränkt abtretbar wurde, hatte man nicht bedacht.[618])

Daraus ergibt sich, daß eine ausdrückliche Anordnung der Abtretbarkeit bei § 528 BGB nicht notwendig ist, um diese entgegen § 400 BGB aus dem Gesetz abzuleiten. Dann können auch die §§ 2317 II, 1378 III S. 1 BGB dem § 400 BGB nicht widersprechen. Auch ohne ihre Existenz wäre § 400 BGB von seinem Regelungsgehalt her auf die von § 852 ZPO erfaßten Forderungen sachlich nicht anwendbar. Eine Ungereimtheit ergibt sich aus der Existenz dieser Normen nicht.

Gleichzeitig zeigt sich, daß die von § 852 ZPO erfaßten Forderungen von ihrem Inhalt her für eine Abtretung geeignet sind und somit nicht unter § 851 I ZPO fallen können. § 852 ZPO normiert keine Unpfändbarkeit in Ausnahme zu § 851 I ZPO i.V.m. §§ 2317 II, 1378 III S. 1 BGB.

b) *Wirkungsweise von Pfändung und Abtretung bei den von § 852 ZPO erfaßten Forderungen*

Hinzu kommt, daß bei den von § 400 BGB erfaßten Forderungen und den von § 851 I ZPO erfaßten Forderungen Abtretung und Pfändung von ihren Auswirkungen hinsichtlich des Normzwecks der §§ 850 ff. ZPO, 613 S. 2 usw. BGB gleiches bewirken. Beides würde zu einer Übertragung von Gläubigerrechten an einer Forderung führen, die beim ursprünglich Berechtigten erhalten bleiben soll und verstößt damit gegen den Zweck jeweils des im Normcharakter gründenden Abtretungs- oder Pfändungsverbots. Soll jedoch wie bei § 852 ZPO die Entscheidung über das Geltendmachen der Forderung in der Hand des Berechtigten bleiben, so wird eine selbstveranlaßte Abtretung nicht, wohl aber eine auf Eingreifen Dritter beruhende Pfändung dem entgegenlaufen. Der Unterschied zwischen privatautonomer Abtretung im Einverständnis beider Vertragspartner und einseitiger, zumindest ohne Willen des Vollstreckungsschuldners erfolgter Pfändung[619]) wird hierbei in bezug auf den Normzweck des § 852 ZPO deutlich. Die Übertragung von Gläubigerbefugnissen durch Pfändung ist dann von ihren Rechtswirkungen her etwas anderes als die durch Abtretung.[620])

---

[618]) *Wüllenkemper*, JR 1988, 353 (355) mit FN 25.
[619]) *MünchKomm/Smid*, § 829 ZPO, Rz. 2.
[620]) Vgl. *MünchKomm/Smid*, § 829 ZPO, Rz. 2, 3, 10.

c) § 852 ZPO im Verhältnis zu §§ 400 BGB, 851 ZPO

Insgesamt bedeutet dies, daß die Regelungen der §§ 400 BGB, 851 ZPO keine Aussagen über die Abtretbarkeit oder Pfändbarkeit der von § 852 ZPO erfaßten Forderungen treffen. Weder in den Bereich der von § 851 ZPO erfaßten Forderungen noch in den der von § 400 BGB erfaßten Forderungen sind Pflichtteils-, Zugewinnausgleichs- und Rückforderungsanspruch einzuordnen.

II. Weitere Durchbrechungen des Gleichlaufs zwischen Abtretbarkeit und Pfändbarkeit von Forderungen

Es gibt weitere Durchbrechungen des Gleichlaufs zwischen Abtretbarkeit und Pfändbarkeit, die teilweise der bei § 852 ZPO entstehenden Problematik ähneln.

1. Wegen Parteivereinbarung nach § 399 2. Alt. BGB unabtretbare, jedoch nach § 851 II ZPO pfändbare Forderungen[621]

Erwähnt wurde bereits, daß es nach § 399 2. Alt. BGB unabtretbare Forderungen gibt, bei denen ein Abtretungsverbot privatrechtlich vereinbart wurde, die jedoch nach § 851 II ZPO pfändbar sind.[622] Der Ausschluß der Abtretung durch Vereinbarung zwischen Gläubiger und Schuldner wird regelmäßig auf Veranlassung und im Interesse des Schuldners an der Person und Kulanz seines Gläubigers vorgenommen.[623] Als Folge davon könnte der Gläubiger durch Vereinbarung der Unabtretbarkeit die betreffende Forderung dem Zugriff seiner eigenen Gläubiger entziehen, ohne daß ein vollstreckungsrechtlicher Grund dafür bestünde.[624] Um dies zu verhindern, läßt § 851 II ZPO eine Pfändbarkeit dieser Forderungen zu, soweit der geschuldete Gegenstand der Pfändung unterworfen ist. Das ist bei Geld stets der

---

[621]) Dazu insbesondere: *Gaul,* KTS 1989, 3 (12 f.).

[622]) BGH Rpfleger 1978, 248 ff.; *Baumbach/Lauterbach/Hartmann,* § 851 ZPO, Rz. 16; *Stein/Jonas/Brehm,* § 851 ZPO, Rz. 26; *Wieczorek,* § 851 ZPO, Rz. B II; *Gerhardt,* VollstrR, § 9 I 2; *Schmidt,* ZivilprozeßR, § 147; *Riedel,* Abtretung und Verpfändung..., S. 64, 66.

[623]) RGZ 136, 395 (399); *Larenz,* SchuldR I, § 34 II 1; *A. Blomeyer,* ZwangsvollstrR, § 54 I 3 a; *Huber,* NJW 1968, 1905.

[624]) BGHZ 56, 228 (232); *Gerhardt,* VollstrR, § 9 I 2.; *Lippross,* VollstrR, § 23 I 3; *Jauernig,* ZwangsvollstrR, § 33 L II 1.

Fall.[625]) Durch § 851 II ZPO wird verhindert, daß durch derartige Parteidisposition ungerechtfertigte Pfändungsbeschränkungen geschaffen werden.[626]) § 851 II ZPO gilt entgegen seinem Wortlaut lediglich für § 399 2. Alt. BGB, nicht jedoch für § 399 1. Alt BGB, also den Ausschluß der Abtretung aufgrund einer Zweckgebundenheit des Anspruchs.[627]) Kann nämlich eine Leistung an einen anderen als den ursprünglichen Gläubiger nicht ohne Veränderung ihres Inhalts erfolgen, so ergibt sich die Unabtretbarkeit aus der Natur des Anspruchs[628]) und nicht aus Parteivereinbarung. Für eine Pfändung kann deshalb nichts anderes gelten als für die Übertragung. Sie ist aus der Natur des Anspruchs heraus unzulässig. Bei derartigen Forderungen besteht im übrigen auch nicht die genannte Manipulationsgefahr, die § 851 II ZPO verhindern will. § 851 II ZPO ist hier also nach allgemeiner Ansicht teleologisch zu reduzieren.[629])

Bei § 851 II ZPO i.V.m. § 399 2. Alt BGB sind also Forderungen betroffen, bei denen die Argumente, die gegen eine Abtretbarkeit sprechen, nicht gegen eine Pfändbarkeit sprechen. Also besteht kein Grund, diese Forderungen bezüglich ihrer Abtretbarkeit und Pfändbarkeit gleichzustellen. Daß § 851 II ZPO eine Durchbrechung des Gleichlaufs von Unpfändbarkeit und Unabtretbarkeit vorsieht, bedeutet lediglich, daß § 851 II ZPO eine "besondere Vorschrift" i.S.d. § 851 I ZPO ist.[630]) Die gesetzliche Entscheidung ist maßgeblich an Stelle der Parteivereinbarung. Eine Gläubigerbenachteiligung wird dadurch nicht begründet.

2. Abtretbare, jedoch unpfändbare Forderungen

Die Gefahr einer Gläubigerbenachteiligung ähnlich derjenigen bei § 852 ZPO kann hingegen bei abtretbaren, jedoch unpfändbaren Forderungen bestehen.

---

625) *Gerhardt*, VollstrR, § 9 I 2 m.w.N..
626) BGHZ 56, 228 (232).
627) BGH Rpfleger 1978, 248; *Baumbach/Lauterbach/Hartmann*, § 851 ZPO, Rz. 16; *Stein/Jonas/Brehm*, § 851 ZPO, Rz. 26; *Zöller/Stöber*, § 851 ZPO, Rz. 6; *Stöber*, Forderungspfändung, Rz. 14; *Gerhardt*, VollstrR, § 9 I 2; *Gaul*, KTS 1989, 3 (12/13); *Riedel*, Abtretung und Verpfändung..., S. 669.
628) Z.B. § 613 S. 2, 664 II BGB, Miete, Vorverträge, Unterhalt; *Larenz*, SchuldR I, § 34 II 2.
629) *Baumbach/Lauterbach/Hartmann*, § 851 ZPO, Rz. 16; *Stein/Jonas/Brehm*, § 851 ZPO, Rz. 26; *Zöller/Stöber*, § 851 ZPO, Rz. 6; *Schuschke*, § 851 ZPO, Rz. 9; *Stöber*, Forderungspfändung, Rz. 14; A. *Blomeyer*, § 54 I 3 b; *Gaul*, KTS 1989, 3 (13).
630) *Schmidt*, ZivilprozeßR, § 147 II.

a) Zukünftige Forderungen

Bei zukünftigen Forderungen entsteht häufig das Problem, daß sie zu einem Zeitpunkt abtretbar sind, in dem eine Pfändbarkeit noch ausgeschlossen ist. Dies wird insoweit als unerträglich angesehen, als Gläubiger, denen Sicherheiten nicht zur Verfügung stehen, im Wege der Pfändung auf Positionen nicht zugreifen können, die im Rahmen der Sicherungszession bereits als abtretungsfähige Vermögenswerte erkannt werden.[631] Die verschiedenartige Reichweite der Abtretbarkeit und Pfändbarkeit hinsichtlich künftiger Forderungen kann also dem Schuldner ermöglichen, die Forderung durch Abtretung dem Zugriff des Gläubigers zu entziehen.[632] Deshalb wird im Zusammenhang mit der Diskussion um Pfändbarkeit und Abtretbarkeit von künftigen Forderungen versucht, aus den §§ 400 BGB und § 851 ZPO abzuleiten, daß beide Möglichkeiten miteinander korrespondieren sollten.[633]

Bei den künftigen Forderungen liegt der mangelnde Gleichlauf zwischen Pfändbarkeit und Abtretbarkeit daran, daß für Pfändung und Abtretung unterschiedliche Voraussetzungen aufgestellt werden. Im Hinblick auf die notwendige Individualisierung der Forderung ist für die Pfändung erforderlich, daß der Entstehungsgrund und die Person des Schuldners hinreichend bestimmbar sind.[634] Es muß insofern schon eine Rechtsbeziehung zwischen Schuldner und Drittschuldner bestehen, aus der die künftige Forderung bestimmt werden kann.[635] Eine frühere Vollstreckung in einen künftigen Erwerb ist ausgeschlossen, da sie den Erwerbswillen des Schuldners gefährden würde; eine Pfändung darf also erst möglich sein, wenn die zukünftige Forderung in einem Vertrag ihre feste Grundlage hat.[636] Dies spricht dagegen, das

---

[631] *Stein/Jonas/Brehm*, § 829 ZPO, Rz. 6 mit FN 24; *Gerhardt*, VollstrR, § 9 I 1 mit FN 11; *Schwerdtner*, NJW 1974, 1785 (1787); Zur Problematik auch: *Börker*, NJW 1970, 1104 ff.

[632] *MünchKomm/Smid*, § 829 ZPO, Rz. 10.

[633] *Gerhardt*, VollstrR, § 9 I 1; *Schlösser*, Die zukünftige Forderung..., Diss Leipzig 1906, S. 37.

[634] *MünchKomm/Smid*, § 829 ZPO, Rz. 9, 10; *Stöber*, Forderungspfändung, Rz. 27; *Rosenberg/ Gaul/Schilken*, ZwangsvollstrR, § 54 I 1 a.

[635] RGZ 67, 166; BGHZ 53, 29 (32); *Stein/Jonas/Brehm*, § 829 ZPO, Rz. 6; *A. Blomeyer*, ZwangsvollstrR, § 54 II.

[636] *A. Blomeyer*, ZwangsvollstrR, § 26 II 3, § 54 II 2 b, z.B. künftige Ansprüche aus einem Dauerschuldverhältnis, die systematisch als bedingte Ansprüche verstanden werden können; die synallagmatische Abhängigkeit von der Gegenleistung ist eine Bedingtheit.

Kriterium der "bereits bestehenden Rechtsbeziehung" aufzugeben.[637] Erforderlich ist auf jeden Fall, daß die Person des Drittschuldners bestimmbar ist, bevor eine Pfändung zugelassen werden kann, da die nach § 829 III ZPO notwendige Zustellung sonst nicht möglich wäre. An die Abtretung werden hingegen geringere Anforderungen gestellt. Ein bestimmtes Rechtsverhältnis wird nicht verlangt, die Person des Schuldners braucht nicht bekannt zu sein, eine Bestimmbarkeit im Entstehungszeitpunkt der Forderung reicht aus.[638]

Um die Gefahr der Gläubigerbenachteiligung zu vermeiden, wird vertreten, es ließe sich bei künftigen Forderungen aus der Wechselbeziehung zwischen §§ 851 ZPO und 400 BGB schließen, daß der Abstand zwischen Abtretbarkeit und Pfändbarkeit möglichst gering gehalten werden solle; dies bedeute praktisch eine Gleichbehandlung von Abtretbarkeit und Pfändbarkeit.[639]

Die Gefahr der Gläubigerbenachteiligung besteht in der Tat. Jedoch läßt sich ihr nicht durch Schlußfolgerungen aus den §§ 400 BGB, 851 ZPO begegnen.[640] Diese Normen haben wie ausgeführt jeweils ihren eigenen Sinn und wollen darüber hinaus kein grundsätzliches Prinzip darstellen oder eine Gläubigerbenachteiligung verhindern. Die Einschränkungen bei der Pfändung zukünftiger Forderungen haben ihren Grund nicht in allgemeinen Rechtsgrundsätzen, die für die Abtretung und Pfändung gleichermaßen gelten, sondern in Umständen, die ausschließlich für die Zwangsvollstreckung Bedeutung haben.[641] Der Unterschied in der Auslegung der Abtretbarkeit einerseits und der Pfändbarkeit andererseits erklärt sich insoweit daraus, daß die Parteien privatautonom über ihre Forderungen und Rechte verfügen können, während der Einsatz staatlicher Zwangsgewalt bei der Forderungspfändung an Formvoraussetzungen gebunden ist.[642] Bei einer zukünftigen Forderung können Pfändbarkeit und Abtretbarkeit deshalb durchaus verschiedene Wege gehen.[643] Wie einer Gläubigerbenach-

---

[637] So jedoch *Gerhardt*, VollstrR, § 9 I 1; *Rosenberg/Gaul/Schilken*, ZwangsvollstrR, § 54 I 1 a.

[638] BGHZ 53, 29 (32); RGZ 134, 225 (227); RGZ 135, 139 (140,141); RGZ 67, 166.

[639] *Gerhardt*, VollstrR, § 9 I 1.

[640] *Schwerdtner*, NJW 1974, 1785 (1787).

[641] *Philipp*, Die zukünftige Forderung...Diss. Hamburg 1965, S.20.

[642] *MünchKomm/Smid*, § 829 ZPO, Rz. 1, 10.

[643] *Philipp*, Die zukünftige Forderung...Diss. Hamburg 1965, S. 21/22, der allerdings davon ausgeht, daß zukünftige Forderungen nicht pfändbar sind.

teiligung bei der Abtretung künftiger Forderungen zu begegnen ist, muß hier offenbleiben.[644]) Die Vergleichbarkeit der Problematik mit den nach dem Wortlaut des § 852 ZPO vor Pfändbarkeit abtretbaren Ansprüchen auf Pflichtteil, Zugewinnausgleich, Rückforderung des Schenkers wurde im vorangegangenen ersichtlich. Hier wie bei den künftigen Forderungen kann eine Lösung jedoch nicht durch die Schließung einer im Zusammenhang von Pfändbarkeit und Abtretbarkeit gar nicht bestehenden Lücke gefunden werden.

b) Beamtenbezüge, Rentenansprüche

Eine weitere Gruppe unpfändbarer, jedoch entgegen § 400 BGB übertragbarer Forderungen besteht in den unter gewissen Umständen abtretbaren, jedoch unpfändbaren Beamtenbezügen und Rentenansprüchen. So wird die Abtretung unpfändbarer Rentenansprüche dann für zulässig erachtet, wenn sie an denjenigen erfolgt, der dem Berechtigten in fürsorglicher Absicht freiwillig oder vertragsmäßig Zahlung leistet, und zwar entweder nach Empfang des vollen Geldwertes des abgetretenen Anspruchs oder im Voraus, aber unter der Bedingung des tatsächlichen Empfangs.[645]) Das Abtretungsverbot ist hier also seinem Zweck nach unanwendbar, da der Zedent vom Zessionar eine wirtschaftlich gleichwertige Leistung erhält.[646])

Sobald demnach die sozialen Erwägungen, die § 400 BGB aufgreift, um eine Abtretung auszuschließen, nicht mehr greifen, entfällt das Abtretungsverbot. Ein strikter Gleichlauf von Abtretbarkeit und Pfändbarkeit entspricht dann nicht mehr dem Zweck des Gesetzes. Sobald die Existenzsicherung auch im Interesse der Allgemeinheit gewährleistet ist, sind demnach Ausnahmen von § 400 BGB möglich.

c) Gesetzlicher Forderungsübergang

Aus denselben Gründen ist auch die Legalzession unpfändbarer Forderungen unter gewissen Umständen möglich, obwohl § 412 BGB auch hierfür die Anwendung des § 400 BGB vorschreibt. So gehen ge-

---

[644]) *Schwerdtner*, NJW 1974, 1785 (1787) schlägt eine Beschränkung der Vorauszession vor, vgl. auch *Bruns*, AcP 171, 358; teilweise kann § 832 ZPO Abhilfe schaffen.

[645]) BGHZ 4, 153 (155, 156); BGHZ 13, 360; *Larenz*, SchuldR I, § 34 II 4; *Riedel*, Abtretung und Verpfändung..., S. 66 m.w.N.

[646]) *Palandt/Heinrichs*, § 400 BGB, Rz. 3; vgl. auch SGB I § 53 II.

setzliche Unterhaltsansprüche, obwohl sie nach § 850 b I Nr. 2 unpfändbar sind, nach §§ 1607 II, 1608, 1615 b BGB auf einen den Unterhalt leistenden anderen Unterhaltspflichtigen über, weil sich mit der Unterhaltsleistung durch diesen die Schutzfunktion der Unpfändbarkeit des Unterhaltsanspruchs erledigt hat.[647]) Dasselbe gilt für den gesetzlichen Übergang einer unpfändbaren Forderung auf den zahlenden Bürgen nach § 774 BGB.[648])

Die Abtretung der übergegangenen Forderung ist dem neuen Gläubiger möglich, da die Schutzfunktion des § 400 BGB sich auch hier erledigt hat.[649])

3. Kein Gleichlauf von Abtretbarkeit und Pfändbarkeit, wenn nicht vom Schutzgehalt des Gesetzes erfaßt

Diese Durchbrechungen des Gleichlaufs zwischen Pfändbarkeit und Abtretbarkeit zeigen, daß ein strikter Gleichlauf zwischen beiden Rechtsvorgängen nur dann gesetzlich vorgesehen ist, wenn der besondere Zweck der §§ 400 BGB, 851 I ZPO betroffen ist. Soweit es hingegen andere Erwägungen sind, die die Pfändbarkeit oder die Abtretbarkeit bestimmter Forderungen beschränken, ist eine Anwendbarkeit der §§ 400 BGB, 851 I ZPO ausgeschlossen. Mag dies auch eine Gläubigerbenachteiligung bedeuten, so ist dafür eine spezifische, der Forderungsnatur angepaßte Lösung zu finden, nicht jedoch eine aus allgemeinen Pfändungs- und Abtretungsregeln abgeleitete.

III. Gesamtzusammenhang zwischen Abtretbarkeit und Pfändbarkeit

Im Ergebnis läßt sich deshalb sagen, daß es die Bedeutung der §§ 851 ZPO, 400 BGB überschätzen hieße, nähme man an, sie wollten ein übergreifendes Prinzip dahingehend aufstellen, daß Abtretung und Pfändung schematisch gleichlaufen sollen. Nur bei den Forderungen, bei denen Unabtretbarkeit und Unpfändbarkeit auf denselben Erwä-

---

[647]) *BGB/RGRK/Weber*, § 400 BGB, Rz. 11; *Riedel*, Abtretung und Verpfändung..., S. 67; *MünchKomm/Roth*, § 400 BGB, Rz. 5.

[648]) Vgl. auch für Schadenersatzansprüche: *BGB/RGRK/Weber*, § 400 BGB, Rz. 11; vgl. auch: § 90 I S. 4 BSHG, § 52 BRRG.

[649]) RGZ 89, 233 ff. (236); *Riedel*, Abtretung und Verpfändung..., S. 67.

gungen beruhen, ist ein Korrespondieren angemessen. Die §§ 2317 II und 1378 III S. 1 BGB sind insoweit keine Ausnahmevorschriften zu § 400 BGB, da § 400 BGB von seinem Sinn und Zweck her nicht auf Pflichtteils- und Zugewinnausgleichsanspruch zugeschnitten ist. § 852 ZPO ist keine durch § 851 I ZPO vorbehaltene "besondere Vorschrift", ihre Auslegung läßt sich selbständig bestimmen. Ist die Pfändung der von § 852 ZPO erfaßten Ansprüche also in der ZPO nicht - wie bei von § 400 BGB erfaßten Forderungen - aus Gründen der wirtschaftlichen Existenzsicherung untersagt, sondern um die Entscheidungsfreiheit zu wahren, so kann die entgegen § 400 BGB normierte Übertragbarkeit keine Ungereimtheit sein. Eine Ungereimtheit besteht lediglich dahingehend, daß § 852 ZPO Pfändungsvoraussetzungen normiert, die ihrem Sinn nur als Verwertungsvoraussetzungen gerecht werden.

Eine Lösung kann also nicht durch die Schließung einer im Zusammenhang von Pfändbarkeit und Abtretbarkeit gar nicht bestehenden Lücke gefunden werden, denn dieser Zusammenhang dient nicht dem Gläubigerschutz. Bei den von § 852 ZPO erfaßten Forderungen kann der Gläubigerbenachteiligung lediglich durch die Zulassung der Pfändung des in seiner Verwertbarkeit aufschiebend bedingten Anspruchs begegnet werden.

Teil F: Folgeprobleme der Auslegung zur Pfändbarkeit der von § 852 ZPO erfaßten Ansprüche

I. Die Anfechtung von Rechtshandlungen bezüglich der von § 852 ZPO erfaßten Forderungen aufgrund des Anfechtungsgesetzes

Die Anfechtbarkeit von gläubigerbenachteiligenden Rechtshandlungen nach dem Anfechtungsgesetz hängt von der Pfändbarkeit der von diesen Rechtshandlungen erfaßten Rechtsobjekte ab. Auch die besprochene BGH-Entscheidung[650]) hatte die Frage zum Ausgangspunkt, ob die Abtretung des Pflichtteilsanspruchs eines enterbten Sohnes an dessen Ehefrau nach dem Anfechtungsgesetz anfechtbar ist und damit der Anspruch als weiterhin dem Schuldnervermögen zugehörig zu behandeln ist. Der BGH hat dies unter Auslegung der Pfändungsbeschränkung bejaht. Eine tatsächliche Wahrung der Belange der Gläubiger des Pflichtteils-, Zugewinnausgleichs- und Rückforderungsberechtigten kann insofern nur dann erreicht werden, wenn dem Gläubiger auch die Anfechtung von Verfügungen seitens des Berechtigten über den noch unverwertbaren Anspruch zugestanden wird. Die Gläubiger des Berechtigten können dabei beeinträchtigt werden, wenn über den entstandenen Anspruch vor Geltendmachung i.S.d. § 852 ZPO verfügt wird.[651]) Aus diesem Grund werden im folgenden die Auswirkungen erläutert, die die in dieser Abhandlung dargelegte Auslegung der Pfändbarkeit der von § 852 ZPO erfaßten Forderungen auf die Anwendbarkeit des Anfechtungsgesetzes hat.

---

[650]) BGHZ 123, 183 ff.
[651]) *Wieczorek*, § 852 ZPO Rz. B II a, der jedoch fälschlich die Anfechtbarkeit von Fragen des materiellen Rechts abhängig macht.

1. Pfändbarkeit des Verfügungsobjekts als Voraussetzung der Gläubigeranfechtung.

Jede Anfechtbarkeit nach dem Anfechtungsgesetz setzt voraus, daß die Rechtshandlung des Schuldners eine objektive Gläubigerbenachteiligung bewirkt, obwohl diese in den Anfechtungstatbeständen nur teilweise erwähnt ist.[652] Die Anfechtung erfolgt nämlich - unabhängig von den einzelnen Theorien, die eine schuldrechtliche oder eine haftungsrechtliche Qualität der Gläubigeranfechtung annehmen[653] - zum "Zwecke der Befriedigung des Gläubigers" (§ 1 AnfG). Durch sie soll für den Gläubiger die Zugriffslage wiederhergestellt werden, welche ohne die Rechtshandlung des Schuldners bestanden hätte.[654] Eine Gläubigerbenachteiligung liegt also nur dann vor, wenn ohne die Rechtshandlung die Befriedigung des Gläubigers möglich gewesen wäre. Deshalb scheidet eine Anfechtbarkeit grundsätzlich dann aus, wenn der Gegenstand auch vorher der Zwangsvollstreckung nicht unterlag, weil er z.B. unpfändbar war.[655] Nur bei pfändbaren Gegenständen wird die Zugriffsmöglichkeit durch Weggabe vermindert, indem das Zugriffsvermögen verringert wird. Das bedeutet, solange die Pfändung vor Vornahme der Rechtshandlung ausgeschlossen ist, kommt eine Anfechtung der Rechtshandlung nicht in Betracht.

Der Berechtigte eines der von § 852 ZPO erfaßten Ansprüche kann über seinen Anspruch frei verfügen, ihn insbesondere abtreten (§§ 2317 II, 1378 III S. 1 BGB). Grundsätzlich sind Veräußerungen Rechtshandlungen im Sinne des Anfechtungsgesetzes (vgl. §§ 1, 3 I Nr. 1, 3 b, 4, 6 AnfG).[656] Eine Gläubigerbenachteiligung ist jedoch nach dem Wortlaut des § 852 ZPO mangels Pfändbarkeit vor Vornahme der Rechtshandlung nicht gegeben. Dies führte dazu, daß eine Anwendung des Anfechtungsgesetzes ausgeschlossen war, wenn über den entstandenen Anspruch vor Geltendmachung im Sinne des § 852 ZPO verfügt

---

[652] RGZ 150, 42 (45) *Rosenberg/Gaul/Schilken*, ZwangsvollstrR, § 35 III 2; *Kilger/Huber*, § 1 AnfG, Anm. IV 1.

[653] Vgl. BGH WM 87, 434 (436); *Kilger/Huber*, vor § 1 AnfG, Anm. II 1; *Rosenberg/Gaul/Schilken*, ZwangsvollstrR, § 35 II; *Gerhardt*, Die systematische Einordnung der Gläubigeranfechtung, S. 110 ff., 155 ff.; *Marotzke*, KTS 1987, 569 (586).

[654] *Kilger/Huber*, vor § 1 AnfG, Anm. II 1 m.w.N., § 1 AnfG, Anm. IV 1.

[655] RGZ 21, 95 (99); OLG Braunschweig, MDR 53, 741; *Kilger/Huber*, § 1 AnfG, Anm. IV 2 m.w.N.

[656] *Rosenberg/Gaul/Schilken*, ZwangsvollstrR, § 35 III 1.

wurde.[657]) Da nach richtiger Auffassung die von § 852 ZPO erfaßten Ansprüche schon vor Eintritt von Rechtshängigkeit oder Anerkenntnis pfändbar sind, wird nunmehr auch eine Anfechtbarkeit von gläubigerbenachteiligenden Rechtshandlungen bezüglich dieser Forderungen angenommen.[658]) Es wird allerdings auch vorgeschlagen, die Anfechtbarkeit von gläubigerbenachteiligenden Rechtshandlungen nicht aus der generellen Eröffnung der Pfändbarkeit abzuleiten; vielmehr solle das Merkmal "Gläubigerbenachteiligung" extensiv ausgelegt und dadurch die Abtretung der unpfändbaren bzw. unverwertbaren Ansprüche des § 852 ZPO unter das Anfechtungsgesetz gefaßt werden.[659]) Diese Ansicht übersieht jedoch, daß Grundsatz des Anfechtungsgesetzes ist, diejenige Zugriffslage wiederherzustellen, die vor Eintritt der benachteiligenden Rechtshandlung bestand. Eine Gläubigerbenachteiligung kann deshalb immer nur dann vorliegen, wenn ein generell pfändbarer Anspruch entzogen wird. Anfechtbarkeit nach dem Anfechtungsgesetz und Pfändbarkeit im Rahmen der Zwangsvollstreckung sind nicht voneinander zu trennen. Deshalb war es auch richtig, daß der BGH in seiner Entscheidung von 1993 die Pfändbarkeit erweitert hat, um eine Anfechtbarkeit nach dem Anfechtungsgesetz zu ermöglichen.[660])

2. Gläubigerbenachteiligung trotz Unverwertbarkeit vor Rechtshängigkeit und Anerkenntnis

Eine Anfechtung der Weggabe der von § 852 ZPO erfaßten Ansprüche vor Rechtshängigkeit oder Anerkenntnis scheint also wegen deren nunmehr erweiterter Pfändbarkeit möglich. Da sie der Zwangsvollstreckung von Entstehung an unterliegen, würde eine Abtretung oder Verpfändung unter den besonderen Voraussetzungen des Anfechtungsrechts gläubigerbenachteiligend wirken. Fraglich ist jedoch, wie sich dabei die Tatsache auswirkt, daß die Ansprüche zwar von Entstehung an pfändbar sind, eine Verwertbarkeit zugunsten des Vollstreckungsgläubigers jedoch nach wie vor erst mit Anerkenntnis oder Rechtshängigkeit eintritt.

---

[657]) *Lange/Kuchinke*, ErbR, § 37 VII 2 b; *Kuchinke*, NJW 1994, 1769 (1772); *Stöber*, ZAP 1993, 923.

[658]) BGHZ 123, 183 ff.; *Kilger/Huber*, § 1 AnfG III 2; *Lange/Kuchinke*, ErbR, § 37 VII 2b; *Kuchinke*, NJW 1994, 1769 (1772); *Stöber*, ZAP 1993, 923 f.

[659]) *Harder*, WuB VI E. § 852 ZPO 1.1994, 220 (221).

[660]) Vgl. o. S. 8.

Problematisch ist dabei folgendes. Durch das Anfechtungsrecht soll demjenigen Gläubiger die Zugriffsmöglichkeit wiedereröffnet werden, der auch vor Vornahme der Rechtshandlung die Möglichkeit des Zugriffs auf die Forderung gehabt hat. Für die Bestimmung der Pfändbarkeit ist dabei der Zeitpunkt der Rechtshandlung maßgeblich.[661] Nachträglicher Wegfall der die Unpfändbarkeit bedingenden Sachlage bleibt daher ohne Einfluß.[662] Zum Zeitpunkt der Vornahme der Rechtshandlung, also vor einer etwaigen Abtretung der von § 852 ZPO erfaßten Ansprüche, kann jedoch der Gläubiger diese zwar pfänden, nicht aber sich überweisen lassen und verwerten. Die Zugriffslage vor der Abtretung ist also die eines Zugriffs auf einen unverwertbaren Anspruch. Läßt man eine Anfechtung der Abtretung zu, wäre dem Gläubiger anschließend die volle Zugriffsmöglichkeit beim Zessionar eröffnet einschließlich der Verwertung der Forderung. Seine Zugriffsmöglichkeit hätte sich demnach gegenüber der Situation vor der Abtretung verbessert. Zwar hat der Schuldner durch die Abtretung seine Entscheidungsfreiheit ausgeübt und der Anspruch ist mit Willen des Berechtigten aus dessen Haftungsmasse ausgeschieden, jedoch führt dies in der Regel nur zur Pfändbarkeit durch Gläubiger des Zessionars. Ohne die Abtretung hätte der Schuldner den Eintritt der Voraussetzungen für eine unbeschränkte Pfändbarkeit nicht herbeigeführt, so daß der Anspruch für seine eigenen Gläubiger unverwertbar geblieben wäre und es deshalb an einer Gläubigerbenachteiligung fehlen würde. Es stellt sich deshalb die Frage, ob es auch bei den zwar pfändbaren, jedoch unverwertbaren Ansprüchen des § 852 ZPO zulässig ist, die Gläubigerbenachteiligung und folglich die Anfechtbarkeit an die Pfändbarkeit vor Vornahme der anzufechtenden Rechtshandlung zu knüpfen. Andernfalls wäre eine Anfechtung nach dem Anfechtungsgesetz ausgeschlossen.

Dem Interesse des Gläubigers würde ein Ausschluß der Anfechtbarkeit allerdings entgegenlaufen. Die Pfändbarkeit der von § 852 ZPO erfaßten Ansprüche wurde erweitert, um die vom Gesetzeszweck nicht geforderte und nicht gerechtfertigte Benachteiligung der Gläubiger des Anspruchsberechtigten zu verhindern, welche infolge der Möglichkeit manipulatorischer Verschiebungen des Anspruchs bestand. Grund dafür war die freie Verfügbarkeit bei eingeschränkter Pfändbarkeit der Ansprüche. Diesem Gläubigerinteresse würde es widersprechen, wenn

---

[661]) OLG Braunschweig, MDR 53, 741.
[662]) OLG Braunschweig, MDR 53, 741; *Jaeger*, § 1 AnfG, Anm. 60.

einerseits ein Pfändungszugriff gestattet, andererseits jedoch eine Anfechtung einer vor dem Pfändungszugriff erfolgten Abtretung ausgeschlossen wäre.

Dieser Wertung entspricht auch ein Vergleich der Position des Gläubigers vor und nach Vornahme der anzufechtenden Rechtshandlung. Vor Vornahme einer Abtretung oder Verpfändung hat der Gläubiger die Möglichkeit zur Pfändung des unverwertbaren Anspruchs, wodurch er ein vorrangiges Sicherungsrecht in Form eines dem Arrestpfandrecht vergleichbaren Pfandrechts erlangen konnte. Durch die Pfändung tritt das Inhibitorium zu Lasten des Vollstreckungsschuldners ein und dessen Möglichkeit zur Abtretung wird ausgeschlossen. Obwohl vor der Abtretung lediglich auf einen unverwertbaren Anspruch zugegriffen werden kann, muß diese Zugriffsmöglichkeit auch nach einer Abtretung erhalten bleiben, da das Anfechtungsrecht dem Gläubiger den Zugriff wiedereröffnen soll, den er auch vor Vornahme der Rechtshandlung hatte. Tritt der Vollstreckungsschuldner seinen Anspruch ab, so wird eine Pfändung durch den Vollstreckungsgläubiger ausgeschlossen, da lediglich die Pfändbarkeit durch Gläubiger des Zessionars oder Pfandgläubigers eröffnet wird. Wäre nun eine Anfechtung ausgeschlossen, hätte der Gläubiger nach Vornahme der entsprechenden Rechtshandlung des Schuldners jedwede Zugriffsmöglichkeit verloren. Er stünde schlechter als vor Abtretung des Anspruchs. Damit ist das Kausalitätserfordernis des Anfechtungsrechts erfüllt, wonach zwischen der angefochtenen Rechtshandlung und der Verkürzung der Gläubigerrechte ein ursächlicher Zusammenhang derart bestehen muß, daß sich ohne die Rechtshandlung die Befriedigung günstiger gestaltet hätte.[663] Deshalb ist weder vom Sinn und Zweck des Anfechtungsrechtes noch dem des § 852 ZPO gefordert, daß dem Gläubiger ein Zugriff auf den abgetretenen Anspruch verweigert wird. Vielmehr muß dem Gläubiger ein Zugriff eröffnet werden wie er ihn auch vor Vornahme der Rechtshandlung hatte. Eine Anfechtung muß also möglich sein und zwar in Form der Inanspruchnahme des Zessionars auf Duldung der Zwangsvollstreckung bei diesem.[664]

---

[663] RGZ 150, 42 (45).

[664] Zur Gestaltung dieses Anspruchs: *MünchKomm/Smid*, § 829 ZPO, Rz. 33; *Rosenberg/Gaul/Schilken*, ZwangsvollstrR, § 35 I, II m.w.N.; *Gerhardt*, Die systematische Einordnung der Gläubigeranfechtung, S. 110 ff.; *Marotzke*, KTS 1987, 569, 586.

Durch diese Pfändung beim Zessionar darf der Gläubiger weiterhin nicht lediglich ein sicherndes Pfandrecht am unverwertbaren Anspruch erwerben. Damit wäre zwar eine der Situation vor Vornahme der Rechtshandlung gleichwertige Zugriffslage eröffnet, jedoch darf nicht unbeachtet bleiben, daß der Schuldner sich infolge der Abtretung bereits entschlossen hat, seinen Anspruch zu realisieren[665]), und damit seine Entscheidungsfreiheit ausgeübt und die Verwertbarkeit herbeigeführt hat. Darin besteht der Unterschied zur Abtretung eines aufschiebend bedingten Rechts. Eine solche Abtretung eines bedingten Rechts ist der Anfechtung zugänglich.[666]) Jedoch hat der Gläubiger nach wie vor lediglich Zugriff auf das bedingte Recht.

Der BGH[667]) argumentiert hier damit, daß der Zessionar sich nicht darauf berufen könne, der Schuldner hätte ohne die Abtretung den Eintritt der Voraussetzungen für eine unbeschränkte Pfändbarkeit nicht herbeigeführt, so daß der Anspruch unverwertbar geblieben wäre und es deshalb an einer Gläubigerbenachteiligung fehle; damit beriefe sich der Schuldner auf einen hypothetischen Kausalverlauf. Diesem käme im Anfechtungsrecht gegenüber dem realen Geschehen grundsätzlich keine Bedeutung zu, wenn der übertragene Gegenstand oder der an seine Stelle getretene Wert[668]) noch im Vermögen des Anfechtungsgegners vorhanden ist. Der BGH[669]) beruft sich hier auf zwei früher getroffene Entscheidungen.[670]) Dort ging es jeweils darum, daß der durch eine Rechtshandlung im Sinne des Anfechtungsrechts weggegebene Gegenstand auch dann einem Haftungszugriff entzogen worden wäre, wenn die entsprechende Rechtshandlung nicht stattgefunden hätte: bei der einen Entscheidung deshalb, weil er mit an Sicherheit grenzender Wahrscheinlichkeit vor dem Erlangen des Vollstreckungstitels durch den Gläubiger auf Betreiben anderer Gläubiger zwangsversteigert worden wäre;[671]) bei dem anderen Urteil, weil ohne die angefochtene Rechtshandlung das Konkursverfahren über das Vermögen des Zedenten eröffnet worden wäre.[672]) In diesen Fällen besteht zwar die Kau-

---

[665]) *Kuchinke*, NJW 1994, 1769 (1772).
[666]) *Kilger/Huber*, § 1 AnfG, Anm. III 3.
[667]) BGHZ 123, 183 (190).
[668]) BGH WM 1990, 1981 (1984); *Jaeger*, § 7 AnfG, Rz. 17; *Kilger/Huber*, § 7 AnfG, Anm. III 10.
[669]) BGHZ 123, 183 (190).
[670]) BGHZ 104, 355 (360 ff.); BGHZ 121, 179 (187 f.).
[671]) BGHZ 104, 355.
[672]) BGHZ 121, 179.

salität zwischen Rechtshandlung des Schuldners und Vereitelung der Zwangsvollstreckung. Es stellt sich jedoch die Frage, inwieweit der hypothetische Kausalverlauf geeignet ist, eine an sich gegebene Haftung des Anfechtungsgegners zu beeinflussen.[673]) Dabei besteht in der Tat Einigkeit, daß der "Reserveursache" für den Entzug des Gegenstands aus dem Haftungsvermögen des Schuldners dann keine Bedeutung zukommt, wenn sich der anfechtbar erworbene Gegenstand noch im Vermögen des Zessionars befindet und die Zession die reale den Entzug begründende Ursache ist.[674]) Diese Fälle unterscheiden sich jedoch von dem hier behandelten Problem. In diesen Fällen ging es darum, daß der weggegebene Gegenstand auch dann dem Haftungsvermögen entzogen worden wäre, wenn die anzufechtende Weggabe nicht stattgefunden hätte. Bei der Anfechtung von Verfügungen über die von § 852 ZPO erfaßten Ansprüche ist hingegen die Frage betroffen, ob die Verwertbarkeit zugunsten des Gläubigers ausgeblieben wäre, wenn die Weggabe nicht stattgefunden hätte. Das hypothetische Geschehen ist hier also nicht eine anderweitige Weggabe, sondern das Fehlen eines anderweitigen Eintritts der Verwertbarkeit. Dies ist jedoch keine Reserveursache für einen anderweitigen Haftungsentzug. Vielmehr handelt es sich allein um eine hypothetische Fallgestaltung, bei der der Anspruch unverwertbar beim Schuldner erhalten geblieben wäre. Die vom BGH[675]) angeführten Fälle unterscheiden sich also vom hier behandelten Problem.

Dennoch ist auch im Falle der von § 852 ZPO erfaßten Ansprüche eine Anfechtungsmöglichkeit mit vollem Zugriff beim Zessionar anzunehmen. Der Anspruch ist inhaltlich modifiziert und zu einem verwertbaren Anspruch geworden. Dies kann nicht mehr rückgängig gemacht werden. Der Zessionar kann sich nun nicht mehr darauf berufen, ohne die Abtretung wäre die Verwertbarkeit nicht eingetreten. Insofern ist es richtig, daß der Zessionar sich auf einen lediglich hypothetischen Fall beruft, wenn er vorbringt, ohne die Rechtshandlung wäre die Verwertbarkeit nicht herbeigeführt worden. Die Vergleichbarkeit mit obigen Fällen endet aber an dieser Stelle, denn dort handelt es sich im Gegensatz zum hier diskutierten Fall um eine Reserveursache für den Haftungsentzug, wohingegen hier der Nichteintritt der

---

[673]) BGHZ 104, 355 (360).
[674]) BGHZ 104, 355 (360 f.); BGHZ 121, 179 (187 f.); vgl. zur Reserveursache: *Staudinger/Medicus*, § 249 BGB, Rz. 99 ff.; *Larenz*, SchuldR I, § 30 I.
[675]) BGHZ 123, 183 (190).

Verwertbarkeit die Hypothese darstellt. Dies führt jedoch nicht dazu, daß die Berufung auf die Hypothese zulässig wäre. Vielmehr ist die Konsequenz des Unterschieds in der Fallgestaltung die, daß es nicht mehr auf die Frage ankommt, ob der weggegebene Gegenstand oder der an seine Stelle getretene Wert noch im Vermögen des Zessionars vorhanden ist. Dies kann nämlich nur dann bedeutsam sein, wenn es sich um eine Reserveursache für den Haftungsentzug handelt, nicht aber, wie im hier behandelten Fall, um die Hypothese, der Gegenstand wäre unverwertbar geblieben.

Im Anfechtungsrecht ist es grundsätzlich üblich, daß der Rückgewähranspruch durch Wertersatz zu erfüllen ist, selbst dann, wenn an die Stelle des Gegenstandes kein Wert getreten ist, etwa weil der übernommene Gegenstand nachträglich untergegangen, in seinem Zustand verschlechtert oder anderweitig in seinem Verkehrswert gemindert worden ist.[676]) Deshalb ist eine Berufung auf eine hypothetische Fallgestaltung dem Zessionar nicht gestattet und zwar auch dann nicht, wenn der Gegenstand bei ihm untergegangen ist.

Es ist deshalb gerechtfertigt, auch im Falle der zunächst unverwertbaren Ansprüche des § 852 ZPO die Anfechtbarkeit an deren von Anfang an bestehende Pfändbarkeit zu koppeln. Eine bedingte Verwertbarkeit des entzogenen Gegenstandes reicht für eine Klage des benachteiligten Gläubigers gegen den Zessionar aus.[677]) Aufgrund der erweiterten Pfändbarkeit ist die Anfechtung von Rechtshandlungen bezüglich dieser Forderungen von deren Entstehung an durch Gläubiger des Berechtigten möglich, soweit die besonderen Voraussetzungen eines Anfechtungstatbestands gegeben sind.[678])

Der Gläubiger muß aufgrund des im Anfechtungsprozeß erlangten Duldungstitels die auf den Zessionar übergegangene Forderung erneut pfänden und sich überweisen lassen. Eine vorherige beim bisherigen Forderungsinhaber "ins Leere" gegangene Pfändung wird durch Erlangen des Titels nicht wirksam.[679]) Ist nämlich die Vollstreckung in die

---

[676]) *Kilger/Huber*, § 7 AnfG, Anm. III 10.
[677]) Vgl. *Harder*, WuB VI E. § 852 ZPO 1.1994, 220 (221), der jedoch inkonsequent eine Pfändbarkeit nicht für notwendig hält, s.o. S. 160.
[678]) Um diese besonderen Voraussetzungen zu prüfen, hat der BGH an das Instanzgericht zurückverwiesen, BGHZ 123, 183.
[679]) BGH NJW 1987, 1703 (1705); *Kuchinke*, NJW 1994, 1769 (1772 mit FN 12); a.A. RGZ 61, 150 (152); K. *Schmidt*, JuS 1970, 545 (549): Die Pfändung muß *nicht* wiederholt werden. Dies würde jedoch bedeuteten, daß die Anfechtung die ins Leere gegangene Pfändung wirksam machen könnte, was angesichts der nur materiellrechtli-

Forderung ins Leere gegangen, weil der Schuldner die Forderung vor der Pfändung an einen anderen abgetreten hat, wird die Pfändung auch nicht dadurch wirksam, daß der Gläubiger nach der Pfändung die Zession wegen Gläubigerbenachteiligung anficht, denn durch die Gläubigeranfechtung wird die Wirkung des Pfändungsbeschlusses nicht rückwirkend hergestellt und dadurch auf einen Dritten erstreckt.[680])

Nach der Anfechtung einer Abtretung ist allerdings eine Pfändung durch Gläubiger des Zessionars nicht mehr möglich. Dies ist jedoch mit dem Zweck des § 852 ZPO vereinbar, da die Norm nicht den Sinn hat, die Ansprüche dem Gläubiger des Berechtigten zugunsten des Zessionars und dessen Gläubigern zu entziehen.

Anzumerken ist noch, daß in dem Falle, daß der Berechtigte eines der von § 852 ZPO erfaßten Ansprüche seinen Anspruch dem Verpflichteten erläßt, eine Anfechtung dieses Erlasses mangels Gläubigerbenachteiligung nicht möglich ist. Ein Erlaß ist dem Berechtigten nämlich auch dann erlaubt, wenn die Beschlagnahme bereits erfolgt ist, er stellt keine Geltendmachung des Anspruchs dar.[681]) Insofern besteht beim Erlaß nicht die erforderliche Kausalität zwischen Rechtshandlung und Verhinderung der Zwangsvollstreckung.

II. Die Zugehörigkeit der von § 852 ZPO erfaßten Ansprüche zum konkursfähigen Vermögen des Anspruchsberechtigten

Auch die Massezugehörigkeit im Konkurs hängt eng mit der Pfändbarkeit eines Vermögensbestandteils zusammen, § 1 I KO (vgl. künftig §§ 35, 36 InsO). Dem Konkurs wie der Einzelzwangsvollstreckung liegt grundsätzlich ein einheitliches materielles Haftungsprinzip zugrunde.[682]) Zudem haben die Gläubiger des Berechtigten der von § 852 ZPO erfaßten Forderungen ein Interesse daran, daß diese Ansprüche dem Konkurs nicht entzogen sind. Untersucht wird deshalb, welche Auswirkungen die Pfändbarkeit von Pflichtteils-, Zugewinn-

---

chen und nicht vollstreckungsrechtlichen Wirkungen der Gläubigeranfechtung zu verneinen ist.

[680]) *MünchKomm/Smid*, § 829 ZPO, Rz. 33 m.w.N.; *Rosenberg/Gaul/Schilken*, § 35 VI; vgl. BGH WM 1987, 434 (436); *Marotzke*, KTS 1987, 569 (586).

[681]) Vgl. o. S. 82 ff.

[682]) *Gaul*, Neue "Verdinglichungs"- Tendenzen, FS Serick, 105 (126) m.w.N.

ausgleichs- und Rückforderungsanspruch von Anspruchsentstehung an auf die Zugehörigkeit der Ansprüche zur Konkursmasse hat.

1. Pfändbarkeit eines Vermögensbestandteils als Voraussetzung der Massezugehörigkeit

Nach § 1 I KO umfaßt das Konkursverfahren als Konkursmasse das der Zwangsvollstreckung unterliegende Vermögen des Gemeinschuldners. Deshalb sind unpfändbare Forderungen als nicht der Zwangsvollstreckung unterliegend grundsätzlich nicht der Konkursmasse zugehörig.[683] Pflichtteils-, Zugewinnausgleichs- und Rückforderungsanspruch konnten aus diesem Grund vor Anerkennung oder Rechtshängigkeit nicht Bestandteil des Massevermögens sein.[684] Streitig war jedoch, ob der Eintritt der Pfändbarkeit nach Konkurseröffnung auf den Zeitpunkt der Konkurseröffnung zurückwirkt, so daß die von § 852 ZPO erfaßten Forderungen auch dann als massezugehörig anzusehen sind, wenn sie vor Konkurseröffnung entstanden und nach Konkurseröffnung anerkannt oder rechtshängig gemacht worden sind. Der Gesetzgeber hat diese Frage für die Wissenschaft offengelassen.[685]

Gegen eine Rückwirkung der Pfändbarkeit auf den Zeitpunkt der Konkurseröffnung wurden in erster Linie der Wortlaut des § 1 KO und "allgemeine Grundsätze" vorgebracht.[686] Danach werden Gegenstände, die bei Konkursbeginn unpfändbar waren, nicht dadurch massezugehörig, daß sie während des Konkurses pfändbar werden, weil der Zeitpunkt der Konkurseröffnung für die Zugehörigkeit zur Masse maßgebend ist.[687]

Folgt man der Ansicht, daß der Eintritt von Pfändungsvoraussetzungen nach Vornahme der Pfändung den ursprünglichen Mangel rück-

---

683) *Kuhn/Uhlenbruck,* § 1 KO, Rz. 1.
684) *Kuhn/Uhlenbruck,* § 1 KO, Rz. 58; *Staudinger/Ferid/Cieslar,* § 2317 BGB, Rz. 23; BGB-RGRK-Johannsen, § 2317 BGB, Rz. 17; *Lange/Kuchinke,* ErbR, § 37 VII 2 b; *Gernhuber/Coester-Waltjen,* FamR, § 36 VIII 5.
685) *Achilles/Gebhard/Spahn,* Protokolle VI, Seite 802, anders noch Mot. *Mugdan* V, Seite 222.
686) *Staudinger/Ferid/Cieslar,* § 2317 BGB, Rz. 23; *MünchKomm/Frank,* § 2317 BGB, Rz. 15; *BGB/RGRK/Johannsen,* § 2317 BGB, Rz. 17; *Soergel/Dieckmann,* § 2317 BGB, Rz. 17; *Lange/Kuchinke,* ErbR (3. Auflage), § 39 VII 2 mit FN 265; *Strohal,* ErbR II, § 53 II; *Kretzschmar,* ErbR, § 90 IV 4.
687) *Kuhn/Uhlenbruck,* § 1 KO, Rz. 1 m.w.N.

wirkend heilt, so sollte auch der vor Eröffnung des Konkursverfahrens entstandene, aber erst nach der Verfahrenseröffnung anerkannte oder rechtshängig gemachte Anspruch der Konkursmasse zugewiesen werden.[688]) Lehnt man jedoch in der Zwangsvollstreckung eine rückwirkende Heilung ab, spricht dies nicht unbedingt gegen eine rückwirkende Konkursbefangenheit. Bei der Pfändung sprach nämlich gegen die Rückwirkung unter anderem, daß es mit dem Präventionsprinzip und dem damit verbundenen Gedanken der chancengleichen Teilhabe aller Gläubiger an der Befriedigung unvereinbar ist, wenn eine rückwirkende Heilung dem fehlerhaft pfändenden Gläubiger Rangvorteile vor dem ordnungsgemäß nachpfändenden Gläubiger verschaffen würde.[689]) Der unrechtmäßig erstpfändende Gläubiger sollte keinen Rangvorteil vor dem später zu Recht pfändenden Gläubiger erlangen. Dieses Argument spricht jedoch beim Konkurs nicht gegen eine Rückwirkung, denn im Konkursrecht gilt im Gegensatz zum Prioritätsprinzip der Zwangsvollstreckung der Grundsatz der Gleichbehandlung aller Gläubiger.[690]) Der einzelne Konkursgläubiger hat, wenn die Masse zur vollen Befriedigung aller Gläubiger nicht ausreicht, nur auf die anteilmäßige Befriedigung seiner Forderung Anspruch.[691]) Aus diesem Grund wurde schon vor der erweiterten Auslegung des § 852 ZPO zunehmend vertreten, daß der Ausschluß der Rückwirkung eine ungerechtfertigte Zurücksetzung des Gläubigerinteresses sei.[692]) Selbst von Vertretern der Gegenansicht wurde die Problematik der Gläubigerbenachteiligung gesehen: Mache der Berechtigte den Anspruch geltend, so falle der Erwerb in die Masse, verzichte er auf eine Geltendmachung, so finde dagegen eine Einbeziehung des Anspruchs in die Masse nicht statt, obwohl er den Anspruch nach Konkurseröffnung verlangen könnte.[693]) Die Tatsache, daß § 852 ZPO nicht dazu dient, die erfaßten Ansprüche dem Gläubigerzugriff zu entziehen und dem Berechtigten unter allen Umständen zu erhalten, spricht deshalb für eine rückwirkende Konkursbefangenheit.[694]) § 1 KO will verhindern, daß dem Haftungszugriff verschlossenes Schuldnervermögen in die Masse

---

[688]) *Soergel/Dieckmann*, § 2317 BGB, Rz. 17.
[689]) *Rosenberg/Gaul/Schilken*, ZwangsvollstrR, § 22 II 2 a m.w.N.
[690]) *Kuhn/Uhlenbruck*, § 3 KO, Rz. 1 m.w.N.
[691]) *Kuhn/Uhlenbruck*, § 3 KO, Rz. 3.
[692]) *Jaeger/Henckel*, § 9 KO, Rz. 16.
[693]) *Strohal*, ErbR II, § 53 II mit FN 6.
[694]) *Jaeger/Henckel*, § 9 KO, Rz. 16.

fällt. Er will aber nicht bewirken, daß der Gemeinschuldner darüber soll entscheiden können, ob ein bestehender Anspruch in die Masse fällt oder nicht.[695])

Da nach richtiger Auslegung des § 852 ZPO die Pfändbarkeit der von der Norm erfaßten Ansprüche von ihrer Entstehung an gegeben ist und lediglich die Verwertbarkeit zugunsten des Gläubigers an die Voraussetzung der Rechtshängigkeit oder des Anerkenntnisses gekoppelt ist, stellt sich die Frage der Rückwirkung des Eintritts der Voraussetzungen auf den Zeitpunkt der Konkurseröffnung nicht länger. Wie erläutert führt nämlich der Eintritt von Rechtshängigkeit und Anerkenntnis bei Pfändung eines in seiner Verwertbarkeit aufschiebend bedingten Anspruchs nach Vornahme des Pfändungsbeschlusses nicht zur Heilung einer zunächst mangelhaften Pfändung, sondern bewirkt lediglich die Verwertungsmöglichkeit für den Vollstreckungsgläubiger. Die Frage der rückwirkenden Heilung ist nicht relevant. Die Ansprüche sind von Entstehung an pfändbar. Deshalb gehören sie zum beschlagsfähigen Vermögen des Berechtigten im Sinne des § 1 I KO und werden somit auch vor Anerkenntnis oder Rechtshängigmachen Bestandteil des Konkursvermögens.[696]) Dadurch zeigt sich, daß auch ohne Annahme einer Rückwirkung die von deren Verfechtern vorgebrachte Wahrung des Gläubigerinteresses möglich ist. Daß der noch nicht rechtshängig gemachte oder anerkannte Anspruch in die Konkursmasse fällt, ist deshalb sowohl mit dem Sinn und Zweck des § 1 KO als auch mit dem des § 852 ZPO vereinbar.

2. Wahrung der Entscheidungsfreiheit des Berechtigten im Konkurs

Im Konkursverfahren stellt sich jedoch das Problem, daß die Ansprüche zwar vor Rechtshängigkeit und Anerkenntnis pfändbar und deshalb Massebestandteil sind, eine Verwertbarkeit jedoch noch nicht eingetreten ist. Im Verfahren muß deshalb darauf geachtet werden, daß die Entscheidungsfreiheit des Berechtigten nicht ungerechtfertigt eingeschränkt wird und eine Verwertung zugunsten der Konkursgläubiger erst bei Ausübung der Entscheidungsfreiheit möglich wird. Diese Situation ist mit derjenigen nach Pfändung, jedoch vor Eintritt der Ver-

---

[695]) *Jaeger/Henckel*, § 9 KO, Rz. 16.
[696]) *Lange/Kuchinke*, ErbR, § 37 VII 2 b; vgl. *Gerhardt*, EWiR § 852 ZPO 1/1993, 1141 (1142).

wertbarkeit im Rahmen einer Zwangsvollstreckung vergleichbar. Ohne Einschränkungen der Wirkungen des Konkursbeschlags kann auch hier der Sinn und Zweck des § 852 ZPO nicht gewahrt werden.

Nach § 6 KO (vgl. künftig § 80 InsO) wird das Verwaltungs- und Verfügungsrecht über die der Masse zugehörigen Gegenstände auf den Konkursverwalter übertragen. Das bedeutet, dem Gemeinschuldner ist jede Veräußerung, Verpfändung oder sonstige Verfügung über den Anspruch nicht mehr möglich. Ebenfalls sind Verhandlungen, die zu einem Anerkenntnis notwendig sind, untersagt. Erst recht ist eine gerichtliche Geltendmachung des Anspruchs gegen den Verpflichteten unzulässig. Auch ein Erlaß oder Vergleich sowie die darauf zielenden Verhandlungen sind ausgeschlossen. Der Konkursverwalter, der nunmehr verfügungsbefugt ist, könnte ebenfalls keine der beschriebenen Rechtshandlungen vornehmen, da er wiederum durch die Entscheidungsfreiheit des Berechtigten eingeschränkt ist. Diese Situation wäre ein nicht gerechtfertigter Eingriff in die weiterhin bestehende Entscheidungsfreiheit des Berechtigten und somit vom Schutzzweck des § 852 ZPO nicht umfaßt.

Um die Entscheidungsfreiheit des Berechtigten zu wahren, muß diesem deshalb in erster Linie die Möglichkeit gelassen werden, den Anspruch rechtshängig zu machen oder einen Anerkenntnisvertrag zu schließen sowie die darauf hinzielenden Verhandlungen vorzunehmen.[697] Wie ausgeführt ist dies sowohl mit dem Inhalt des Verfügungsverbots vereinbar als auch vom Schutzzweck des § 852 ZPO gefordert.[698]

Weder Abtretung noch Verpfändung dürfen jedoch dem Gemeinschuldner erlaubt sein. Im Hinblick auf §§ 2317 II, 1378 III S. 1 BGB wurde auch von den Vertretern der Ansicht, der nicht geltendgemachte Anspruch werde mit Geltendmachung rückwirkend Massebestandteil, eine Abtretung oder Verpfändung zugelassen.[699] Im Fall der entgeltlichen Abtretung steht dem Konkursgläubiger dann der Erlös zu, im Falle der unentgeltlichen Abtretung geht er leer aus. Die Befugnis zur Abtretung kann aber nicht mehr gelten, wenn die Pfändbarkeit ausgedehnt wird, so daß die von § 852 ZPO erfaßten Ansprüche von Anfang an und nicht erst rückwirkend in die Konkursmasse fallen.

---

[697] *Lange/Kuchinke*, ErbR, § 37 VII 2 b.
[698] S.o. S. 80 ff.
[699] *Jaeger/Henckel*, § 9 KO, Rz. 16; ihm folgend *Schubert*, JR 1994, 416 (419, 420).

Vielmehr gelten hier die im Rahmen des Verfügungsverbots bei der Zwangsvollstreckung dargelegten Argumente. Der Gemeinschuldner wird insoweit nur daran gehindert, den Anspruch in einer bestimmten Weise geltend zu machen, was keinen Verstoß gegen den Normzweck des § 852 ZPO bedeutet. Abtretung - auch unentgeltliche - oder Verpfändung sind also mit Konkursbeginn ausgeschlossen.

Sowohl Erlaß als auch Vergleich sind dem Gemeinschuldner jedoch weiterhin gestattet, damit seine Entschließungsfreiheit gewahrt bleibt, allerdings unter Einschränkung von rechtsmißbräuchlicher Ausübung im Sinne des § 242 BGB. Um die Entscheidungsfreiheit zu wahren, ist dem Berechtigten auch erlaubt, den Anspruch gar nicht geltend zu machen und das Ende des Konkursverfahrens abzuwarten, so daß der Anspruch der Verwertung im Konkurs entzogen bleibt. Nach Beendigung des Konkursverfahrens kann er damit den Anspruch seinem eigenen Vermögen einverleiben. Dies kann auch durch eine Pfändbarkeit von Anspruchsentstehung an und damit Massezugehörigkeit nicht verhindert werden. Es entspricht aber auch dem Normzweck des § 852 ZPO[700]), der eine Verwertbarkeit vor Eintritt der Pfändungsbedingungen ausschließt. Allerdings haftet der Anspruch nach Konkursende den Neugläubigern und nicht nur diesen, sondern auch den Konkursgläubigern, weil die Vollstreckungssperre des § 14 KO jetzt entfallen ist.[701])

Die Ausübung der dem Gemeinschuldner verbleibenden Möglichkeiten kann zum Eintritt der Verwertbarkeit zugunsten der Konkursgläubiger führen.[702]) Ein begonnener Prozeß ist vom Konkursverwalter zu übernehmen. Ebenfalls hat er den anerkannten Anspruch weiter zu verfolgen und rechtsmißbräuchliches Ausnutzen der verbleibenden Verfügungsmöglichkeiten dem Gemeinschuldner gegenüber geltend zu machen.

III. Die Aufrechnung gegen die von § 852 ZPO erfaßten Ansprüche

1. Keine Aufrechnung gegen unpfändbare Forderungen

Mit der Pfändbarkeit von Forderungen ist auch die Möglichkeit verknüpft, gegen diese Forderungen aufzurechnen. So normiert

---

[700]) *Jaeger/Henckel*, § 9 KO, Rz. 17; *Kuchinke*, NJW 1994, 1769 (1772).
[701]) *Jaeger/Henckel*, § 9 KO, Rz. 17.
[702]) Vgl. *Lange/Kuchinke*, ErbR, § 37 VII 2 b mit FN 375.

§ 394 BGB, daß die Aufrechnung gegen unpfändbare Forderungen nicht stattfindet. Dem Wortlaut dieser Norm sowie dem des § 852 ZPO folgend ist deshalb eine Aufrechnung gegen Pflichtteils- Zugewinnausgleichs- und Rückforderungsanspruch durch den Schuldner dieser Forderungen nicht möglich. Dies entspricht auch der bisher meist vertretenen Ansicht.[703]

Unabhängig von den Folgerungen, die aus der Auslegung der Pfändbarkeit dieser Ansprüche bezüglich der Aufrechnungsfähigkeit zu ziehen sind, ist jedoch fraglich, ob § 394 BGB von seinem Sinn her überhaupt für Pflichtteils-, Zugewinnausgleichs- und Rückforderungsanspruch Anwendung zu finden hat. § 394 BGB soll ebenso wie § 400 BGB in erster Linie diejenigen Verbote und Beschränkungen von Forderungspfändungen erfassen, die zur Sicherung des Lebensunterhalts des Forderungsberechtigten und seiner Familie erlassen sind.[704] Dies sind insbesondere die Pfändungsverbote und -beschränkungen bei der Pfändung von Arbeitseinkommen nach §§ 850 a ff. ZPO.[705] Diese Pfändungsverbote sind aus sozialpolitischen Erwägungen erlassen, um einerseits das Existenzminimum eines Vollstreckungsschuldners zu gewährleisten, andererseits daraus folgend die Allgemeinheit vor Unterhalts- und Sozialhilfeansprüchen des Schuldners zu schützen.[706] Das Pfändungsverbot des § 852 ZPO beruht jedoch auf der gesetzlich eingeräumten Entscheidungsfreiheit des Anspruchsberechtigten und deshalb auf ganz anderen Erwägungen als die sonst in § 394 BGB gemeinten Pfändungsverbote.[707] Daraus wird teilweise gefolgert, es erscheine zweifelhaft, ob das an § 394 BGB geknüpfte Aufrechnungsverbot im Falle des § 852 ZPO überhaupt sachlich gerechtfertigt sei.[708] Es sei nämlich ein wesentlicher Unterschied, ob ein Dritter durch Pfändung den Anstoß zur Geltendmachung einer Forderung geben würde, die geltend zu machen allein dem Gläubiger vorbehalten sein soll, oder ob der Schuldner der Forderung sie durch Auf-

---

[703] *Gernhuber/Coester-Waltjen*, FamR, § 36 VII 5; *Larenz*, SchuldR I, § 18 VI 2 b; *Dütz*, NJW 1967, 1105 (1107).
[704] *Palandt/Heinrichs*, § 394 BGB, Rz. 1, 3.
[705] *Larenz*, SchuldR I, § 18 VI 2; vgl. *Henckel*, ProzeßR u. materielles Recht, S. 401; s.o. S. 137 ff.
[706] *BGB/RGRK/Weber*, § 394 BGB, Rz. 19; *Gernhuber*, SchuldR III, § 12 VI 4 b; *Larenz*, SchuldR I, § 18 V 2 b; s.o. S. 137 ff.
[707] Ausführlich *Gernhuber*, SchuldR III, § 12 VI 4 a.
[708] *BGB/RGRK/Weber*, § 394 BGB, Rz. 19; *Gernhuber*, SchuldR III, § 12 VI 4 a.

rechnung tilgen will.[709]) Durch die Unpfändbarkeit des Arbeitseinkommens soll erreicht werden, daß der Gläubiger das ihm Geschuldete tatsächlich erhält.[710]) Dieser Zweck des Pfändungsverbots rechtfertige kein Aufrechnungsverbot im Fall des § 852 ZPO, vielmehr gäbe es keine generelle Korrelation zwischen Pfändungsverbot und Garantie der Effektiverfüllung.[711]) Auch das Reichsgericht hat entschieden, daß die Einrede des § 399 ALR, wonach ein Aufrechnungsverbot, das dem Unterhaltsberechtigten Schutz dagegen gewähren soll, daß ihm die Gewährung des Unterhalts durch eine zur Aufrechnung gestellte Gegenforderung entzogen wird, auf § 1123 I ALR, den Vorläufer des § 528 BGB, keine Anwendung findet[712]), da der Rückforderungsanspruch nicht der Unterhaltsgarantie dient.[713])

Im Ergebnis war jedoch der Ausschluß der Aufrechnung gegen die von § 852 ZPO erfaßten Forderungen nach dem Wortlaut der Norm auch sachlich richtig.[714]) Zwar besteht tatsächlich keine generelle Korrelation zwischen Pfändungsverbot und Aufrechnungsausschluß. Diese laufen - ebenso wie Pfändungs- und Abtretungsausschluß im Falle des § 400 BGB - nur dann gleich, wenn sowohl Pfändung als auch Aufrechnung dem Charakter einer Forderung widersprechen. Letzteres trifft jedoch im Falle der von § 852 ZPO erfaßten Forderungen zu. Die Entscheidungsfreiheit, den Anspruch nicht geltend zu machen, wird nämlich auch durch ein Aufrechnungsverbot an den Schuldner der Ansprüche geschützt. Andernfalls wäre eine einseitige Verwertung des Anspruchs durch den Schuldner des Berechtigten möglich.[715]) Es wird zwar vertreten, der Gedanke, den Berechtigten vor einer aufgedrängten Erfüllung bewahren zu müssen, spreche nicht für ein Aufrechnungsverbot; der Berechtigte könne nämlich auf seine Forderung auch nicht durch einseitigen Akt verzichten, da § 397 BGB einen Vertrag vorsehe.[716]) Dagegen spricht jedoch, daß § 852 ZPO nicht lediglich die Entscheidungsfreiheit des Berechtigten vor Eingriffen von Seiten dessen Gläubiger schützen will, sondern auch in bezug auf den an-

---

[709]) *BGB/RGRK/Weber*, § 394 BGB, Rz. 19.
[710]) *Larenz*, SchuldR I, § 18 VI 2 b.
[711]) *Gernhuber*, SchuldR III, § 12 VI 4 a.
[712]) RGZ 35, 243 (244 f.).
[713]) S. o. S. 30 ff.
[714]) Vgl. *Dütz*, NJW 1967, 1105 (1107).
[715]) *Dütz*, NJW 1967, 1105 (1107).
[716]) *Gernhuber*, SchuldR III, § 12 VI 4 a.

spruchsverpflichteten Schuldner. Dies zeigt sich daran, daß es vor Rechtshängigmachen oder Vornahme eines Anerkenntnisvertrags auch dem Schuldner eines Pflichtteils-, Zugewinnausgleichs-, oder Rückforderungsanspruch nicht möglich ist, dem Berechtigten den Anspruch gegen dessen Willen aufzudrängen, indem er ihn z.B. in Gläubigerverzug setzt oder den Anspruch hinterlegt.[717]) Will der Berechtigte auf den Anspruch verzichten und ihn deshalb nicht geltendmachen, so soll ihm dies möglich sein, weil es anerkannte Beweggründe sein können, die ihn zu einem solchen Verzicht bewegen mögen. Damit ist nicht allein der zweiseitige Verzichtsvertrag gemeint, sondern auch das Nichtgeltendmachen des Anspruchs, der entgegen dieser Entscheidung nicht aufgedrängt werden darf. Der Berechtigte ist also durchaus vor einer aufgedrängten Erfüllung, die in seine Entscheidungsfreiheit eingreifen würde, zu bewahren. Insbesondere beim Pflichtteilsanspruch ist dabei nicht allein die Beziehung zum Verpflichteten bedeutsam, sondern auch die Pietät vor dem Erblasser. Hier soll ebensowenig wie von Seiten der Gläubiger des Anspruchsberechtigten von Seiten des Verpflichteten in die Entscheidungsfreiheit eingegriffen werden. Da die Aufrechnung eines Schuldners einen Selbsthilfezugriff auf die Forderung zwecks Befriedigung seiner eigenen Forderung enthält, also Gläubigerakt mit Befriedigungswirkung ist, muß sie ebenso wie die Pfändung durch einen Dritten unzulässig sein.[718]) Wurde insoweit festgestellt, daß die Abtretung mit einer Pfändung in ihren Auswirkungen auf die Entscheidungsfreiheit nicht vergleichbar ist[719]), so gilt dies für die Aufrechnung durchaus. Die Tatsache, daß die Aufrechnungserklärung eine einseitige Willenserklärung des Aufrechnenden ist, spricht im Falle des § 852 ZPO dagegen, sie auch als Schuldnerakt mit

---

[717]) Vgl. *Lange/Kuchinke*, ErbR, § 37 VII 2 c, der sogar vertritt, zu dieser Regelung passe es schlecht, wenn der Pflichtteilsanspruch, im Gegensatz zum Vermächtnisanspruch (§ 2180 BGB), nicht ausgeschlagen, sondern durch formlosen Erlaßvertrag (§ 397 BGB) aufgehoben werden müsse. Diese Ansicht übersieht jedoch, daß es dem Berechtigten schon durch Nichtgeltendmachung des Anspruchs möglich ist, auf den Anspruch zu verzichten. Auf jeden Fall ist § 397 BGB kein Argument, ein Aufrechnungsverbot abzulehnen. Zur Vergleichbarkeit mit der Ausschlagungsmöglichkeit beim Vermächtnisanspruch s. auch: Mot. *Mugdan* V, Seite 222.

[718]) *BGB/RGRK/Weber*, § 394 BGB, Rz. 1; zum Zusammenhang zwischen Pfändung der Gegenforderung und Aufrechnung vgl. auch *Rimmelspacher/Spellenberg*, JZ 1978, 271 ff.; zur Sicherungsfunktion des Aufrechnungsrechts vgl. *Bötticher*, Die "Selbstexekution"..., FS Schima 1969, S. 95 ff.

[719]) S. o. S. 151.

Tilgungszweck anzusehen.[720]) Aus diesen Gründen ist ein Aufrechnungsverbot vor Rechtshängigkeit und Anerkenntnis gerechtfertigt. Die Argumente, die gegen eine Anwendbarkeit des § 400 BGB nach seinem Regelungsgehalt sprachen,[721]) gelten hier nicht uneingeschränkt.

Allerdings wird vereinzelt daraus, daß § 394 BGB an sich auf andere Pfändungsverbote zugeschnitten ist, gefolgert, der Ausschluß der Aufrechnung solle nicht über § 394 BGB, sondern unter dem Gesichtspunkt unzulässiger Rechtsausübung im Einzelfall hergeleitet werden.[722]) So erscheine im Falle des § 528 BGB die Aufrechnung des Schuldners, in den Fällen der §§ 1378, 2317 BGB die Berufung des Gläubigers auf den Ausschluß der Aufrechnung als gegen Treu und Glauben verstoßend und deshalb unstatthaft.[723]) Ein Ausweichen auf diese Möglichkeit ist jedoch angesichts der Tatsache, daß über den Wortlaut des § 394 BGB ein Aufrechnungsverbot besteht und dies auch mit dem Schutzzweck des § 852 ZPO vereinbar ist, überflüssig, selbst wenn § 394 BGB auf anderen Erwägungen beruht als das von § 852 ZPO gemeinte Pfändungsverbot. Ohne Einräumung der Pfändbarkeit von Anspruchsentstehung an ist deshalb die Aufrechnung gegen die von § 852 ZPO erfaßten Forderungen nach § 394 BGB ausgeschlossen.

2. Pfändbarkeit eines in seiner Verwertbarkeit bedingten Anspruchs und Aufrechnungsmöglichkeit

Aufgrund der hier dargelegten Pfändbarkeit der von § 852 ZPO erfaßten Forderungen von Entstehung an scheint einer Aufrechnung gegen diese Forderungen nunmehr nichts entgegenzustehen. Die Forderungen sind von ihrer Entstehung an pfändbar, so daß § 394 BGB von seinem Wortlaut her nicht mehr eingreift. Ließe man jedoch daraus folgend eine Aufrechnung zu, so würde dies zu einem Erlöschen des Schuldverhältnisses zwischen Berechtigtem und Verpflichtetem führen, obwohl die Verwertbarkeit der Forderungen mangels Rechtshängigkeit oder Anerkenntnis noch nicht eingetreten ist. Dies ist mit dem Sinn und Zweck des § 852 ZPO, der darin garantierten Entscheidungsfreiheit des

---

[720]) Vgl. *Gernhuber*, SchuldR III, § 12 VI 4.
[721]) S.o. S. 137 ff.
[722]) *BGB/RGRK/Weber*, § 394 BGB, Rz. 19.
[723]) *BGB/RGRK/Weber*, § 394 BGB, Rz. 19.

Berechtigten unvereinbar, da der Berechtigte bislang nicht durch Geltendmachen der Forderung gezeigt hat, daß er ihre Erfüllung anstrebt. Hinzu kommt, daß die Erweiterung der Pfändbarkeit deshalb vorgenommen wurde, um eine vom Gesetzeszweck nicht geforderte und nicht gerechtfertigte Benachteiligung der Gläubiger des Anspruchsberechtigten zu verhindern. Nicht jedoch sollte sie dazu dienen, daß der Anspruchsverpflichtete gegen den Willen des Berechtigten von seiner Schuld frei werden soll. Dies bedeutet, daß ohne eine Einschränkung der Aufrechnungsfähigkeit dem Sinn und Zweck des § 852 ZPO nicht gerecht werden kann. Auch hier muß insofern die Entscheidungsfreiheit des Berechtigten bis zur Vornahme von Rechtshängigkeit und Anerkenntnis gewahrt werden.

Ein vollständiger Ausschluß der Aufrechnung wäre jedoch ungerechtfertigt. Bei der Auslegung des § 852 ZPO zu schützender Gläubiger ist nämlich im Falle der Aufrechnung auch der Anspruchsverpflichtete. Er hat selbst eine Forderung gegen den Berechtigten, die er an Stelle einer Pfändung im Wege der Aufrechnung durchsetzen will. Die Aufrechnung des Schuldners einer Forderung zwecks Befriedigung enthält insoweit einen Selbsthilfezugriff auf die Forderung.[724] Auch der Schuldner der von § 852 ZPO erfaßten Forderungen ist deshalb als gleichzeitiger Gläubiger des Berechtigten von der Beseitigung der vom Gesetzeszweck des § 852 ZPO nicht geforderten Gläubigerbenachteiligung zu erfassen. Um das Interesse des Verpflichteten als Gläubiger der Gegenforderung zu wahren, muß also eine Aufrechnung zugelassen werden. Damit gleichzeitig die Entscheidungsfreiheit des Berechtigten gewahrt wird, darf es jedoch im Falle, daß der Anspruchsverpflichtete vor Vornahme von Rechtshängigkeit oder Anerkenntnis aufrechnet, erst mit Eintritt der Verwertbarkeit zur Tilgungswirkung der Aufrechnungserklärung kommen. Dies stellt keine nach § 388 S. 2 BGB bedingte Aufrechnung dar, sondern entspricht der Lage nach Pfändung, aber vor Verwertbarkeitseintritt. Ebenso wie dabei nicht von einer bedingten Pfändung, sondern von einem in der Verwertbarkeit bedingten Anspruch auszugehen ist, liegt im Zeitpunkt vor Eintritt der Verwertungsbedingungen keine bedingte Aufrechnung vor. Rechnet hingegen der Berechtigte als Anspruchsgläubiger auf, so ist dies von Anspruchsentstehung an mit voller Tilgungswirkung möglich.[725] Eine

---

[724]) *BGB/RGRK/Weber,* § 394 BGB, Rz. 1.
[725]) *Palandt/Heinrichs,* § 394 BGB, Rz. 3.

solche Aufrechnung wäre als Anerkenntnis i.S.d. § 852 ZPO zu werten und im Falle, daß sie gläubigerbenachteiligend wirkt,[726] für einen Gläubiger des Berechtigten anfechtbar.

---

[726] *Kilger/Huber,* § 1 AnfG, Anm. I 2 a.

Teil G: Zusammenfassung

I. Regelungsgehalt des § 852 ZPO

Die Pfändbarkeit des Pflichtteilsanspruchs ist neben der des Anspruchs auf Ausgleich des Zugewinns und auf Rückforderung des Geschenks durch den verarmten Schenker in § 852 ZPO geregelt. Danach sind diese Ansprüche nur dann der Pfändung unterworfen, wenn sie durch Vertrag anerkannt oder rechtshängig geworden sind. Dadurch, daß der Berechtigte einen Anerkenntnisvertrag schließt oder seine Forderung rechtshängig macht, zeigt er in eindeutiger Weise, daß er sich entschieden hat, den Anspruch durchzusetzen. Die Pfändbarkeit muß weiterhin dann eintreten, wenn der Anspruch abgetreten oder verpfändet wird, da auch hier der Berechtigte zeigt, daß er seinen Anspruch geltendmachen will, und entgegen dem engen Wortlaut nur die persönliche Entscheidung des ursprünglich Berechtigten geschützt wird.

Die Beschränkung der Pfändbarkeit auf die Fälle der Rechtshängigkeit und des Anerkenntnisses verhindert, daß die von § 852 ZPO erfaßten Ansprüche gegen den Willen des Berechtigten durchgesetzt werden.

Grund der Entscheidungsfreiheit des Berechtigten ist die Tatsache, daß Pflichtteils-, Zugewinnausgleichs- und Rückforderungsanspruch sämtlich in engen persönlichen oder familiären Beziehungen zwischen Anspruchsberechtigtem und -verpflichtetem wurzeln. Dies ergibt sich aus der Entstehungsgeschichte und dem Regelungsinhalt der Ansprüche, so daß eine einheitliche vollstreckungsrechtliche Beurteilung sachdienlich ist. Diesem Anspruchscharakter wird § 852 ZPO gerecht, indem er die Entscheidung über die Geltendmachung der Ansprüche in die Hand des Berechtigten legt.

Die von § 852 ZPO erfaßten Ansprüche sind keine höchstpersönlichen Rechte. Normzweck des § 852 ZPO ist nicht, daß der Berechtigte den Erlös der Ansprüche unter allen Umständen erhält, um dessen wirtschaftliche Existenz zu gewährleisten. Die Ansprüche sind von Entstehung an abtretbar und verpfändbar. Damit ist es dem Berechtigten nach dem Wortlaut der Norm möglich, sie vor Eintritt von Rechtshängigkeit und Anerkenntnis der Haftungsmasse zu entziehen.

Im Interesse der persönlichen Verbundenheit mit dem Anspruchsverpflichteten ist ein Verzicht durch Nichtgeltendmachen der Ansprüche möglich. Es besteht keine Möglichkeit für den Anspruchsschuldner, durch Zahlung, Aufrechnung oder Hinterlegung zu erfüllen oder den Berechtigten in Gläubigerverzug zu setzen.

Durch die Überleitfähigkeit der Ansprüche nach § 90 BSHG und die Tatsache, daß im Unterhaltsrecht die Ansprüche als maßgeblich für Bedürftigkeit und Leistungsfähigkeit anzusehen sind, zeigt sich, daß die Ansprüche von Entstehung an als Vermögensbestandteil des Berechtigten anzusehen sind.

Normzweck des § 852 ZPO ist nicht, die Gläubiger des Berechtigten zu benachteiligen. Die persönliche Entscheidungsfreiheit des Berechtigten ist deshalb mit dem Gläubigerinteresse in Übereinstimmung zu bringen. Jeder Gläubigerzugriff, der die Entscheidungsfreiheit des Berechtigten nicht ausschließt, ist zu gestatten.

Durch Eintritt von Rechtshängigkeit und Anerkenntnis erfahren die von § 852 ZPO erfaßten Ansprüche eine inhaltliche Modifikation. Sie werden von inhaltlich beschränkten, persönlichkeitsrechtlich geprägten, unverwertbaren Ansprüchen zu verwertbaren, voll verkehrsfähigen Rechten.

Allein die Verwertung der Ansprüche vor Rechtshängigkeit und Anerkenntnis beeinträchtigt die Entscheidungsfreiheit des Berechtigten. Eine Verwertung findet jedoch noch nicht statt, wenn es dem Gläubiger gewährt wird, sich - für den Fall, daß der Berechtigte den Anspruch in Zukunft anerkennt oder rechtshängig macht - sein Recht zu sichern, ohne daß es ihm durch Manipulationen des Berechtigten entzogen werden kann. Die von § 852 ZPO erfaßten Ansprüche sind in ihrer Verwertbarkeit bedingte Rechte.

II. Pfändung eines in seiner Verwertbarkeit bedingten Anspruchs

Eine bedingte Pfändung ist abzulehnen, die Pfändung bedingter Ansprüche ist jedoch zulässig.

Zwar sind die von § 852 ZPO erfaßten Ansprüche keine bedingten Ansprüche, da sie im Erbfall, bei Güterstandsende oder im Verarmungszeitpunkt entstanden sind. Jedoch weisen sie eine strukturelle Ähnlichkeit zu bedingten Ansprüchen auf.

Bei Pfändung bedingter Ansprüche ist nicht die Pfändung selbst bedingt, da ihr vollstreckungsrechtlicher Tatbestand voll erfüllt ist. Lediglich das von ihr erfaßte Recht ist noch nicht entstanden, so daß die Pfändung nur in Abhängigkeit vom erfaßten Recht Wirkungen entfalten kann. Die Wirkungen der Pfändung sind abhängig vom Bestand des gepfändeten Rechts.

Auch die Pfändung von in ihrer Verwertbarkeit bedingten Ansprüchen erfolgt unbedingt. Sie kann jedoch keine über das inhaltlich beschränkte Pfandobjekt hinausgehenden Wirkungen entfalten. Die Wirkungen der Pfändung sind abhängig vom Inhalt des gepfändeten Rechts. Nicht die Pfändung, sondern die Wirkung der in ihr getroffenen Anordnungen ist bedingt.

Im Pfändungsantrag hat der Gläubiger Rechtshängigkeit und Anerkenntnis nicht mehr durch schlüssigen Tatsachenvortrag dazutun. Das Gericht muß die Pfändungsvoraussetzungen des § 852 ZPO nicht prüfen, um den Pfändungsbeschluß zu erlassen. Mit Zustellung des Beschlusses ist die Forderung verstrickt. Das Inhibitorium zu Lasten des Vollstreckungsschuldners nach § 829 I S. 2 ZPO tritt ein. Abtretung und Verpfändung sind dem Vollstreckungsschuldner nicht mehr erlaubt, wohl aber die Vornahme eines Anerkenntnisvertrags und das Rechtshängigmachen des Anspruchs sowie, im Rahmen des § 242 BGB, ein Erlaß der gepfändeten Forderung und ein Vergleich mit dem Drittschuldner. Die dem Vollstreckungsschuldner verbleibenden Möglichkeiten führen mit Ausnahme des vollständigen Verzichtsvertrags zum Eintritt der Verwertbarkeit der Forderung zugunsten des Vollstreckungsgläubigers. Das Pfändungspfandrecht entsteht mit der Pfändung am unverwertbaren Anspruch und wahrt den Rang im Zeitpunkt der Pfändung. Einer Rückbeziehung bedarf es nicht, da der Eintritt der Verwertungsbedingungen nicht zur Heilung einer zunächst mangelhaften Pfändung führt. Das Pfandrecht erschöpft sich bis zum Bedingungseintritt in seiner Sicherungsfunktion. Das Arrestatorium nach § 829 I S. 1 ZPO an den Drittschuldner tritt mit der Pfändung ein. Der Drittschuldner ist mit der Pfändung nicht zur Auskunftserteilung nach § 840 I ZPO verpflichtet. Die Überweisung der Forderung darf erst nach Eintritt von Rechtshängigkeit oder Anerkenntnis erfolgen. Eine

Auskunftserteilungspflicht des Vollstreckungsschuldners nach § 836 III
ZPO entsteht erst nach Überweisung der Forderung.

Durch die genannten Einschränkungen der Pfändungswirkungen
wird die Entscheidungsfreiheit des Berechtigten der von § 852 ZPO erfaßten Ansprüche gewährleistet. Die Pfändung eines in seiner Verwertbarkeit bedingten Anspruchs ist also mit dem Normzweck vereinbar.
Sie entspricht den Interessen von Vollstreckungsschuldner, Vollstreckungsgläubiger und Drittschuldner.

III. § 852 ZPO im Zusammenhang der Regelungen zur Abtret-
barkeit und Pfändbarkeit von Forderungen

§ 400 BGB erfaßt in erster Linie die auf sozialpolitischen Erwägungen
beruhenden Pfändungsverbote der §§ 850 ff. ZPO. Diese dienen der
Existenzsicherung des Schuldners sowie der ihm gegenüber Unterhaltspflichtigen und der Allgemeinheit. § 400 BGB normiert deshalb,
daß mit dem Pfändungsverbot ein Abtretungsverbot einhergeht, um
dem Schuldner nicht zu ermöglichen, sich selbst der Existenzgrundla-
ge zu berauben. Mit diesem Sinn hat § 852 ZPO nichts gemein. Deshalb paßt § 400 BGB schon von seinem Regelungsgehalt her nicht auf
die von § 852 ZPO erfaßten Forderungen und stellt keine Ausnahmevorschrift zu §§ 2317 II, 1378 III S. 1 BGB dar.

§ 851 I ZPO erfaßt die nach materiellem Recht unabtretbaren und
deshalb auch unpfändbaren Forderungen. § 852 ZPO hat einen anderen Sinn und Zweck. Die von § 852 ZPO erfaßten Forderungen sind abtretbar. § 852 ZPO ist keine besondere Vorschrift im Sinne des
§ 851 I ZPO.

Die Regelungen des § 400 BGB und des § 851 ZPO haben jeweils
ihren eigenen Sinn und Zweck, der zum einen aus dem materiellen
Recht und zum anderen aus dem Prozeßrecht stammt. Durch die
gleichzeitige Existenz der beiden Normen soll kein durchgängiges, beide Ordnungen erfassendes Prinzip im Sinne eines schematischen
Gleichlaufs aufgestellt werden. Insbesondere ist es nicht Ziel der Regelungen, durch Gleichlauf von Unpfändbarkeit und Unabtretbarkeit
eine Gläubigerbenachteiligung zu vermeiden.

§ 852 ZPO führt nicht zu einer systemwidrigen Lücke in dem von
§§ 400 BGB, 851 I ZPO geregelten Zusammenhang. Die Gläubigerbenachteiligung kann lediglich durch Pfändung der von § 852 ZPO er-

faßten Forderungen als in der Verwertbarkeit bedingte Ansprüche verhindert werden.

IV. Folgeprobleme der Auslegung zur Pfändbarkeit der von § 852 ZPO erfaßten Forderungen.

Eine Gläubigeranfechtung nach dem Anfechtungsgesetz bei gläubigerbenachteiligenden Verfügungen über die von § 852 ZPO erfaßten Forderungen vor Rechtshängigkeit oder Anerkenntnis ist möglich. Dieses Ergebnis kann nicht allein durch eine Auslegung des Anfechtungsgesetzes erreicht werden, sondern es ist eine Auslegung der Pfändbarkeitsbestimmung notwendig.

§ 1 KO, der die Abhängigkeit der Massezugehörigkeit von der Pfändbarkeit vorschreibt, verhindert die Zugehörigkeit der unverwertbaren Ansprüche des § 852 ZPO zur Konkursmasse nicht. Allerdings ist im Konkursverfahren vor Eintritt der Verwertbarkeit darauf zu achten, daß die Entscheidungsfreiheit des Berechtigen nicht beseitigt wird.

Eine Aufrechnung gegen die von § 852 ZPO erfaßten Ansprüche ist möglich.

V. Ergebnis der Auslegung des § 852 ZPO

Die von § 852 ZPO erfaßten Ansprüche sind als in der Verwertbarkeit durch den Eintritt von Rechtshängigkeit oder Anerkenntnis bedingte Ansprüche pfändbar. Dies widerspricht dem Wortlaut des § 852 ZPO, der eine Pfändbarkeit erst dann vorsieht, wenn die Ansprüche "anerkannt oder rechtshängig *geworden*" sind. Insofern wird vorgebracht, der BGH bedenke den klaren eindeutigen Wortlaut der Norm nicht mit.[727] Vom Wortlaut darf jedoch abgewichen werden, wenn der Gesetzeszweck eine abweichende Auslegung gebietet.[728] Dies ist nach den Darlegungen in dieser Abhandlung der Fall: Die Interessen der am Pfändungsvorgang Beteiligten können nur dann miteinander in Übereinstimmung gebracht werden, wenn eine Pfändung der An-

---

[727] *Baumbach/Lauterbach/Hartmann*, vor § 704 ZPO, Rz. 98, § 852 ZPO, Rz. 1; *Harder*, WuB VI E. 1.1994 § 852 ZPO, 220 (221).

[728] RGZ 142, 36 (40, 41); BGHZ 2, 176 (184) m.w.N.

sprüche als in der Verwertbarkeit bedingte Ansprüche bereits von Forderungsentstehung an zugelassen wird. Eine einschränkende Auslegung der Pfändungsbeschränkung ist deshalb geboten.[729]

---

[729] BGHZ 123, 183; vgl. auch OLG Naumburg, OLGE 40, 154; *Lange/Kuchinke*, ErbR, § 37 VII 2 b.

Literaturverzeichnis

Achilles / Gebhard / Spahn, Protokolle der Kommission für die zweite Lesung des Entwurfs des Bürgerlichen Gesetzbuchs Band V, VI, Berlin 1899

Bähr, Peter, Die Heilung fehlerhafter Zwangsvollstreckungsakte, KTS 1969, 1

Baur, Fritz / Stürner, Rolf, Zwangsvollstreckungs-, Konkurs- und Vergleichsrecht, Band I Einzelvollstreckungsrecht, 12. Auflage, Heidelberg 1995

Baumbach, Adolf / Lauterbach, Wolfgang, Zivilprozeßordnung, 55. Auflage, München 1997

Behr, Johannes, Pfändung des Pflichtteilsanspruchs, JurBüro 1996, 65

Bergk, Alfred, Übertragung und Pfändung künftiger Rechte, Berlin 1912

Berg, Hans, Die Prozeßführungsbefugnis im Zivilprozeß, JuS 1966, 401

BGB-RGRK, Das Bürgerliche Gesetzbuch mit besonderer Berücksichtigung der Rechtsprechung des Reichsgerichts und des Bundesgerichtshofs, Band II, 1. Teil, §§ 241-413, 12. Auflage, Berlin, N.Y. 1976, Band II, 2. Teil, §§ 414-610, 12. Auflage, Berlin, N.Y. 1978, Band II, 6. Teil, §§ 832-853, 12. Auflage, Berlin, N.Y. 1989, Band III, 3. Teil, §§ 1204-1296, 12. Auflage, Berlin, N.Y. 1979, Band IV, 1. Teil, §§ 1297-1563, 12. Auflage, Berlin, N.Y. 1984, Band V, 2. Teil, §§ 2274-2385, 12. Auflage, Berlin, N.Y. 1975

Blomeyer, Arwed, Zivilprozeßrecht, Vollstreckungsverfahren, Berlin, Heidelberg, New York 1975

Blomeyer, Arwed, Studien zur Bedingungslehre, II. Teil, Über bedingte Verfügungsgeschäfte, Berlin 1939

Boehmer, Gustav, Zur Rechtsform des Pflichtteilsrechts, AcP 144, 32

Börker, Rudolf, Sicherungsabtretung und Pfändung derselben Lohnforderung zugunsten verschiedener Gläubiger, NJW 1970, 1104

Bötticher, Eduard, Die "Selbstexekution" im Wege der Aufrechnung und die Sicherungsfunktion des Aufrechnungsrechts, Festschrift Schima, Wien 1969

Bohn, A., / Berner, H. Wilh., Pfändbare und unpfändbare Forderungen und andere Vermögensrechte, Baden Baden 1975

Braga, Sevold, Zur Rechtsnatur des Pflichtteils, AcP 153, 144

Brox, Hans, Erbrecht, 16. Auflage, Köln, Berlin, Bonn, München 1996

Brox, Hans / Walker, Wolf-D., Zwangsvollstreckungsrecht, 5. Auflage, Köln, Berlin, Bonn, München 1996

Bruns, Rudolf, Die Vollstreckung in künftige Vermögensstücke des Schuldners , AcP 171, 358

Bruns, Rudolf / Peters, Egbert, Zwangsvollstreckungsrecht, 3. Auflage, München 1987

Conrad, Herbert, Die Pfändungsbeschränkungen zum Schutze des schwachen Schuldners, Jena 1906

Dütz, Wilhelm, Das Zurückbehaltungsrecht des § 273 I BGB bei Erbauseinandersetzungen, NJW 1967, 1105

Egert, Hans, Die Rechtsbedingung im System des Bürgerlichen Rechts, Berlin 1974

Endemann, Friedrich, Lehrbuch des Bürgerlichen Rechts, 3. Band, 2. Hälfte, 8. Auflage, Berlin 1920

Erman, Walter, Handkommentar zum Bürgerlichen Gesetzbuch, 1. Band, §§ 1-853, 2. Band, §§ 854-2385, 9. Auflage, Münster 1993

Fahland, Monika, Das Verfügungsverbot nach §§ 135, 136 BGB in der Zwangsvollstreckung und seine Beziehung zu den anderen Pfändungsfolgen, Schriften zum Prozeßrecht, Bd. 45, Berlin 1976

Ferid, Murad, Das Französische Zivilrecht, 2. Band, Frankfurt a.M., Berlin 1971

Fikentscher, Wolfgang, Schuldrecht, 8. Auflage, Berlin 1992

Gaul, Hans Friedhelm, Zur Abgrenzung des Ehevertrags von der Scheidungsvereinbarung, Festschrift Lange, Stuttgart, Berlin, Köln, 1992

Gaul, Hans Friedhelm, Neuere "Verdinglichungs"-Tendenzen zur Rechtsstellung des Sicherungsgebers, Festschrift Serick, Heidelberg, 1992

Gaul, Hans Friedhelm, Zur Struktur der Zwangsvollstreckung, Rpfleger 1971, 1 ff.

Gaul, Hans Friedhelm, Zur Rechtsstellung der Kreditinstitute als Drittschuldner in der Zwangsvollstreckung, Sparkassenheft 64, Stuttgart 1978

Gaul, Hans Friedhelm, Die Zwangsvollstreckung in den Geldkredit, KTS 1989, 3

Gaul, Hans Friedhelm, Das Rechtsbehelfssystem der Zwangsvollstreckung - Möglichkeiten und Grenzen einer Vereinfachung, ZZP 1985, 251

Gaul, Hans Friedhelm, Ungerechtfertigte Zwangsvollstreckung und materielle Ausgleichsansprüche, AcP 173, 323

Gaul, Hans Friedhelm, Zur Reform des Zwangsvollstreckungsrechts, JZ 1973, 473

Gaul, Hans Friedhelm, Rezension zu Peter Geib, Die Pfandverstrickung, FamRZ 1972, 533

Geißler, Markus, Dogmatische Grundfragen bei der Zwangsvollstreckung in Geldforderungen, JuS 1986, 614

Gerhardt, Walter, Vollstreckungsrecht, 2. Auflage, Berlin 1982

Gerhardt, Walter, Die systematische Einordnung der Gläubigeranfechtung, Göttingen 1969

Gerhardt, Walter, Kurzkommentar zu BGH EWiR § 852 ZPO 1/93, 1141 = BGHZ 123, 183, EWiR § 852 ZPO 1/1993, 1141

Gernhuber, Joachim, Handbuch des Schuldrechts, Band 3: Die Erfüllung und ihre Surrogate sowie das Erlöschen der Schuldverhältnisse aus anderen Gründen, 2. Auflage, Tübingen 1994

Gernhuber, Joachim / Coester-Waltjen, Dagmar, Lehrbuch des Familienrechts, 4. Auflage, München 1994

Greve, Kai, Zur Pfändung des Pflichtteils nach § 852 ZPO, ZIP 1996, 699

Grund, Frank, Die Zwangsvollstreckung in den Geldkredit, Diss. Bonn 1988

Hahn, G. / Mugdan, B., Die gesammten Materialien zu den Reichs-justizgesetzen, Band VIII, Materialien zur CPO Novelle, Berlin 1898

Hahnzog, Klaus, Die Rechtsstellung des Zessionars künftiger Forderungen, Diss. München 1962

Harder, Manfred, Anmerkung zu BGH WuB VI E. § 852 ZPO 1994 = BGHZ 123, 183, WuB VI E. § 852 ZPO 1.1994, 220

Henckel, Wolfram, Prozeßrecht und materielles Recht, Göttingen 1970

Huber, Ulrich, Gefahren des vertraglichen Abtretungsverbots für den Schuldner der abgetretenen Forderung, NJW 1968, 1905

Jaeger, Ernst, Die Gläubigeranfechtung außerhalb des Konkursverfahrens, 2. Auflage, Berlin 1938

Jaeger, Ernst / Henckel, Wolfram, Konkursordnung, Großkommentar, 1. Lieferung, §§ 1-9, 9. Auflage, Berlin, New York, 1977

Jakobs, Horst Heinrich / Schubert, Werner, Die Beratung des Bürgerlichen Gesetzbuches, Band II, Recht der Schuldverhältnisse, §§ 433 - 651, Berlin, New York 1980

Jauernig, Othmar, Bürgerliches Gesetzbuch, 7. Auflage, München 1994

Jauernig, Othmar, Zwangsvollstreckungs- und Insolvenzrecht, 20. Auflage, München 1996

Kilger, Joachim / Huber, Michael, Gesetz betreffend die Anfechtung von Rechtshandlungen eines Schuldners außerhalb des Konkursverfahrens, 8. Auflage, München 1995

Kipp, Theodor / Coing, Helmut, Erbrecht, 14. Bearbeitung, Tübingen 1989

Kretzschmar, Ferdinand, Das Erbrecht des Bürgerlichen Gesetzbuches, Leipzig 1910

Kuchinke, Kurt, Der Pflichtteilsanspruch als Gegenstand des Gläubigerzugriffs, NJW 1994, 1769

Kuhn, Georg / Uhlenbruck, Wilhelm, Konkursordnung, 11. Auflage, München 1994

Lange, Heinrich / Kuchinke, Kurt, Lehrbuch des Erbrechts, 4. Auflage, München 1995

Larenz, Karl, Lehrbuch des Schuldrechts, 1. Band: Allgemeiner Teil, 14. Auflage, Berlin 1987

Leiphold, Dieter, Erbrecht, 11. Auflage, Tübingen 1996

Lempenau, Gerhard, Direkterwerb oder Durchgangserwerb bei Übertragung künftiger Rechte, Bad Homburg, Berlin, Zürich, 1968

Levis, Otto, Der Vormundschaftsrichter und der Pflichtteilsanspruch eines Minderjährigen gegen den elterlichen Gewalthaber, ZBlFG. 11 (1911), 685

Lingen, Johannes, Die Drittschuldner-Haftung, Die Erklärungspflicht des Drittschuldners und die Folgen ihrer Verletzung (§ 840 ZPO), Frankfurt am Main 1991

Lipp, Volker, Das Pfändungspfandrecht, JuS 1988, 119

Lippross, Otto-Gert, Vollstreckungsrecht, JA Sonderheft 14, 7. Auflage, Neuwied 1994

Lippross, Otto-Gert, Grundlagen und System des Vollstreckungsschutzes, Bielefeld 1983

Lüke, Gerhard, Der Inhalt des Pfändungspfandrechts, JZ 1955, 484

Lüke, Gerhard, Die Prozeßführungsbefugnis, ZZP 76 (1963), 23

Marotzke, Wolfgang, Rechtsprobleme des Gläubigerzugriffs auf anfechtbar zedierte Forderungen des Schuldners, KTS 1987, 569

Mugdan, B., Die gesammten Materialien zum Bürgerlichen Gesetzbuch für das Deutsche Reich, Band I, II, V, Berlin 1899

Münchener Kommentar zum Bürgerlichen Gesetzbuch, Band 2, §§ 241-432, 2. Auflage, München 1985, Band 3, 2. Halbbd., §§ 652-853, 2. Auflage, München 1986, Band 4, §§ 854-1296, 2. Auflage, München 1986, Band 5, §§ 2197-1921, 2. Auflage, München 1986, Band 6, §§ 1922-2385, 2. Auflage, München 1989

Münchener Kommentar zur Zivilprozeßordnung, Band 3, §§ 803-1048, München 1992

Noack, Wilhelm, Die Bedeutung der Vorpfändung, Rpfleger 1967, 136

Palandt, Otto, Bürgerliches Gesetzbuch, 56. Auflage, München 1997

Philipp, Hans-Juergen, Die zukünftige Forderung als Gegenstand des Rechtsverkehrs, dargestellt an ihrer Abtretbarkeit und Pfändbarkeit, Diss. Hamburg 1965

Pohle, Rudolf, Kann der Drittschuldner der Klage aus einem Pfändungsbeschluß die Pfändungsverbote der §§ 850 ff. ZPO entgegenhalten? JZ 1962, 344

Riedel, Hermann, Abtretung und Verpfändung von Forderungen und anderen Rechten, Stuttgart 1982

Rimmelspacher, Bruno / Spellenberg, Ulrich, Pfändung einer Gegenforderung und Aufrechnung, JZ 1978, 271

Rosenberg, Leo / Gaul, Hans Friedhelm / Schilken, Eberhard, Zwangsvollstreckungsrecht, 11. Auflage, München 1997

Schilken, Eberhard, Zum Umfang der Pfändung und Überweisung von Geldforderungen, Festschrift Lüke, München 1997

Schlösser, Kurt, Die zukünftige Forderung und ihre Abtretbarkeit, Diss. Leipzig 1907

Schlüter, Wilfried, Erbrecht, 13. Auflage, München 1996

Schmidt, Richard, Lehrbuch des deutschen Zivilprozeßrechts, 2. Auflage, Leipzig, 1906

Schmidt, Karsten, Anmerkung zu LG Krefeld, NJW 1973, 2304, NJW 1974, 323

Schmidt, Karsten, Pfandrechtsfragen bei erlaubtem und unerlaubtem Eingriff der Mobiliarvollstreckung in schuldnerfremde Sachen, JuS 1970, 545

Scholz, Harald, Zur Neufassung des § 91 BSHG, FamRZ 1994, 1

Schrader, Siegfried / Steinert, Karl-Friedrich, Zwangsvollstreckung in das bewegliche Vermögen, Handbuch der Rechtspraxis Band 1 b), 7. Auflage, München 1994

Schreiber, Kurt, Anmerkung zu BGH JR 1977, 462, JR 1977, 464

Schubert, Werner, Vorentwürfe der Redaktoren zum BGB, Vorentwurf Erbrecht 1, Anlagen: Entwürfe, Berlin, New York 1986

Schubert, Werner, Anmerkung zu BGH JR 1994, 416 = BGHZ 123, 183, JR 1994, 419

Schuschke, Winfried, Vollstreckung und vorläufiger Rechtsschutz, Kommentar zum Achten Buch der Zivilprozeßordnung, Band 1, Zwangsvollstreckung, §§ 705-915 ZPO, 1. Auflage, Köln, Berlin, Bonn, München, 1992

Schuschke, Winfried / Walker, Wolf-Dietrich, Vollstreckung und vorläufiger Rechtsschutz, Kommentar zum Achten Buch der Zivilprozeßordnung, Band 1, Zwangsvollstreckung, §§ 705-915 ZPO, 2. Auflage, Köln, Berlin, Bonn, München 1997

Schwab, Dieter, Handbuch des Scheidungsrechts, 3. Auflage, München 1995

Schwerdtner, Peter, Globalzession und verlängerter Eigentumsvorbehalt, NJW 1974, 1785

Soergel, Theodor, Bürgerliches Gesetzbuch, Band 7, §§ 1297-1588, Stuttgart, Berlin, Köln, Stand: 1988, Band 9, §§ 1922-2385, Stuttgart, Berlin, Köln, Stand: 1992

von Staudingers, J., Kommentar zum Bürgerlichen Gesetzbuch, Zweites Buch, §§ 243-254, 12. Auflage, Berlin 1983, Zweites Buch, §§ 398-432, 12. Auflage, Berlin 1994, Fünftes Buch, §§ 2229-2385, 12. Auflage, Berlin 1983

Stein, Friedrich / Jonas, Martin, Kommentar zur Zivilprozeßordnung, Band 6, §§ 704-863, 21. Auflage, Tübingen 1995

Stöber, Kurt, Forderungspfändung, Zwangsvollstreckung in Forderungen und andere Vermögenswerte, 11. Auflage, Bielefeld 1996

Stöber, Kurt, Pfändung des Pflichtteilsanspruchs, ZAP 1993, 923 (Fach 14, S. 133)

Strohal, Emil, Das Deutsche Erbrecht, Erster Band, 3. Auflage, Berlin 1903

Sydow, Reinhard / Busch, L., Zivilprozeßordnung, 2. Band, §§ 704-1048, 21. Auflage, Berlin, Leipzig 1935

Thomas, Heinz / Putzo, Hans, Zivilprozeßordnung, 19. Auflage, München 1995

von Tuhr, A., Verfügung über künftige Forderungen, DJZ 1904, 426

Voß, Ulrich, Vererblichkeit und Übertragbarkeit des Schmerzensgeldanspruchs, VersR 1990, 821

Wax, Peter, Anmerkung zu BGH LM § 852 ZPO, Nr. 1 = BGHZ 123, 183, LM § 852 ZPO, Nr. 1, Bl. 4

Wegmann, Bernd, Ehegattentestament und Erbvertrag, München 1993

Wieczorek, Bernhard, Zivilprozeßordnung und Nebengesetze, Vierter Band: §§ 704 - 1048, 2. Auflage, Berlin, N.Y. 1981

Wüllenkemper, Dirk, Zur Abtretbarkeit des Rückforderungsanspruchs des verarmten Schenkers, JR 1988, 353

Zöller, Richard, Zivilprozeßordnung, 20. Auflage, Köln 1997

Zunft, Teilweise Verpfändung und Pfändung von Forderungen, NJW 1955, 441

Soweit Abkürzungen verwendet werden, sei auf *Kirchner,* Abkürzungsverzeichnis der Rechtssprache, 4. Auflage, Berlin, 1993, verwiesen.